キャンプマネジメントの基礎
キャンプ・自然学校経営の入門書

第4版

Armand and Beverly Ball 著

佐藤　初雄
田中　祥子　監訳

杏林書院

Basic Camp Management : An Introduction to Camp Administration, 4th Edition
by Armand and Beverly Ball
Copyright ©1995 by American Camping Association, Inc.

American Camping Association, Inc.
5000 State Road 67 North, Martinsville, IN, 46151, USA.
(Phone 765-342-8456).Email bookstore@aca-camps.prg

Reprinted by permission of the publisher.For permission to reprint beyond limited personal use or internal use please contact the American Camping Association.

Basic Camp Management

An Introduction to Camp Administration

4th Edition

免責条項
　本書の目的はディレクターが知っておく必要のある事柄をまとめたものである．ディレクターおよびキャンプ運営に携わる者は本書で触れる各項目についてさらなる教育を受けること，または経験を有することを必要とする．発行者も著者も本書の利用者が適切な教育を受けた者であると保証するものではない．また，発行者も著者も本書の情報に基づいて行動した結果発生したことに責任を負うものではない．さらに，アメリカキャンプ協会（ACA）と著者はキャンプの管理者，運営者，従事者，プログラムの参加者，参加者の家族に，キャンプの管理者や従事者がさらに学習をすることを怠ることによって生じたケガ，病気，または，個人や組織が受けた損害に対して責任を負うものではない．

序文

「キャンプマネジメントの基礎」の第1版は初めてディレクターになる人への手引書として，簡略化された形で刊行された．しかし，版を重ねるにつれて情報や項目が増えてきたため，当初考えていた入門書らしくなくなってきた．キャンプや研修センターのマネジメントの意味合いが多岐に及び，大学での教科書としての需要もあり，より豊かな，それ以上の情報の提供が必要になってきたため，当初考えていたような簡単な手引書ではなくなってきた．

本書を執筆するに当たって用語や形式について以下のように定義する．

キャンプという言葉は，キャンプ，研修センター，環境教育プログラムなどさまざまな戸外における場の運営とプログラムを意味する．キャンプ地を借りて行うプログラム，貸キャンプ，または独自のプログラムを実践するキャンプなども含む．

ディレクターとはキャンプ，研修センター，プログラムの管理者であり，そのキャンプに常駐することが多い（複数のキャンプ運営を行う組織の場合は事務管理本部があり，各キャンプのディレクターを統括する管理者がいる場合もある）．

運営者，オーナーというのは個人であれ，共同であれ，組織であれ，その運営主体を意味する．場合によってはキャンプサイトのオーナーであり，そこで行われるプログラムの運営者でもある．また，キャンプ地は借りてプログラムのみの運営責任者であったりする．

彼がという代名詞を用いずに男女どちらの場合も考慮して彼または彼女がという代名詞を用いた．

独立キャンプというのは以前は民間独立キャンプと称していたキャンプで，営利目的組織を意味する．

アメリカキャンプ協会（ACA）のスタッフのエド・シリック氏，デイブ・グレイ氏には資料の提供などのご協力をいただいた．謹んで感謝の意を表したい．また，グレチェン・ペリー・トゥループ女史には機転のきくユーモアで根気よく激励しつづけていただき，本書発行を実現していただいた．ここに感謝の

意を表したい．
　本書がすべての人によりよいキャンプをするための手引き書となるよう，初めてディレクターとなる人だけでなくベテランのディレクターにとっても実際の運営に役に立つものであることを願う．

　　　　　　　　　　　フロリダ州サニベル島にて　1995年9月
　　　　　　　　　　　　アーマンド・ボール，ベベリー・ボール

日本語版によせて

　「キャンプマネジメントの基礎」が日本語で発行されることになりましたことを心より感謝し，名誉なことと感じております．国際キャンプ連盟（International Camping Fellowship）を通じて日本に数多くの友人ができました．また，日本でのキャンプ活動に多くの刺激を受けています．日本キャンプ協会（National Camping Association of Japan）およびICF-Japanは国際的に先導的な役割を果たし，日本のキャンプ活動を通して国際的に広く影響を及ぼしてきました．この本の発行にあたり，田中祥子・一水夫妻様，佐藤初雄様，桜井義維英様には多大なご尽力をいただきましたことを感謝申し上げます．
　この本の発行が，第5回国際キャンプ会議が日本で開催される時に発行されますことはこれ以上の喜びはありません．
　この本が日本のキャンプ・ディレクターのみなさんだけでなく，これからキャンプの世界に関わろうとするみなさんの実践に役立てていただけますことを祈ってやみません．すべての人によりよいキャンプを経験していただきたいと心から願っております．

　　　　　　　　　　　アーマンド・ボール，ベベリー・ボール

監訳者序文

　アメリカのキャンプは約1万1千を超え，年間810万の人が参加し，1兆円を超える産業だそうです．歴史は古く，100年以上もあり，形態も日帰りから宿泊型まで．運営母体も青少年団体，宗教団体，非営利団体を含む民間団体と多種多様です．
　一方，わが国におけるキャンプは1911年に始まり，ボーイスカウトやYMCAなどにより，全国に広められました．1955年には「教育キャンプ指導者中央講習会」を，1960年には「第1回教育キャンプ講習会」を文部省が開催しています．1980年代になるとホールアース自然学校（1983年）や国際自然大学校（1983年）そしてキープ協会環境教育事業部（1984年）といった民間団体が設立されました．この頃には，青少年の健全育成を中心として行われたキャンプに加え，環境教育を目的としたキャンプが増えました．さらに学校教育，地域おこし，企業，行政，自治体等，さまざまなところから求められ，全国にキャンプや自然体験活動を提供するプロの団体が数多く誕生しています．
　こうした民間団体は一般的には自然学校とよばれるようになり，野外教育，環境教育，自然体験活動を提供する組織として，広く，国民に認知されるようになってきています．しかし，こうした団体の多くは専従職員5名以下で，マネジメントや経営の知識に乏しく，そのノウハウが必要とされています．その折りに，マネジメントの入門書としてこの本が世に出ることは，キャンプや自然学校を経営するものにとって誠に喜ばしいことです．実際に自然学校を経営する私も監訳をしながら多くを学ばせていただきました．この本がキャンプや自然学校に携わる人々のお役に立てれば幸いです．
　翻訳はキャンプで知り合った岡田美幸さんとそのお仲間に大変お世話になりました．また，翻訳出版を快諾してくださったArmand and Beverly Ball夫妻，アメリカキャンプ協会，そして杏林書院の太田博社長，皆様に心から感謝を申し上げます．

国際自然大学校代表　　佐藤　初雄

アーマンド・ボール夫妻はICFファミリーの私の兄貴分です．ICFとは国際キャンプ連盟（International Camping Fellowship）のことで，1987年，アメリカキャンプ協会（ACA）主催のキャンプ会議の時に始まった世界のキャンプ好きの集まりです．つまり自然を愛し，人を愛し，神を愛する人々の地球規模のネットワークです．「神」と私がいうのは，ある人にとってはキリストさん，仏さん，天照大神，それとも貴方一人の神様かもしれません．人間を越えた存在を自然の中に見るとき人は素直になり，そして人間や草木，それから虫にも優しくなれるような気がしませんか．このともに生きる人の世界的なつながりがICFなのです．
　地球上を渡り歩いてキャンプの仲間づくりをしているのがボール夫妻であり，私たちICFメンバーなのです．この本は1987年にまとめられ，現在までにすでに4版を重ね，北米ではキャンプ界のベストセラーとなっている名著です．出版当初より，ぜひ日本の仲間に紹介したいと密かに思っていた一冊です．
　北米ではキャンプが子どもの教育に絶対必要なものと認められています．なぜキャンプが市民権を得ているかは，この本をお読みいただければ納得がいくでしょう．これは教育界で働く人の必読の書です．ICFと日本キャンプ協会が中心になって，東京において国際キャンプ会議を開催する年の秋にこの本が日本で出版できるとは嬉しい限りです．
　フロリダ州のサニベル島に住む夫妻を訪ねて行ったことがあります．フラミンゴ，ワニ，ジュゴン，おとぎ話の世界でした．自然いっぱいの日々を過ごしている夫妻の姿に感激．野鳥をこよなく愛するボール夫妻のお人柄がこの本の下に流れる彼らのキャンプ哲学の中に感じられます．
　ぜひ一人でも多くの人に読んでもらいたい書です．

ICFアジア代表　田中　祥子

目　次

序　文

1章　キャンプの伝統 ……………………………………… 1
　　　　　　　　　　　　キャンプの歴史

2章　キャンプディレクターの ……………………………… 9
　　　仕事とは何か
　　　　　　　　　　　　職務記述書／全体的なアプローチ／
　　　　　　　　　　　　運営上の役割／共同体としてのキャンプ／
　　　　　　　　　　　　最終的な任務

3章　キャンプとは何か …………………………………… 15
　　　　　　　　　　　　キャンプの一般的な価値／キャンプと
　　　　　　　　　　　　研修センター／キャンプ哲学を考える／
　　　　　　　　　　　　目的の記述

4章　プログラムはどこから ……………………………… 23
　　　はじまるのか
　　　　　　　　　　　　中央管理型哲学と分散型哲学／
　　　　　　　　　　　　技術レベルの向上／その他の要素

5章　スタッフのリクルートと …………………………… 29
　　　組織
　　　　　　　　　　　　プログラムのスペシャリスト／採用の
　　　　　　　　　　　　条件／児童虐待の防止／職務記述書／
　　　　　　　　　　　　応募書類／照会先／採用面接／求人方法／
　　　　　　　　　　　　待遇／同意書および契約／人事方針

6章　マーケティング ……………………………………… 57
　　　　　　　　　　　　論理的根拠／マーケット分析／現在の
　　　　　　　　　　　　マーケット戦略の分析／マーケティング・
　　　　　　　　　　　　プランの開発／マーケティング方法

7章　参加者 ………………………………………………… 73
　　　　　　　　　　　　個々の参加者の準備／キャンプ団体の
　　　　　　　　　　　　準備／人間的成長と発達／特殊な問題

8章	キャンプ地の選択，開発，維持 …………………………… 87	選択／所有地の開発／維持管理／防寒設備／文書による記録
9章	リスクマネジメント（危機管理） …………………………… 97	リスクの認識／リスクの管理／事故の処理／規則／記録の保存／認可
10章	スタッフのオリエンテーションとトレーニング …………… 111	オリエンテーション／プレキャンプ・トレーニング／児童虐待／多様なトレーニング・セッション／スーパーバイザー・トレーニング
11章	スタッフの監督指導 ………………………………………… 123	監督のガイドライン／どのように始めるか／監督の方法：カウンセラーの場合／スタッフトレーニング後の評価面接／監督の方法：カウンセラー以外のスタッフの場合／監督プログラムの開始／ストレスとキャンプ・スタッフ
12章	プログラムの運営と監督 …………………………………… 139	プログラム作成の原則／夏季キャンプでのプログラムの特別化／段階的なプログラムの作成／団体生活／夏季以外のプログラムの特別化／特別なニーズのある対象者／特別プログラム活動／プログラム・イベントの基準／構成要素
13章	運営と監督：組織サポート体制 …………………………… 155	健康管理／食事／交通手段

14章　活動の見直し………………………………………………… 181
　　　　（査定／評価）と報告
　　　　　　　　　　　　活動全般におけるスタッフの反省，評価／プログラムの見直し／管理・運営サービスの評価／スタッフの働きぶりの評価／ディレクターの評価／参加者の評価／認可／キャンプ評議会や委員会への報告／保護者や同級生への報告／評議会による評価

15章　業務と財政…………………………………………………… 193
　　　　　　　　　　　　会計業務／予算を編成する／予算プロセス／キャンプの売店と銀行／保険／資金調達

16章　ボランティア………………………………………………… 223
　　　　　　　　　　　　細分化された法律／スタッフとしてのボランティア／ボランティア委員会と評議会／その他の役割

17章　プロフェッショナルに……………………………………… 233
　　　　なる
　　　　　　　　　　　　職業としてのキャンプ／教育の広がり

添付資料　　239

# キャンプの伝統

　キャンプの歴史はまだ浅い．若さゆえの試行錯誤を恐れてはならない．私たちは成長しなければならないし，育つすべを学ばねばならない．想像力を大いに持とう．キャンプは空想的で，絵のように美しく，ロマンティックであることが必要であり，それによってキャンプは魅力的なものとなる．空想的であることがキャンプという遊びを長続きさせる秘訣であり，少年少女が社会性を身につけ，人間性を高め，文化的（啓発）になるために，キャンプは大きな働きをしている．

バーナード・S. メイソン[1]

　組織キャンプは北米では19世紀半ばより始まった．初めて行われたキャンプの正確な場所についての記録はない．以来100年間の組織キャンプの歴史について，より理解を深めるためにはオンタリオ州キャンプ連盟の出版によるエレナー・イールス女史の『組織キャンプの歴史』[3] を読まれることをお勧めする．しかし，ここでは初めての方のためにキャンプの歴史の要約を紹介しよう．

キャンプの歴史

キャンプのはじまり

　オンタリオ州キャンプ連盟によると，カナダにおいては1840年に教会のグループが現在のトロント市[2]の北のヨークミルズで帆布を張ってサマーキャンプを行ったらしい記録があるが，それ以降は，19世紀後半までそれらしき記録はみあたらない．
　アメリカでは1861年コネチカット州ワシントン市で男子校であるガナリー校の校長フレドリック・ウィリアム・ガン氏が学生をロングアイランド海峡のミルフォードまで約65kmの徒歩旅行を行い，2日間かけて現地に行き，10日間のキャンプを行い学校に戻ったという記録がある．その体験が南北戦争下の当時の若者達の感性を大いに刺激した．野営をすることやキャンプファイヤーを行うことは当時の兵隊にはあたりまえのことだったからである．彼らがミルフォード周辺のウェルチ岬でのキャンプを1879年まで行ったらしい記録が残っている．
　1876年にペンシルバニア州ウィルキスバレの開業医，ジョセフ・ロスロック氏が史上初めて独立キャンプを組織した．その目的として子どもの健康の改善を掲げ，身

体の健康が強調されたが長くは続かなかった．また，1880年ニューハンプシア州のアスカム湖でアーネスト・バルチ氏は12歳から16歳までの男子を対象にチョコルア・キャンプを組織し，8年間続いた．スポーツを中心に，炊事，清掃，皿洗いなどの日常的な仕事を盛り込み，精神の鍛錬を明確に打ち出した．どちらのキャンプの場合も経費を賄うための料金を徴収したが赤字で終わっている．

1885年，初めての組織キャンプがニューヨーク州ニューバーグ周辺でYMCAキャンプとしてサムナー・ダッドリー氏により運営された．彼の名を冠したこのキャンプは，後にウエストポートのチャンプレイン湖に場所を移したもののアメリカではもっとも古くから継続的に行われているキャンプとされる．同じ場所で古くから続いているキャンプとしては1894年に民間キャンプ団体として設立されたキーウェイディン基金によるキーウェイディン・キャンプがある．

これらのキャンプはすべて男子を対象とするものだった．1892年に初めてエイリーキャンプという女子を対象とした夏季キャンプが行われた．1902年までに女子だけを対象とするキャンプが，ニューハンプシア州のキホンカとメイン州のワイネゴニック・キャンプとパインランズ・キャンプの3ヵ所で始まった．こうした遅れはヴィクトリア時代の若い女性に対する服装，行儀作法，行動様式，職業，教育等の考え方の制約によるものである．

その頃組織キャンプの発展は早かった．都会の少年向けのフレッシュエアキャンプはコネチカット州（1886年），ウィスコンシン州（1887年），ニューヨーク市（1892年）に始まり，ライフ・キャンプはコネチカットとニュージャージーで1887年に始まった．YWCAは1874年にニュージャージー州アズバリーパークでバケイションキャンプを開設した．セツルメントはこの時期に次々に建てられ，ボストン市，ピッツバーグ，ニューヨーク市，シカゴ（1898年～1908年）などの都市センターと連携して建てられた．体の不自由な子どもを対象としたキャンプはシカゴで1899～1900年頃に始められた．全国の青少年団体はそれぞれ独自のキャンプ・プログラムをもち，20世紀初頭に登場した．ボーイスカウトは1910年に，キャンプファイヤーは1911年に，ガールスカウトは1912年に始まった．

この頃のキャンプは，若者を都会から健全な自然の中に連れ出してレクリエーションを楽しむといったことを中心に考えられていた．しかし，内容は料理，清掃といった日常生活に必要な事柄が多かった．少年キャンプは素朴な野外生活に重点が置かれ，少女キャンプは，創造芸術に重点を置きながらもハイキングや水遊びを盛り込んでいた．精神的な面が強調され，ほとんどのキャンプで聖書学習が行われた．モラルと人格の育成が主要素であった．当時，キャンプは小規模であり，素朴なものであり，小集団生活を強調していた．

全国組織の青少年団体，地域の社会奉仕組織が出現したことや，民間独立キャンプの成功がキャンプを増加させるきっかけとなった．キャンプは西に広がっていき，ペンシルバニア，西ヴァージニア，イリノイ，ミズーリ，カリフォルニアに広がってい

った．地方自治体は，1914年にロサンゼルスで，1915年にデトロイトで，1920年にはカンザス・シティでそれぞれキャンプに取り組み始めた．

1910年頃からキャンプ経験の教育的価値を強調することが多くなり，芸術，クラフト，音楽，ダンスなどの活動がカリキュラムに加わった．この頃に，新教育運動がその考え方の輪郭をつくったといえる．キャンプスタッフの教育はキャンプ計画の段階で必須の事柄であるという認識ができはじめた．1920年代には多くのキャンプで競争，表彰が強調され，スケジュール通りの活動といったものが定着した．そして人格形成，精神的な達成，対人関係といったものが強調され，自然科学も多くのキャンプで教育プログラムとして盛り込まれるようになった．

国際的な広がり

キャンプが他の国々に非常な勢いで広まったのは，アメリカやカナダの青少年団体や，キリスト教集団の努力の成果である．ボーイスカウト，ガールスカウト，YMCA，YWCAといった国際的な青少年団体の中央組織が各国での活動の中にキャンププログラムを実行するよう指導した．

キャンプは教会や教会学校の教育プログラムとしても行われるが，多くのキリスト教キャンプはアメリカで行われているモデルをそのまま模倣した．こうしたキャンプは，その土地の人のニーズに合わないこともあり必ずしも成功はしなかったが，次第にその土地の文化やニーズに適応したものへと改良されていった．

少なくともフランスとロシアでは政府が独自のモデルを作り上げ，自国の青少年の育成に務めている．フランスでは19世紀後半にキャンプが始まり，ロシアでは1900年代初頭にキャンプが始まった．ロシアでは第2次世界大戦前にキャンバス（帆布）テントで行われ，戦後，キャンプは普及し，施設は向上した．

日本では1900年代初期に始まった．オーストラリアでは1940年代に始まり，野外教育を行うための施設として発展してきた．ベネズエラでは1900年代中期から始まった．

専門家としての協力体制

数多くのキャンプ団体が20世紀初期に発展したため，ディレクターは互いに情報交換をして学んだり，共通の問題について討論するために集まるようになった．少年キャンプのディレクターを職業とする者の集まりであるアメリカキャンプディレクター連盟（CDA）は1912年に開設された．1916年には少女キャンプのディレクターの集まりである全国女子民間キャンプ連盟が開設された．1924年には双方がディレクター連盟として統一され，1926年には「Camping」という機関紙を発行するようになった．健康，安全についての関心が高まり，キャンプをするということが授業を行うとかソーシャルワークを行うということのように専門家の仕事と考えられるようになった．この時期にディレクターのための会議研修が始まった．オンタリオ州

やケベック市のディレクターもアメリカで行われる多くの専門家会議に出席していた．1933年にはオンタリオキャンプ連盟が組織され，一時アメリカキャンプ協会（ACA）に所属していた．

世界大恐慌が始まった1930年頃，子どもの健康と保護についてのホワイトハウスの会議で，キャンプが青少年の健康に与える影響について注目され，体系的で管理的な教育を強化することは少なくなった．この会議では「アメリカにおける，キャンプ活動の成長への関心とニーズに対応できる，包括的な全国組織が必要とされていることが明らかになった」[3]と結論づけている．

それ以降1935年にはアメリカキャンプディレクター連盟（CDA）はアメリカキャンプ協会（ACA）として再編成され，地域別に運営された．この組織は健康と安全に関する基準をつくり，その基準は結果的に全国で公認の基準となった．アメリカキャンプ協会は現在に至るまで唯一の，あらゆる種類のディレクターの専門家組織であり，全国的に認知された公認の組織である．

カナダキャンプ連盟（CCA）は1947年にオンタリオ州とケベック市のキャンプ連盟により組織され，アメリカキャンプ協会から独立し，カナダ内の各地域がCCAに加盟してきている．

キャンプの増加

第2次世界大戦後，国内の青少年の人口の増加に伴ってキャンプ団体も急速に拡大し，青少年の夏休みの経験にふさわしいものとしてキャンプが広く受け入れられた．キャンプも参加者も急速に増加した．当時ジョージ・ウィリアムズ大学にいたネルソン・ウィーター氏は，一方で多くのキャンプが普遍的な目的を掲げて広く受け入れられ，簡単に需要があるが，他方，哲学的だったり教育的であるような特定の目的をつキャンプが存在していると指摘している[4]．60年代になると後者のキャンプが盛んになった．そうなると子どもの親や教育者から，人格の形成，物理的な技術の改善，精神的な成長に対して，キャンプ経験が具体的にどのような影響を及ぼすかについての質問が次々に出てきた．

学校キャンプや野外教育は40年代の初期から正当に評価されていた．ミシガンではケロッグ基金の援助により大規模なプログラムが始められ，次いでテキサス州タイラーおよびサンディエゴでも始められた．30年代にその傾向はみられたが50年代になって急速にキャンプは広まった．大学でこの分野についての指導者教育プログラムが始まり，アメリカ保健体育ダンスレクリエーション連盟（AAHPERD）の野外教育協議会（OEC）がこのころ組織され，この分野での専門家の養成に指導力を発揮した．

あるいはキリスト教宗派を越えて，精神的な目的のためのキャンプや会議が多く運営された．こうしたキャンプの発展に伴って，キリスト教キャンピングインターナショナル（CCI）が1963年に設立された．これは当初，会員となるためにはキリスト

教の信者であるという宣誓書に署名をしなければならなかったが，組織は拡大し，さまざまなキャンプの専門家を含むようになった．その中心はコロラド州コロラドスプリング市にある．

過去20年間，体験を重視する野外教育が発展してきた．そこでは主に冒険，緊張と挑戦を伴う活動を行った．この種のプログラムが発展するに伴い，イギリスで始まり後にアメリカをはじめとする国々にも広まったアウトワードバウンド（OBS）の設立となった．アウトワードバウンドの多様な種類は，危険に直面した青少年，犯罪を犯した青少年から，経営管理者を対象とするさまざまな設定の中で広く行われている．1972年にこうした分野に興味のある人々を集めて専門家の組織として，体験教育連盟（AEE）を発足した．

一方，キャンプは世界中に拡がった．全国的なキャンプ協会は少なくともオーストラリア，ベルギー，カナダ，コロンビア，ギリシア，日本，マレーシア，メキシコ，ロシア，台湾，アメリカ，ベネズエラの12ヵ国に組織された．カナダキャンプ連盟（CCA）とアメリカキャンプ協会（ACA）の協力で1983年トロントで，1987年ワシントンD.C.で国際会議が行われた．1987年には国際キャンプ連盟（International Camping Fellowship）が組織され，国際教育，国際交流に関心のある者同士で情報を共有することになった．国際キャンプ連盟はニュースレターを発行し，国際イベントを推進している．今までに6回の国際会議を行ってきた．1994年には，トロントでカナダオンタリオキャンプ連盟が主催し，1997年に，サンクトペテルブルグでロシアキャンプ連盟とサンクトペテルブルグキャンプ連盟が主催した．2000年には，東京で日本キャンプ協会，会議組織委員会が，文部省，外務省，日本アウトドアネットワークの後援を得て開催されることになった．

キャンプの種類

キャンプはどれひとつをとっても全く同じキャンプにはなり得ない．が，大別すると日帰り（デイキャンプ）と宿泊（レジデントキャンプ）の2種類に分類できる．デイキャンプとは一日のうちの一定の時間しか使わない．普通，朝から夕方まで，あるいは1週間のうち平日5日間連続ということもある．3日しか行わないキャンプもある．あるいは夕方だけ運営することもある．あるいはその期間中に一泊を含むこともある．レジデントキャンプとは一定期間の間，キャンプ参加者を宿泊できる場所に連れていく．普通レジデントキャンプでは一緒に宿泊するスタッフが配置され，食事，宿泊，レクリエーション設備を提供する．しかしながら，レジデントキャンプ経験は旅行の形式のものもあり，その場合，宿泊はテントであったり，シェルターであったり，ホテルやモーテルであったりする．キャンプは毎日移動することもあり，期間は3日間から60日間までさまざまである．

キャンプは有償スタッフまたは無償スタッフ，あるいは有償と無償の混合のスタッフにより運営される．キャンプは一般的な夏季キャンプばかりでなく，学校キャンプ，

研修団体，修養団体，社会教育集団のキャンプなど，1年12ヵ月いつでも運営されている．あるキャンプは1週間か2週間体験するだけのものもあり，その団体は青少年であったり，成人であったり，中高年であったり，家族単位であったりする．

　キャンプは一般的には営利目的のものと，非営利目的のものがある．営利目的のキャンプや企業の行うキャンプは，個人や仲間，会社が，財産や設備にかけた資本金を回収して利益を得るために運営される．営利目的のキャンプは非営利目的のものに比べて3週間から8週間といった長期キャンプである場合が多かったが，最近では短期のものに代わってきている．営利目的のキャンプは一般的に独立キャンプといわれるが，非営利目的のものも全国組織に所属していない独立キャンプといわれる．

　非営利キャンプというのはYMCA，ガールスカウト，セツルメント，保健関連団体，宗教法人といった組織，あるいは市町村の公園，レクリエーション課とか4Hクラブといった行政の一機関，あるいは民間の非課税団体が運営するものをいう．いずれも連邦税法501(c)(3)条に定めるように税金控除対象項目であったり，行政機関によって運営される．過去20年間で多くの独立キャンプが営利目的から非営利目的に登録換えしてきており，連邦政府から501(c)(3)条の税金控除対象扱いであることを認定され，その資産と運用はキャンプが将来にわたって保存できるように社団法人に譲渡している．非営利キャンプは独立キャンプに比べて，1週間とか2週間という短期キャンプが多い．しかし，中には4週間から8週間という長期キャンプもある．

　非営利，営利にかかわらず，キャンプの目標は類似している．非営利キャンプはふつう，営利キャンプの施設よりも贅沢にできている，というのも設備投資には課税控除を受けられるからである．営利キャンプはさまざまな理由から料金が高く設定されている，というのも民間団体からの投資を回収しなければならないし，非営利キャンプであれば控除を受けているものについても課税されているからである．したがって，営利キャンプの利用者はそういう高い料金を支払うことのできる，社会経済的レベルの人が利用することになる．しかし，そうしたキャンプでも料金を負担することができない参加者に対して，財政援助をしていることが多い．それに対して多くの非営利キャンプはそれなりの料金で同様な顧客に奉仕していることになる．

　非営利キャンプと独立キャンプの間にはほとんど明確な違いはない．前述のように賃金，顧客，プログラム，目標とねらい，施設に関してどちらがどうであるという違いはほとんどない．ピーター・ドラッカー氏は「非営利キャンプ経営者の仕事は組織の綱領をいかに具体的なものにするかである．」[5]といっている．ディレクターの仕事はいかにしてキャンプの目的，使命を実際の成果に結びつけることができるかであり，その目的なり使命なりというものは営利キャンプであれ，非営利キャンプであれ，大差はない．営利キャンプだからといって，キャンプの使命は変わらない．どちらの場合もディレクターは分相応に収入がなければならない．非営利キャンプのディレクターも独立キャンプのディレクターも一定レベルの給与をもらっている．独立キャンプの場合，利益があればその分配を給与に乗せて支払われることもある．

どちらの場合もキャンプは財政的に安定した状態で運営することが大切である．キャンプは今日のような競争の激しい状況の中では，どんなに高潔な目的や使命を掲げていたとしても財政的に破綻したら，継続して運営していくことはできない．

キャンプには公営か民間かという分類もある．公営キャンプとは，公園レクリエーション課，学校組織，4Hクラブといった行政組織が運営している．民間キャンプというのは，非営利キャンプや営利キャンプを含む非政府資金で運営される．

キャンプ業界をますます複雑にしている原因の一つは，さまざまな利用法が可能で，多様な参加者を対象としたキャンプが増加しつづけていることである．キャンプは年間通じていつでも運営されている．伝統的なキャンプ経験の場合もあるが，研修センターのような役割を果たすものもある．一方では会議は一切取り扱わないというキャンプもあるし，研修センターによってはキャンプは一切お断りというところもある．キャンプの運営の原理も研修センターの運営の原理もよく似ている．この点については可能な限り，その違いを文中で触れていくことにする．

キャンプとは何か

初期のキャンプは，健全でモラルのある環境の中に都会の青少年を連れ出すことであり，キャンプの定義をうるさくいわなかった．1929年までにアメリカキャンプディレクター連盟（CDA）のニューヨーク支部特別委員会は，キャンプの必要不可欠な機能は，体力作り，情緒的な豊かさ，原始的なプロセスの理解，社会参加の啓発，感性，感謝，精神的成長を促す教育であると定義した[6]．

原始的な生き方というのは野外経験を指している．40年代後半になるとヒドリー・S. ディモック氏は次のように定義している．「組織キャンプの特徴は以下の5要素が適度に混入され満たされていることである．(1)人間，(2)野外生活，(3)集団生活，(4)キャンプ共同体，(5)個人的なニーズ，興味が満足され，健全な人格，社会性，精神性の育成を刺激することのできる状態，とそのリーダーシップ[7]」．

続けて，「野外の集団生活でしかできない」経験の重要性を強調している．アメリカキャンプ協会（ACA）では，「キャンプは野外の集団生活の中で，創造的，レクリエーション的，教育的機会を享受する経験であり，教育を受けた指導者と，自然に囲まれた教材をフルに利用して，各参加者の知的，身体的，社会的，精神的成長に貢献するもの．」と定義している．

経験豊富な指導者が語ることに耳を傾けても，何がキャンプであって，何がキャンプでないかという境界線をひくことは難しい．ただ，基本的には，キャンプとは教育を受けた指導者が，集団経験，共同体の経験を手助けして，野外での環境を利用して，主催組織の目指す精神的，身体的，社会的目標を達成させるものであるという考え方が強く支持されている．

この章のはじめに登場したバーナード・S. メイソン氏は，キャンプはこうした経験の中で，好奇心を刺激するような，想像力あふれるものでなければならないといっ

ている．組織力としてのキャンプが必ずしもキャンプの意味や価値を一般大衆にわかってもらうために最良の資料を提供するのではなく，実際にキャンプを経験した人がその経験を語ることによって宣伝されていくものである．

　デイキャンプであれ，レジデントキャンプであれ，営利目的であれ，非営利目的であれ，すべてのキャンプには共通することが多く，個々の違いにはるかに勝る．キャンプ指導者が一同に会して，肩書きの違い，専門用語の違い，先入観を超えて互いを知るにつれ，基本的に類似していることが明瞭になってきた．キャンプやプログラムの種類にかかわらず，究極的にはキャンプ参加者に，教育的経験をしてもらうために働いているという点がキャンプ団体を結束させている．

参考文献
1) Bernard S. Mason. Camping and Education.
2) Ontario Camping Association. 1984. Blue Lake & Rocky Shore. Toronto : Natural Heritage / Natural History Inc. p.4
3) Eells, Eleanor. 1986. History of Organized Camping: The First 100 Years, Martinsvill, IN: American Camping Association. p.111.
4) Ibid, pp.122-123.
5) Drucker, Peter. 1990. Managing the Nonprofit Organization : Practices and Principles. New York : Harper-Business. p.5.
6) Lehman, Eugene H., Ed. 1929. Camps and Camping. New Yorkn : American Sports Publishing Co. p.18.
7) Dimock, Hedley E., Ed. 1948. Administration of the Modern Camp. New York: Association Press. p.22
8) American Camping Association. 1990. Standards for Day and Resident Camps: the Accreditation Programs of the American Camping Association. Martinsville, IN: American Camping Association. p.3.

 2章 キャンプディレクターの仕事とは何か

　キャンプが十分に機能するための哲学とは，スタッフとカウンセラーのモラルであり，若者達にあたえる活力，適切な設備である．すべては指導者の心，性格，能力の反映である．正義を尊重するとともに実行力が常に高度なレベルであることを要求される．そして，並々ならぬ忍耐力，スタミナを必要とし，キャンプの中で友情を感じられるだけでなく尊敬もされるような人格が要求される．

ジョン・A．リドリー[1)]

　もしも経験あるディレクター10人にディレクターの仕事とはどんなことですかと聞けば10通りの答えを聞くだろう．生き残っていくために，ディレクターはありとあらゆるスキルを身につけ，調理師となり，経理事務を行い，配管工となり，牧師になり，先生になり，看護婦になり，電気工となり，整備士になり，セールスマンになり，弁護士になり，政治家になり，団体法人の管理職になり，ナチュラリストになり，天性の楽天家になるといった多くの役割をこなすことになる．どのディレクターも毎年夏の間に新しい仕事の広がりを発見することになる．

職務記述書

　新人ディレクターの初仕事は，職務記述書がない場合まずその作成にある．職務記述書は，いろいろな人と協議の上周到に準備したい．キャンプによってディレクターに求める役割は異なるだろう．例えばあるキャンプでは簿記は中央組織の事務局で行われるかもしれないが，別のところではディレクターの仕事の一部となっている．夏のデイキャンプのディレクターの職務と本分は通年レジデントキャンプのディレクターのものとは異なるだろうし，一概にディレクターの職務記述書の例を上げることはできない．
　しかし，同じような種類のキャンプであれば仕事が共通している面もあるし，管理上の状況にもよるが，特定の義務が必要とされる．ディレクターの仕事とは
- キャンプの目的，目標とねらいを設定し，実行する．
- キャンプがどういう参加者を対象とするかを決める．
- キャンプの目標とねらい，対象になる参加者に合わせてプログラムを作成する．

- 参加者，キャンプ，スタッフを守るための安全管理手順を確立し実践する．
- マーケティングプランを作成し，実行し，キャンプ参加者を募集する．
- プログラムと参加者に合わせてスタッフ組織図を作成し，各組織の職務記述書と人事方針を作成し，実施する．
- キャンプサイト，キャンプ施設の開発と維持修繕の計画を作成し，実施する．
- 参加者とスタッフの健康と安全を提供できる健康管理プランを作成し，実施する．
- 栄養のバランスの取れた衛生的な給食サービスの作成と実施．
- プログラム，施設の維持管理の必要を満たす安全な交通手段の確保と実施．
- 資金調達だけではなく，安定した予算計画を立て，財政開発プログラムを設計し，定期的にチェックする．
- スタッフを求人し，トレーニングする．
- プログラムとスタッフの評価システムを開発し，実施する．
- プログラムと参加者に合ったキャンプ運営に関わるすべての要素をチェックできるシステムの開発．
- キャンプ地周辺の地域共同体およびキャンプが奉仕する地域の共同体との良好な関係の維持．
- 学習，同業者との関係，会議を通して専門家として常に自身の向上を目指す．

非営利キャンプの場合
- 運営管理委員会の主要メンバーとして最も強力な能率のよい運営を目指し，運営を支配する方針や考え方を定義する主体となる．

職務記述書が作成されれば，新人ディレクターでも仕事の優先順位について，スーパーバイザーのいうことが理解できる．すべてのことが直ちにできるわけではないので，スーパーバイザーの期待していることは明確でなければならない．シーズン中の仕事の予定はスーパーバイザーやオーナーの優先事項もディレクターの優先事項も反映していなければならない．

全体的なアプローチ

　ディレクターとはどんな仕事なのか質問することより，重要なのは新人がどんなディレクターになりたいと思っているかである．仕事を始める時にどんな姿勢であるかが最終的な達成に影響するだろう．どんなディレクターになりたいだろうか．以下に挙げるようなステレオタイプのディレクターにならないように慎重に考えてみよう．

　てんてこまいのジョーは，どのように仕事をすればよいか知っているただ一人の人なので，すべてのことを自分がし，他の人は彼を助けるが，結局自分一人で先頭指揮

をしないと気がすまない.
　仕切屋ジェインは，すべての仕事を他の人に割り振って自分では何もしない.
　みんなのメアリーは，全員が賛成しないと，一人でも決定に満足しない人がいると何もできない.
　直し屋マイクは，配管，鍵，タイプライター，自動車などの修理が得意であるが，他のことはすべて他の人に任せてしまう.
　ビーチのアリスは，水泳が得意でキャンプではいつもビーチの仕事を任されるので，ビーチでのイベントを行うことばかり考えている.
　ヘンリーおじさんは，おじさんと親しまれ，暖炉の前に座っていて，子どもの相手をし，肩車してあげたりする.
　事務屋のサムは，いつも机に座って小切手をきったり，保護者への手紙を書いたり，事務ばかりやっており，用があるときはディレクターにやらせる.
　他人まかせのウィリーは，あなたが自分で決めなさいといい，自分の意見は何もいわない.
　ボスのマックは，ああしなさい，こうしなさいといい，ハイキングの行き先や，いつローストビーフを食べるかまで，常に自分ですべてを決定し，支配しないと気がすまない.

運営上の役割

　ディレクターは管理者であり，毎日の仕事の中で直面する仕事にどう対処するかという運営管理の原理を理解していなければならない．ここでいう原理とは以下の事柄である．
- 目標とねらいを設定する：これについては3章に詳細を述べる．
- 計画する：現状の運営についての事実を把握し，事実に基づいてどんなことが起こりうるかを予想し，起こりうる例外的なこと，予測できないことを検討し，その場合にどう対処するかの行動計画を作成する．
- 組織する：時間があっても一人で同時にすべてのことはできないので，仕事をいくつかに分解し，各人にわかりやすく仕事内容とタイムテーブルで示し，分担し，サポート体制を整えたり，監督をする．
- 資源の開発と管理：自分がまとめた計画を達成するために必要な人，物，費用を割り出すことである．また，それは土地，建物，スタッフ，参加者，支援者といった将来のための資源を維持することも含まれる．これは運営管理上の役割としてもっとも時間のかかる仕事だろう．
- 指導する：計画ができたら，担当者に必要な資源を割振り，管理者は計画が軌道を外れないように，全体の柱となる．つまり，協議し，監督し，連絡調整し，意志決定をする．指導するということは全体の計画の管理であり，目標とねら

いを達成するかどうかである．これは日々のスーパーバイズが行届いているかどうかである．
- ● 反省，評価する：これは大切な第一歩である．ここで，目標とねらいを達成したか，次回には目標とねらいを修正する必要があるか，次回はどこから始めるかなど検討を行う．非営利キャンプの場合は後援会と運営管理会に報告書を提出することが反省，評価を行うことになる．

　ディレクターはこれらの運営管理分野での能力を必要とする．これは，水泳技術，医療情報，建物の修繕などの資格を取ることよりもこうした管理能力を身につけることがはるかに大切である．ディレクターは管理者でありマネジメントは複合的な仕事で，要求される事柄が多い．キャンプマネジメントの成功は，専門家とゼネラリスト集団の中で，多方面に知識のあるゼネラリストであることによって達成される．

共同体としてのキャンプ

　キャンプの運営管理のユニークな側面は，キャンプは一つの共同体だということである．ヒドリー・S．ディモック氏は次のように指摘する．

　キャンプ共同体は普通の共同体と同じである．ただし，もっと単純な形であるが，ここには政府，家庭，健康，雇用，レクリエーション，宗教がある．キャンプ共同体の単純で密接であることによって，これらの基本的な機能は具体的にキャンパーが見ることができ，参加することができ，直接関わることになる．さらに，共同体の生活の内部事情とか，非公式な面とか，共通の目標とか大志，伝統，習慣，団結，管理といったことを，具体的な，目に見える，管理できるものとして理解し体験する[2]．

　これはキャンプ体験から得られる際だった特徴であるといえる．しかしキャンプ管理者にとっては，普通だったら滅多にないような問題やストレスを生み出すことにもなる．共同体意識に立っているので，その後も長く続く仲間関係や仲間同士の愛情が育つし，教育的メリットが大きい．

　ディレクターの主要な仕事の一つは，人にやらせることができることである．同著者の『ソーシャルワークグループ—援助の方法』[3]という著書の中で，ギセラ コノカという登場人物が，人に最大限の達成をさせる方法を見つけようとする指導的な役割を果たしている．人にやらせるためには，意識的に，達成したい目標を示し，その人の能力でその目標を達成できるかどうかを分析しなければならない．能力不十分の時にはどう援助すればその仕事が達成できるかを考える．

　よきディレクターはスタッフの能力を信じなければならない．今できること，今失敗したことからその人の可能性を見通さなければならない．人をうまく動かすことが

できるためには可能性をみつけ，その人が成長してその可能性を実現する場を提供する機会をさがすことである．そのようなリーダーシップの方法は必然的に失望することもあるが，喜びを分かち合う機会を提供することが多い．

最終的な任務

以下の最終的な責任はディレクターに帰属する．
- 目標とねらい，キャンプの方針を堅持する．
- 運営と保健安全の基準を決める．
- 運営組織があればそれとの連絡調整．
- 法的義務の遂行．
- 設備投資，信用，資産の保護．
- 採算分岐の管理．
- 使命に忠実である．

最終責任を遂行できるようにディレクターはキャンプ生活のすべての基本を理解し，定期的に自分で観察しチェックポイントを確認し，達成状況の判断をする．ディレクターの専門分野のことは自分で確認できるが，自分が不案内なことについてはその分野に明るい人を採用し，その人が慣れるまではディレクターの監督が必要である．

ディレクターは仕事を楽しむべきだし，やりがいのある仕事であるべきだ．ディレクターが何か得意なことがあるのであれば，ディレクターの任務を遂行した上でその能力を発揮しない理由はない．が，スタッフにも参加者にもキャンププログラムのどの部分も同様に大切なので，ディレクターはキャンプのどの部分にも理解と評価を表明しなければならない．

ディレクターはその責任の性質上，キャンプでのキーパーソン（重要人物）である．しかし，多くの仕事を他の人にやってもらい，責任を共有することで，ディレクターはキャンプで主要な人物になる．悪いわけではないが，一番大切なのは他のスタッフに能力を発揮させえたかにかかっている．

チェックポイント

1. ディレクターの運営管理的役割とは何か．
2. ディレクターの最終的な任務とは何か．

参考文献
1) Ledlie, John. Managing the YMCA Camp. New York: Association Press. pp. 80-81.
2) Dimock, Hedley S. 1948. Administration of the Modern Camp. New York: Association Press. p. 29

3) Konopka, Gisela. 1983. Social Group Work: A Helping Hand. Eaglewood Cliffs, NJ: Prentice Hall.

キャンプとは何か

　キャンプほど子ども達にとって教育の場として素晴らしいものはない．なぜか．いきいきしたリーダーのもと，他を思いやり，協力する環境を継続的に与えられる．
　そのリーダーの若者達の積極的な生きざまからも，子ども達は多くを学ぶ．
アリス・バン・クレベリン[1]

　ディレクターの仕事に必要な概念を得たので，ここでは現在のキャンプ運営について特にキャンプの目的とねらいについての学習する．最近のものより過去の文献資料から参加者の親が何を期待していたか，運営ではどんなことを意図していたかのヒントを見つけることができる．

キャンプの一般的な価値

　キャンプ関係の文献をみて，他の人がどんなことにキャンプ経験の価値を見出しているかを読むと役に立つ．以下の項目は多岐におよび，理想的ではあるが，ここに共通に見られる価値を列挙する．
- 自然環境の理解．キャンプ地の環境により，プログラムとねらいが決定する．野外であるということがキャンプ経験の際立った特徴であり，青少年が自然について，自然資源の守り手であるということを学ぶ機会は他にあまりない．
- グループ生活の体験．集団生活の中で対等に教えたり教えられたりする経験は他にあまりない．
- 楽しさ．キャンプは楽しい．子どもは遊びを通して成長する．大人にとっても遊びは生涯必要である．レジャーを楽しむスキルと姿勢は生涯役立つ．

ベティ・ライル女史は以下を加えている[2]．
- 民主主義的経験．違う環境で育った参加者同士が初めての民主的な共同体での生活体験かもしれない．
- プログラムへの参加．自分たちの興味やニーズを満たし，参加者はキャンプ生活やプログラムを主体的に計画すべきである．
- 理解と指導．カウンセラーとの関係は参加者にとって大人との新しい形の関係であり，よいカウンセラーは参加者を愛し理解し，助け，提案し，耳を傾け，

指導する．

レイノルド・E．カーソン氏は以下を加える[3]．
- 人間的成長を経験する．キャンプは子どもに自分の可能性を発見させ，自分の意思で決定し，実行し，それにより人間として尊敬をもって認められる経験をする．
- 健康と安全を守る．キャンプでは子どもは健全な習慣を身につけ，健康や安全について語るのではなく，実践する．
- 新しいスキルや興味を育くみ，それまでに身につけたものを完結させる．多くのキャンプ活動は何年も経ってから価値のあるものになる．
- 精神的な意味や価値を育てる．多くの精神的な意味や価値は教えられるのではなく，身につく．

ジェームス・C．ストン氏はキャンプに参加することにより以下のことが身につくと述べる[4]．
- 責任感：自分の行動を説明できるスキル．
- 意思決定：自分の頭で考えるスキル．
- 自己概念：他の人とうまくやっていけるスキル．
- 対人関係：友達になれるとか，友達として受け入れられるスキル．
- 市民性：他の人の人権を尊重するスキル．
- 環境意識：自然環境の価値がわかるスキル．

キャンプと研修センター

　キャンプは3ヵ月だけ運営していたものが，9ヵ月とか12ヵ月通して運営するようになり，以前には全く異質だった2つのタイプの野外活動であったキャンプと研修センターの境界があいまいになってきた．伝統的に，サマーキャンプは青少年を対象とし，夏期研修センターは成人利用者に設備，スタッフ，時にはプログラムを提供するだけだった．だが，どちらも冬季装備を施し，設備を改善し通年利用となり，利用の仕方も酷似してきた．デイキャンプでピクニックを行うようになり，施設は夏季利用の前後に週末のパーティーに利用されるようにもなった．

　今日ではキャンプと研修センターの違いはほとんどない．野外のシェルターで行うキャンプと大きな研修センターでまるでホテルのような設備の整ったキッチンのあるキャンプは当然違うが，同じ施設の中でどちらのプログラムも実施できる施設の場合は区別が難しい．事実，キャンプの目標とねらいは酷似している．

　アメリカキャンプ協会（ACA）や国際キリスト教キャンプや国際会議センター運営者連盟などの団体の代表者により，その違いを明確にし，一般的に受け入れられる言葉を定義しようという試みがあった．しかしながら，違いよりも共通性を強調するほうが賢明である．キャサリン・M．トロッター氏はキャンプコンサルタント会社

2. キャンプマネジメントの基礎

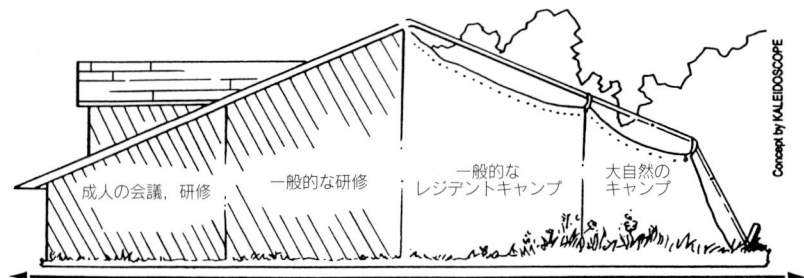

屋内の焦点，野外で補えない点
- 家にいるような快適さと便利さにより，学習に集中できる．
- 個人のプライベート空間により，快適で，学習し，思考することができる．
- 学習することはまず概念を理解し，経験に応用される．

野外の焦点，屋内で補えない点
- 素朴な宿泊により，質素で創造的であることを教えられる．
- 野外活動がカリキュラムとして重要になってきている．
- 共同体への参加と集団の相互依存を育てるために施設と活動が設計される．
- 学習はまず体験から始まり，概念化する．

図3.1 キャンプの指導者も研修センターの指導者も，参加者に，より健康的になって，強くなって，スキルを身につけ，成熟して出発してもらえるように全体的に影響するように努力している．場合によっては参加者や来訪者向けにそのための教育的活動を行っている．

KALEIDOSCOPEから両者のコンセプトの違いを図示することに成功している（図3.1参照）．
　キャンプは目的を定め，それにしたがって目標とねらいを定めると2種類の焦点が明確になる．トロッター氏は次のように提案する．

　　キャンプの指導者も研修センターの指導者も，参加者に，より健康的になって，強くなって，スキルを身につけ，個人の成熟に貢献するよう努力している．われわれのうちいく人かは，参加者またはゲストに計画する教育的活動によってこの過程を促進することができる．
　　指導者は，フリーのキャンパーや来訪者に，集中して学習し，人間的に成長するために，適した生活環境を作り，提供している．焦点が何であれ，私どもの業界は本質的に2つの点を重視している．すなわち①プログラムという体系的経験と，②行き届いたサービスとして期待される集団宿泊施設である．どちらも私どもの使命を果たすためには必要なものである[5]．

　アメリカキャンプ（ACA）は，「研修センターとは成人と，その集団のために会議，

研修，教育的プログラムを行うために設計された宿泊施設であると定義している．そうした施設は1年間4期のうち3期は運営され，屋外での娯楽は最小限に計画される．施設としては，会議場があり，給食があり，心のこもったサービスがあり，設備は解放され，気晴らしに自然環境に触れることができ，そうした利用にあうようにできている．」としている[6]．

　キャンプと研修センターとはどちらも心のこもったサービスや，サービスを含むプログラムを提供している．どちらもキャンプの目的に貢献するだろう．が，どちらかの焦点だけを取り上げても具体的な目標とねらいがあるだろう．どちらも目的のための意識的な役割である限り，ほとんど通りぬけられない問題はない．しかしながら，キャンプの目的という役割ぬきで人数，費用，他の目標に便宜上いつのまにかどちらかになっていたとしたら，優先順位のつけかたや利用者への奉仕に深刻な問題を引き起こすことになる．

キャンプ哲学を考える

　キャンプは，全体の目的と具体的な目標とその価値を決めなければならない．この決定はキャンプの哲学として語られる．キャンプ哲学とは論理的根拠とか指導原理でありそれに基づいてキャンプを運営する．ウェブスターの辞書では哲学とは「基本的な信条の土台を追求することであり，その信条を表現するための基本的概念を分析すること」である[7]．

　その性質上，哲学とは理論上のことであり，計測することは難しい．抽象的なものではあるが，哲学とはキャンプにおいていかに人と関わるかという全体の運営上の基本的なことである．まずはキャンプの目的，目標とねらいを定義づけることが出発点である．この本の性格上，哲学という言葉は目的，目標とねらいを含んで使われる．つまり，なぜキャンプや研修センターが存在し，何を達成することを期待されているのかという問題であり，それは物理的な環境以上のことである．その哲学は個人であれ，団体であれ，中央委員会であれ，企業であれ，そのキャンプのオーナーの決定にある．

　ディレクターにはキャンプの哲学があるが，キャンプ主催団体のキャンプ哲学とは常に同じではない．キャンプ主催母体の哲学とキャンプの指導者の哲学には全体的な合意がなければならない．両者は，年月が経てばその哲学に著しい変化があるかもしれないが，両立するものでなければならない．

目　的

　目的や使命とはキャンプの存在の基本的な理由づけを示すが，簡単に計ることはできない．目標とねらいを明確にすることはキャンプ哲学を語ることである．いくつかの例を挙げると

① 価値観のちがう青少年が，自然中で楽しみながら，自分を，そして神または仲間との関係をより深く理解する機会を提供することで，キリスト教精神にもとづく責任感をもち，成熟するように助けることである[8]．
② キャンプの使命は，グループのニーズを満たすプログラムを作り出すことのできる集団生活を野外で提供し，青少年に仲間や自然との関係をより深く理解できる場を提供することである．
③ このキャンプの目的は個々の参加者が自己概念や責任感，仲間作りのスキルを身につけるのを助けることである．

対象となる子どもの年齢の成長に応じたニーズを考慮しないでこのような目標を設定するのは無駄である．あらゆる成長段階に応じたニーズを特定することはできないかもしれないが，目的の記述の中でかなり多くのことが網羅できる．人間の成長と発達については7章に詳しく述べる．

ピーター・ドラッカー氏は「使命記述書は現実に操作できるものでなければならない．でなければ，単なる善意として終わってしまう．使命記述書は団体として何をしようとしているのかに焦点を絞ることで，組織の中の誰もが，自分は目標達成のためにこうして貢献しているということができる．」としている[9]．したがって，記述は単純明解であり，誰もが覚えやすく，唱えやすいものがよい．まず書いてみて，15から20語に削り，他の人にきいてみるとよい．

目　標

目標は目的の記述に比べるとよりわかりやすく，参加者の生活で具体的に達成することを明確に定義する．前述の目的に対して例を挙げると

目的①に対して
● 自分についての意識を育てる．
● 自然環境についての意識を育てる．
● 精神生活についての意識を育てる．

目的②に対して
● グループが自分達で計画したプログラムや活動を実践するのに快適な設備を提供する．
● 青少年が参加し，対人関係を築くことのできる組織的なセッションを提供する．
● 活動を通して自然環境をより理解し，自然に対する責任を果たすことを当然と感じられる自然環境を提供する．

目的③に対して
● 参加者が具体的なスキルを身につける手助けのできる専門家を提供する．
● プログラムの中で対人関係，社会的スキルを育てられる機会を提供する．
● 各参加者に自己責任力が育つような集団生活，キャンプ活動を計画する．

目標の記述は目的の記述に即してさらに分化させたものであるが，さらに具体的に

それぞれの目標を達成するためのねらいを定義する余地を残している．つまり，目標とは目的の表現をより具体的にしたものである．例えば目的③について具体的に身につけるスキルを列挙することができる．

ねらい

ねらいは目標を達成したかどうかを測定する方法である．参加者が全体の目標の達成するために達成した具体的なことがらである．例えば目的①の目標に対するねらいの例を挙げると

- 参加者は集団の構成員として活動のなかで自分の考えを実行しようとした．
- 参加者はテントを片づけてキャンプサイトを清掃する時に自然保護の手本に従い，実践をした．
- 参加者は小グループの話し合いの時，神についての考えを述べた．

目的は抽象的で理想的だが，ねらいはスタッフにとって具体的に達成度を把握できることであるべきである．スタッフを教育する時でも，進捗状況を観察する上でもそれぞれのねらいに対する具体的な経験とその達成方法を列挙してあれば役立つ．例えを以下にあげる．

ねらい

参加者はキャンプに参加する前にはできなかったスキル，またはあまりできなかったスキルを少なくとも3つはできるようになるか，あるいは参加する前より遥かに高度なレベルでできるようになる．

経験	方法
a. 初級レベルと中級レベルでのプログラム分野でのスキルの指導 ● 野外生活スキル ● 水中スキル ● アーチェリー（標的とフィールド） ● アートとクラフト（美術工芸） ● 自然に関する知識 ● 乗馬	問題解決やスキルの学習を強調する教育方法
b. 上記スキルのキャンププログラムのなかでの上級レベルでのスキルの指導	個人とか集団の活動の計画を立てるとき，個人とか集団独自のスキル学習のニーズをカウンセラーがキャンパーに明らかにする手助けをする．
c. 毎日の自由時間の活動についての個人の選択	スタッフ全員が中級レベルまで指導できる．

目的の記述

　一般的な最優先目的の記述または使命記述は，その目的を具体的に表現されるいくつかの目標に分けられ，目標はさらにいくつかの具体的なねらいで表現され，キャンプ参加者がそのねらいを達成したかどうかで目標が達成されたかが判断される．

　キャンプ書類には一つか二つの目標が記述されているかもしれない．最優先目的やいくつかの目標は前任のディレクターが定義したものもあるだろう．たとえ目的の記述のない書類があったとしても必ず他の書類に記述があるだろう．例えば，
- キャンプ案内，
- キャンプが運営管理会議で運営されている場合は議事録，
- 法人組織の場合はその法人規定，
- 前任のディレクターやスタッフ，または組織の役員とか永続的運営管理会のメンバーとの話し合いの中に，
- 昨夏の報告書の中に

記述されているはずである．

　民間キャンプのディレクターの場合，運営管理会議のようなところがないので，目的が記述されているキャンプ案内とかスタッフのマニュアルが多いだろう．非営利団体よりも民間キャンプはキャンプ哲学や，目的や目標を変更しやすいが目的の記述を変えるときは慎重に考えなければならない．プログラムの活動を変更するとか目的や目標についての記述を理解していない新人スタッフが加わることによって仲間のスタッフや，参加者の保護者を混乱させることになる．キャンプの目的や目標について賛同を得るために，運営管理会議にかけてかなりの時間をかける必要がないからといって民間キャンプにとって目的や目標の記述が重要でないわけではない．

　ディレクターは目的，目標とねらいを整理し，できる限り明確に書き直してみて，それを検討することが大事である．明瞭であるか，現行の共同体の形態や取り組みに適応しているか，運営管理者の期待に添っているか検討し直すべきである．その上で，スーパーバイザーと，その目標を同じように解釈しているか検討するとか，運営管理委員会またはその担当小委員会で検討するべきだろう．

　ディレクターが過去に書かれた目的やねらいを明瞭に理解し，運営者（運営管理委員会）によって認知されたら，その目的，目標，ねらいのいずれも自分のキャンプ哲学に矛盾しないかどうか考えよう．矛盾する場合でも，新人ディレクターの場合は1年目の夏は書かれている通りに実践してみて，それから変更の提案をするのが賢明だろう．実際の運営は目的や目標がいかに機能するかのテストである．目的やねらいの意味を明確にすることを躊躇すべきではない．

　使命記述については長い年月を経て，使命や目的が達成されれば，内容が全く変わることに気付くことも重要である．確かに社会情勢や人口動態を反映して，変更を余儀なくされることもあるだろうし，共同体あるいは参加者の新しいニーズに合わせて

目的を拡くしたり，絞ったりする必要もでてくる．
　ディレクターのキャンプ哲学と運営管理者のキャンプ哲学が違う場合，直接スーパーバイザーまたは運営管理会とよく話し合うとよいだろう．新人ディレクターが入った途端にキャンプ哲学を変えられるなどということは期待するべきではないし，変更するとすれば，キャンプ運営を経験してからとか，変更が必要であることを示す資料を提示できる場合に限られるだろう．

チェックポイント

1. キャンプの目的や目標の記述がありますか．
2. キャンプ独自の目標に添ったねらいを作成したことがありますか．
3. 目的，目標とねらいを運営者または運営管理会と検討しましたか．

参考文献
1) Van Krevelen, Alice. Camp as a Fresh Start. Camping Magazine 51 : 3 February, 1979. p.9.
2) Lyle, Betty. 1947. Camping What Is It? Martinsville, IN : American Camping Association. pp.4-5.
3) Carlson, Reynold. 1975. The Values of Camping. Martinsville, IN : American Camping Association. p.4.
4) Stone, James C. Kids Learn Responsibility. Camping Magazine 59:1 September/October, 1986. p.21
5) Trotter, Kathleen M. Getting Out of the 90-Dey Mentality. Camping Magazine 61:7 May, 1989. pp.288-29.
6) American Camping AssoCiation. 1993. Standards for Conference and Retreat Centers. Martinsville, IN: American Camping Association. p.5.
7) Webster's Third New International Dictionary of the English Language. Springfield, MA:G&C Merriam Company. 1986.
8) Staff Manual. Camp Widjiwagan Branch, YMCA, St. Paul, Minnesota.
9) Druckrer, Peter. 1990. Managing the Nonprofit Organization: Practices and Principles. New York: Harper-Business. p.4.

4章 プログラムはどこからはじまるのか

　キャンプとは常に人間が成長する場である．うっそうとした森の中で，常に変わらない星の下で，子どもですらも神秘を感じ，家の中ばかりにいたら夢みることもなかったような大きな世界を感じるようになる．
　空は私に深さを
　風は私の広さと高さを，
　世界は私のハートの広がりを，そして
　孤独は私の空を飛ぶ翼．
　無理なく祈りと驚異の世界に入っていけるチャンスはキャンプをおいては他にはない．大自然の中には神が創った無限の多様性がある．

メリー．S．エドガー[1)]

　新しくディレクターになった人は，一般的には，キャンプのプログラムそのものに関心を持ち，参加者やスタッフとの実際の関係に一番満足を感じる．したがって新しいディレクターのつくるプログラムの計画は，自分のキャンプ哲学，目的やねらいよりも，明確に定義される．さらに，プログラムにはキャンプ生活の中での朝の歯磨きからキャビンの清掃，食事，就寝に至るまでのすべてが含まれる．
　組織キャンプ経験の本質とは，参加者が，家や学校での普段とは離れたところで異なる生活をすることである．レジデントキャンプは，新しい環境の中で自分と仲間達とでなんとかしていかなければならない，という状況継続的な体験をする場である．デイキャンプは，その新しい環境の中で何とかしていく短期間の体験をし，すぐに普段の生活に戻ってその体験を応用する機会を提供する．どちらも子どもにとっては有意義な体験であり，他のいかなる教育的な手段やレクリエーションの手段で代用できるようなものではない．
　プログラムの目的や目標を明確に述べなければ，どんなに活動についての考えを達成しようとしても，参加者は楽しいかもしれないが，子どもの親，あるいはキャンプ運営者の期待には添えないだろう．言い換えれば，プログラムはキャンプのねらいを達成するために計画しなければならない．とはいうものの，ディレクターになったばかりの年にすべてのねらいを目に見える形で達成することができるという意味ではない．だが，これらのねらいを考慮に入れないでキャンプを運営することはキャンプ運

営者や地域共同体に不満の種を蒔くことになり，参加者数に影響を及ぼし，キャンプ運営への協力が得られなくなることもある．

ヒドリー・ディモックは「グループでの野外生活の過程がキャンプのカリキュラムの中心であって，討論をしたり，指導をしたり，訓練をしたり，野外の環境の中でのレクリエーション活動は付随的なものである」といっている[2]．プログラムとそのねらいは多様である．例えば以下に示す2例のプログラムとそのねらいは全く異なる．

ねらい1	ねらい2
参加者に競争意識とスポーツ技術を身につけさせチームに参加できるようにする	参加者がグループ生活のなかで責任感を養う
ねらい1を達成するためのプログラムのねらい	ねらい2を達成するためのプログラムのねらい
● 参加者にどのスポーツに参加するかを決めてもらう． ● 参加者の運動能力をテストする． ● 参加者のスポーツ技術が向上するようコーチをし，練習させる． ● コーチと練習の後，運動能力とチームワークをテストする．	● 参加者が毎日の活動や生活の中でどのような責任を果たしているかを観察する． ● 生活グループが活動を計画するのを手伝い，その計画の達成のために具体的に責任を果たす手伝いをする． ● 各参加者と，また各グループと，誰が責任を果たしたかについて話し合う時間をとる．

明らかにどちらのねらいも，子どものニーズ，関心があり，子どもの親の期待にも，キャンプ団体の目的にもあっていれば，妥当である．しかし，ねらいが違えば，スタッフが計画するプログラムやスケジュールは違ってくる．というようにプログラムの計画を始める前にディレクターとスタッフがねらいについての合意をしておくことが肝要である．

キャンププログラムはさまざまなねらいを達成することができるが，プログラムやスケジュールが目的や目標を反映していて，目標に向かう過程が目に見えるようなねらいを取り入れた時に初めて効果的に達成できる．

中央集中型（Centralized）哲学と分散型（Decentralized）哲学

長年にわたり，中央集中型と分散型という二つの異なる哲学があり，キャンププログラムを特徴づけてきた．中央集中型プログラムでは，活動はキャンプの中で個人が広く選択できる活動が計画され，スケジュールが決められる．参加者は自分で選択した活動に参加し，終わると生活グループに戻り，特別な行事を行ったり，就寝や食事をともにする．このキャンプ哲学では活動内容の多様性が強調されがちであり，全体の活動，生活グループの活動が年齢別に行われる．

一方分散型プログラム哲学では活動は生活グループ単位で独自に計画する．グループで話し合って作るというのはソーシャルワークの一つの方法であり，「個人が共通

	中央集中型		分散型		折衷型
7:30	起床	8:00	朝食	7:30	起床
8:00	旗の掲揚			8:00	朝食
8:15	朝食		生活グループで計画した活動		キャビン清掃
	キャビン清掃		でキャビン清掃，プログラム	9:00	1時間単位で，個
9:30	活動1		活動，グループでの昼食や，		人で活動を選択し
10:45	活動2		中央食堂での昼食，安らぎの		参加
12:30	昼食		活動などの時間	10:00	
	休憩			11:00	
2:15	活動3	12:30	昼食	12:30	昼食
3:30	活動4		休憩		休憩
4:45	自由水泳			2:15	生活グループで計
	その他の活動		生活グループで計画した活動		画した活動
6:00	夕食			6:00	夕食
7:00	自由時間	6:00	夕食	7:00	自由時間
8:00	イブニングプログ			8:00	キャンプ全体で行
	ラム		生活グループ，または宿泊グ		うイブニングプロ
9:30	就寝		ループでの活動，時にはキャ		グラムまたは生活
			ンプ全体の活動		グループ活動
		9:30	就寝		

図4.1 中央集中型，分散型，その折衷型プログラムの例

の目的をもつ集団経験の中で自分を高めて社会的役割を果たし，個人やグループや共同体の問題を合理的に解決していくのを助ける」ことを強調している[3]．この手法は永年全国的にクラブ活動とかボーイスカウトなどの青少年団体でプログラムの基礎として使われているものである．グループはプログラム作成の中心的な働きをする．グループは特別な行事，食事，医療を受ける時，物品の借り出しの時だけ，全体の共同体の中で行動する．ここではグループの関係，全体のキャンプ共同体からの独立した小グループの育成が強調され，食事の準備もグループ単位で行う．プログラム作成では生活グループ内でほとんどのスケジュールを決め，全体の事務局は各グループのスケジュールがどのような設備やスタッフを使うかについて他のグループの活動の妨げにならないように調整にあたる．

　二つの哲学を組み合わせることも可能である．多くの場合，キャンパーの一日は中央集中型活動とグループ単位での活動に分けられる．完全な分散型と完全な中央集中型の中間として考え方，施設，スタッフによって多様な組み合わせが考えられる．図4.1に三つの比較を表わした．

　折衷型は考え方と経験に基づいて，まず，ねらいとディレクターの目指すものと利用可能な設備とスタッフを考慮する．その上で，二つの哲学を組み合わせて一番効果

的な方法でねらいを達成する組み合わせ方を検討することができる．毎夏試行錯誤を繰り返して自分のキャンプにちょうどよい組み合わせを見つけることができるだろう．

技術レベルの向上

多くの場合，プログラムの活動の中で参加者の技術が向上する事が大切である．参加者はある分野で1段階進んだレベルに挑戦できるととても満足できる．青年期に達した参加者はそれまでに参加したキャンプが同じことをしていたら参加はしないだろう．したがって，参加当初に上級レベルに進むことのできる多様なプログラムがあることがわかれば参加者にとって長期目標にすることができる．

就学前年齢の時にデイキャンプに参加し，6，7歳でレジデントキャンプに参加するというように青年期に至らなくても上級レベルに進みたいという欲求があるものである．賢明なディレクターであればこうしたことを考慮に入れて次なる挑戦になるようなプログラムを検討するだろう．

その他の要素

宿泊場所と活動場所の位置関係が中央集中型か分散型かを決定することもある．多少の変更は可能だろうが，物理的な位置関係を考慮に入れてプログラムを作成するべきであろう．たとえば同じ建物にいくつかのキャンプグループが宿泊している寮の場合は本当の意味での分散型プログラムを運営することは難しい．

参加者の対象年齢も考慮しなければならない．指導のレベルやスキルと同様にプログラム活動の選択や重点はどんな年齢を対象とするかによって決まる．

利用者または利用の可能性のある人達のニーズや関心を無視してねらいは考えられない．最近の傾向として親よりも参加者がどんなキャンプであるかを考え決める．特に新しい体験やスキルを身につけることを求めて再参加をすることが多い．

プログラムのねらいや活動内容を決める時にはディレクターはプログラムの計画やスタッフの採用予定を決める前に，まず，何が関心をひく活動か考える．興味の発掘や参加者のグループを訪問することも役立つ．夏のキャンプの間に参加者に直接聞いてみることで次の夏に行うことのヒントを得ることもできる．

キャンプ共同体の男女比もまたプログラム内容や強調点に影響するし，男女混合の共同体ではプログラム哲学を追加しなければならない．キャンプによっては男女別の宿泊を設定し，男女別に活動して何回か交流イベントを設けるというものもある．キャンプによっては食事や夕方のプログラムや自由時間は男女一緒になるがそれ以外は男女別々というものもある．多くの場合，宿泊は男女別だがすべての活動に同年代の男女混合で参加するものが多い．

チェックポイント

1. あなたのキャンプのねらいを達成するために,プログラムの目指すものはなんですか.
2. どのように施設や設備がプログラムの運営を決定するのですか.箇条書きにして説明しなさい.
3. あなたのプログラムの目指すものに中央集中型と分散型の両方を取り入れて検討しなさい.
4. 中央集中型と分散型の組み合わせを同様に検討しなさい.
5. 1.で作成したねらいを達成する方法をみつけ,詳細を書きだしなさい.
6. それをプログラムや施設やねらいのことをよく知っているスタッフや運営管理会議のメンバーに見せなさい.

参考文献
1) Edgar, Mary S. Lasting Legacies for Campers. Canadian Camping Association Magazine Summmer 1973. Toronto, Ontario, Canada.
2) Dimock, Hedley S. 1948. Administration of the Modern Camp. New York: Association Press. p.22.
3) Giesia Konopka. 1963. Social Group Work: A Helping Process. Englewood Cliffs, NJ: Prentice-Hall. p.20.

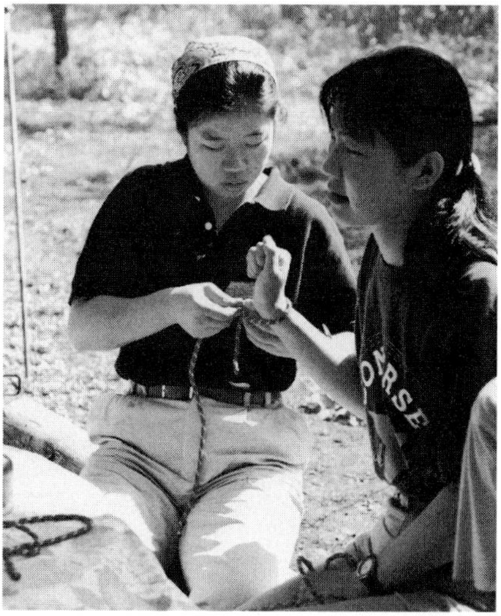

5章 スタッフのリクルートと組織

　スタッフの質がプログラムの運営を成功させるかどうかの最も重要な鍵である．比較的成功している例があるときには，その規模，建物の構造，設備，施設といった要素を比較してみることが大切である．しかし，似たようなキャンプ，比較されるようなキャンプ施設といってもプログラムの質という意味では全く異なるものであることもある．違いはキャンプスタッフを構成した人事能力の違いによるところが大きい

ルーエル・A．ベンソンとジェイコブ・A．コールドバーグ[1]

　当然スタッフの一人一人は特定のプログラム活動に影響を与えるが，ディレクターはプログラムのねらいに合ったスタッフをリクルートし，研修するチャンスがある．それぞれのスタッフがねらいや結果を達成するために重要である．一人のスタッフがキャンプの方針なり，手順なりを理解して従わない場合，運営の障害になるばかりでなく訴訟問題にもなりかねない．

　スタッフのリクルートが終わってから新人のディレクターが就任したとすれば，その新人ディレクターはそのプログラムについてよく検討し，個々のスタッフの能力とスキルがどのように影響し合うか検討しておくべきだろう．その結果プログラムの計画は改めて修正する必要があるかもしれない．当然，新人ディレクターはリクルートを始める前に自分の理想とする組織計画を作成しておくのが望ましい．

　プログラムの哲学はスタッフのリクルート，組織，計画に影響する．というのも，(1)プログラムの専門家は中央集中型の哲学で日程を作ることが多く，カウンセラーは分散型の哲学で考えることが多い，(2)日程表を作ったり，監督をする最高責任は，中央集中型の哲学で考える管理職とプログラムの問題であり，参加者と寝食をともにするカウンセラーや，ユニットリーダーは分散型の考え方をするものだからである．

　したがって，キャンププログラムが中央集中型になるほど，特定の専門分野に能力があり，指導力のあるスタッフを採用することが大切である．当然，その指導者は子どもにどう教えたらよいかを知っており，その心理を十分理解し，年齢に対応する発達段階を理解していなければならない．プログラムのスキルを教えた経験があるからといって，必ずしもその人にそのスキルを教える能力があるとはいえないし，その人がさまざまな年齢層の子どもに相応しいレベルに合わせて教えることができるというものでもない．

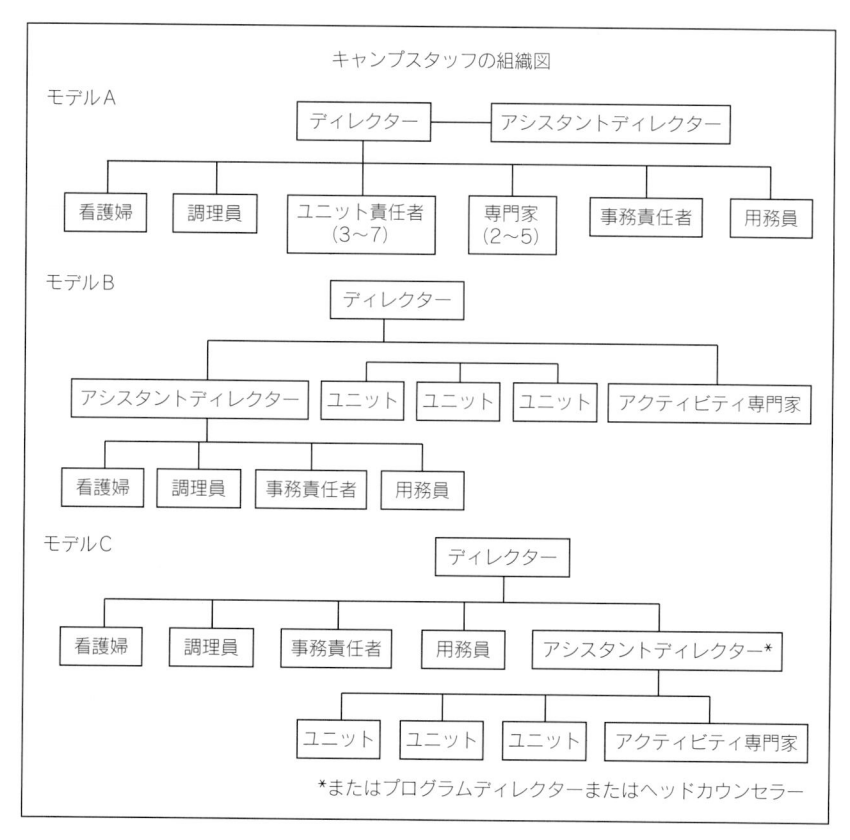

```
キャンプスタッフの組織図
モデルA
         ディレクター ─── アシスタントディレクター
    ┌────┬────┬────┬────┬────┐
  看護婦 調理員 ユニット責任者 専門家 事務責任者 用務員
              (3~7)   (2~5)

モデルB
              ディレクター
    ┌──────┬────┬────┬────┬──────┐
アシスタントディレクター ユニット ユニット ユニット アクティビティ専門家
    ┌────┬────┬────┐
  看護婦 調理員 事務責任者 用務員

モデルC
              ディレクター
    ┌────┬────┬────┬────┬──────┐
  看護婦 調理員 事務責任者 用務員 アシスタントディレクター*
                        ┌────┬────┬──────┐
                       ユニット ユニット ユニット アクティビティ専門家
              *またはプログラムディレクターまたはヘッドカウンセラー
```

図5.1 スタッフ組織図

　中央集中型のプログラムでは，プログラムの専門家は通常，参加者の宿泊施設に準カウンセラーとして宿泊するが，カウンセラーと同等な責任は負わないことが多い．一方，施設に宿泊しているカウンセラーは，一日の中の2，3時間だけしか宿泊生活グループでの責任がないことになるので，専門のプログラムの手伝いも仕事になる．

　分散型のプログラムでは毎日の日程を決定するのは生活グループ自身なので，カウンセラーはあらゆるプログラムの分野での雑学的スキルがあることが要求される．分散型のプログラムではプログラムの専門家の数は極めて少なく，専門家としての役割以外の責任も負う．というのも，生活グループからの要求があったときに初めて専門家としての役割が発生するからである．

　必要とされる管理職人事はどのようなプログラムを行うかによって異なる．中央集中型のプログラムの場合，プログラム部門責任者，例えば，水泳監視，工芸，スポー

ツ（取り入れるスポーツの種目分）など，およびいくつかの生活単位の責任者となるカウンセラー長とカウンセラーが通常必要とされる．この場合，プログラムの日程を組む仕事はディレクターやプログラムディレクターが生活単位のカウンセラーまたはカウンセラー長やプログラム責任者と共同して作ることになる．カウンセラーは通常宿泊施設の責任を負い，プログラム遂行の援助をする．

分散型のプログラムでは具体的なプログラム別の責任者は少なく，生活単位のカウンセラーやカウンセラー長の数が多くなる．カウンセラーは通常生活グループに集中し，生活の一部としてプログラムを作ることになる．プログラムディレクターはここでは生活グループの監督者としての役割が多くなり，キャンプ日程作りの役割は少なくなる．

中央集中の程度の違いで組織図が変わってくる．図5.1にスタッフの組織図の例を示す．ただし，キャンプがねらいを明確にしないうちに組織図を作らないほうがよい．ねらいが明確になると自ずから組織構成のパターンが決まってくる．

事務管理スタッフの組織はどの場合もあまり変わらないが，プログラム哲学が違えば管理部門のどの部分が重要視されるかが変わる．例えば，多くのキャンプはドライバーや食材と備品の上手な配給を要求する．したがって，スタッフはそれらの管理だけを割り当てられるかもしれない．一方，美術を目的とするキャンプであれば，劇場プログラムやダンスプログラムを指揮監督するスタッフが必要となるだろう．

もっと一般的な事務管理部門の組織図は図5.2に示す．参加者数の規模によって各部門の規模は変わってくるだろうし，参加者数に対する事務管理部門の割合についての標準指針はないが，以下の2つの部門の目安を示すと

● 給食サービスについては参加者50～60人規模で調理人一人，洗い物係一人．
● 保健サービスについては参加者150～175人規模で看護婦一人，175人以上100人増える規模毎に看護婦を一人増やす．

保守担当者については使用する施設の構造によって，水道配管，電気系統，建物かテントか，洗濯，下水など，異なりすぎるので目安はない．用務員，警備員についてはフルタイムで通年雇用すれば，シーズン時に必要となる雇用者数をある程度減らすことができる．

プログラムのスペシャリスト

どのキャンプでもプログラムによっては有資格者を必要とする．一般的には，水泳監視員は最低必要であり，全国的に毎年最も事故が多い．したがって，水中プログラムのスタッフと施設の監視をする責任者を雇用する時は慎重を要する．年齢は21歳以上，水泳監視の1年以上の有経験者で，資格をもっていることが望まれる．水泳ディレクターは判断が適格で，他の指導者の教育，監督ができ，水泳環境の危険な状態を指摘できる必要がある．水泳指導責任者，または波のない水泳指導環境で働くため

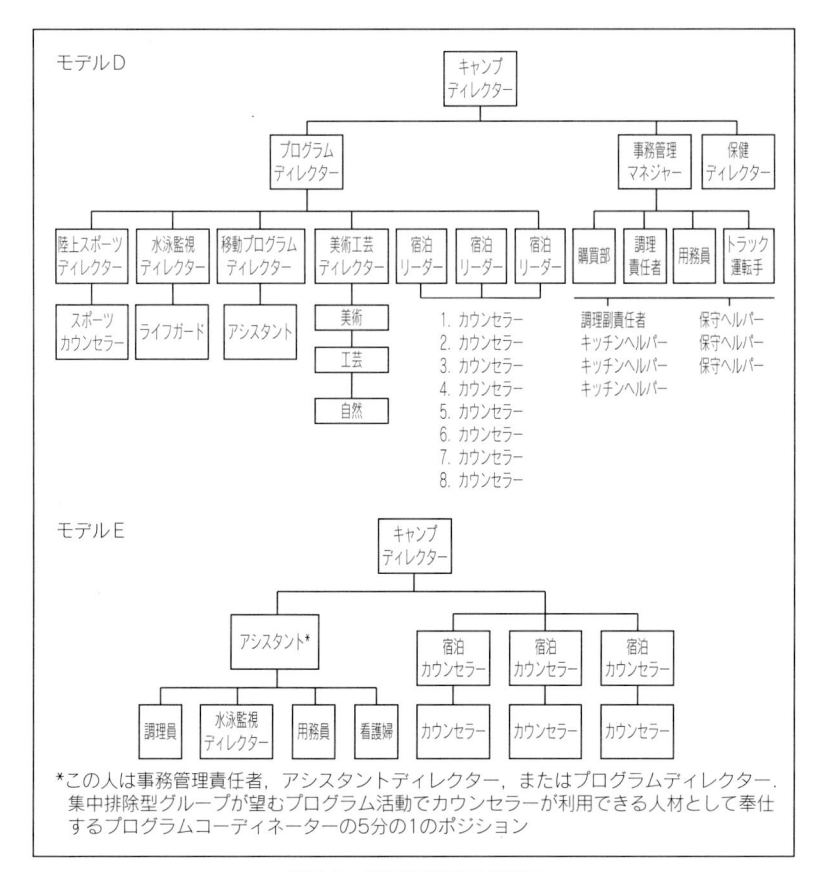

図5.2 事務管理部門の組織図

の個人が受講できるアメリカ赤十字の研修がある．水泳ディレクターは履修することをお勧めする．

　レクリエーションとしての水泳を行う場合は，ライフガードは以下のいずれかの資格があることが望まれる．アメリカ赤十字ライフガード研修（水泳プール以外の環境で働くとすれば海岸でのライフガードの承認），YMCAライフガード，アメリカボーイスカウツライフガード，ロイヤル救命ブロンズメダリオン，またはこれらと同等の資格．水泳を指導する場合の指導者はYMCA上級水泳指導者，BSA水中指導者，赤十字水中安全指導者のいずれかの資格を所持していなければならない．

　水中活動を行う所ではアメリカ赤十字の救急法，またはそれと同等の資格で年齢に応じた心肺蘇生術（CPR）を施せる有資格者がいなければならない．呼吸器の使用

訓練を含むCPR訓練はアメリカ赤十字，アメリカ心臓連盟，国家安全協議会で行われており，強く受講することをお勧めする．水泳をする人数に対して必要なライフガードの人数は，状況によって違うので，一概には決められない．したがって，ディレクターと水泳監督者は場所の状況，活動の状況，参加者のスキルのレベルに注意を払い，慎重に必要なライフガードの人数を割り出すことが必要になる．これによって，ディレクターは必要採用資格者数を決定する．

乗馬プログラムも，十分なスタッフと管理がないと危険である．安全の確保，動物の世話の重要性を考えると，経験のある，指導力のある有資格者が必要である．

どのプログラムでもスタッフは経験と専門的知識と指導力があることを証明する書類が必要である．射撃，水上スキーの証明書もある．投げ縄，懸垂下降（登山）のようなアドベンチャープログラムが最近急激に増えているが，この種目についてはいまのところ国家認定資格はない．しかし，これらの種目については評判のよい研修を行っているところがある．それを最低20時間を受講すればそうしたプログラムの監督をしてよいだろう．この種目の専門家によれば，場所を特定して公認するほうが個人に証明書を発行するよりも有効ではないかという議論がある．

採用の条件

年齢については慎重に考えなければならない最初の採用条件だろう．カウンセラーの年齢は18歳以上．年齢が達していれば分別があるというわけでもないが18歳を越えるとそれまでよりも分別がつくようになる．連邦法でも18歳未満の人をキッチンスライサーやミキサーの操作，2,700kg以上の車両の運転を行う仕事に採用することを禁じている．

海岸監視や，小旅行に出る時，乗用者の運転をする時などの責任者は法的成人年齢でなければならない．その監督にあたる責任者は一般的にスタッフよりも2歳以上年上であるべきである．

乗客を乗せて車両を運転する者にはキャンプ地のある州の運転免許が必要である．16人以上の乗客を輸送するまたは1万kg以上の車両を運転する予定があるとすれば特殊免許も必要である．どんな場合でも州警察を通じて運転歴を確認しておくとよいだろう．

性別に関しては雇用時にはほとんど問題にしなくなりつつある．ただし，宿泊所で男女別に寝食をともにする仕事がある場合や対象が幼児の場合は例外である．

性別も年齢も，雇用時に差別してはいけないと法的に定められている．特定のポジションに一定年齢が必要であったり，男女別のスタッフが必要であっても，職務記述書には法に触れないように記述するよう注意を要する．

ポジションによっては経験のある人を雇用しなければならない．どのポジションも経験があるに越したことはないが，どのように経験したかも大切である．照会先に聞

くこともできるし，面接時に評価することもできる．
　スタッフを，特にプログラムの専門家を採用する時には，経験だけでなくどんなスキルを持っているかも考慮しなければならない．前述のように水泳，射撃，保健サービス，キャンプ工作，乗馬などは認定資格があるが，資格がなくても，経験とスキルの記述にないことでも，前職のスーパーバイザーや，同僚に問い合わせてどんな活動をしていたかを確認する．もし応募者をインストラクターとして採用するつもりであるのなら，技術レベルだけでなく，教える能力についても確認しておくことである．
　採用する時には被雇用者のバックグラウンドも大切な要素になる．文化的に，人種的にスタッフの多くと違う人が入る場合，意欲と能力のある人であれば，キャンプ参加者にとってもスタッフにとっても貴重な体験になる．しかし，応募者にはどんな環境で，どんなスタッフと参加者の共同体で働くことになるのかということを明確に伝えておかなければならない．よい体験にするには，スタッフの能力とやる気の程度が参加者とスタッフの共同体の活力と同じくらい重要である．
　最近，これまでスタッフになっていた18歳から25歳くらいまでの人口減にともない，外国出身のスタッフが増えている．いくつかの代理店があり，外国に代理店を設け，スタッフの申し込みを受け付け，応募書類と面接した結果をディレクターに配布している．スキルのある国際スタッフがいることで有利なことは，その外国人が特別なスキルをもち，十分準備してキャンププログラムを行うことにより，国際教育ができることである．
　なかなか人が見つからないからといって外国からの申し込みを利用するというのではキャンプにとっても，採用される外国人にとってもプラスにはならない．面接ができないのであれば，国際電話をかけてでも本人と連絡を取ったり，前の雇用者に照会するなどの必要がある．申込者に仕事の内容を伝えたり，宿泊施設について，待遇について，そして近隣の都市について理解してもらうことは大切である．

過失雇用

　過失雇用に対する訴訟は，不適当な人，非理性的な有害な危険分子をもつ人を雇用したことに法的責任があるというものである[2]．これをキャンプの場合にあてはめると，過失雇用とは，スタッフの不注意な行動や，資格のないスタッフのせいでキャンプ参加者が傷害を被ったということで親がキャンプに対して訴訟することである．これまでに，子どもに対する性的虐待をしたことのあるスタッフを雇用していたという過失雇用を告訴されたこともある．保護者の立場からすればディレクターはその人を採用する時点で，採用前にどういう過去があったかを知っているべきであるという論理である．
　そうした訴訟から自らを守るためには徹底的に書類選考し，証拠書類を確認することである．つまり，照会先に確認し，バックグランドをチェックし，犯罪歴を調べ，面接時に応募者の経験をたずね，書かれている職歴と比較し，矛盾がないかどうか確

認する．多くの州は過失雇用を認めるが，雇用時にきちんと書類を確認している雇用者については過失責任を問うていない．

児童虐待の防止

　ディレクターは児童虐待を最小限にするために雇用手順に段階を追って従わなければならない．ディレクターは職務記述書，応募書類，面接のチェックリスト，照会先，契約書，スタッフの研修内容のなかで，過去に虐待歴があったような兆候なり，傾向が見えてくるように工夫するべきである．

　応募書類には自己申告で犯罪歴について書いてもらうことで，申請者にこのキャンプでは児童虐待を心配しているのだと知ってもらうことができる．具体的な質問の仕方についてはこの章の後半で述べる．

　職務記述書上の職務の説明，必要事項についての記述の中であれ，面接時であれ，マニュアルの中であれ，どこででも，「虐待は赦されないし，参加者の福祉がスタッフの主要業務である」旨，明記するべきだろう．

　面接時には危険信号と思われることがあったら質問するのは止めて，掘り下げてみるとよい．思春期の問題に専門に取り組んでいるソーシャルワーカーの資格を持つロバート・ディッターは，面接をはじめて20分位したら次の質問をすることを勧めている．

- 友達はいますか？　どんな友達ですか？　知り合って何年くらいになるのですか？　その友達に教えてもらったこととか，友達がしてくれたことかをなにか一つ聞かせてください．
- あなたは自分と同じ位の年齢の人たちと居るのと，年上の人たちと居るのと，年下の人たちといるのとではどの時が一番快適ですか（これについては話の中身に注意しよう）．
- 子どもの頃にどのように叱られましたか？　それについてどう感じましたか？　子どもとうまくやっていくにはどんなことが一番大切だと思いますか？[3]

　ベッカ・コワンジョンソン博士の『彼らのために』という著書に書かれているが，特徴とか性格だけでは児童虐待をするかどうかはわからないが，潜在的な虐待者を見分ける手がかりとなりうる特徴なり性格がある．一般的には，虐待者は消極的な態度，短気，すぐに他人や子ども，状況のせいにするなどが挙げられる．さらに著書には潜在的な暴力，感情的激情，性的犯罪者につながる特徴，性格に言及している．

　スタッフ研修の時には，どんなことが児童虐待なのか，スタッフの仕事とはなにか，児童虐待の疑いがある場合にどのように処分されるかをよく理解してもらうとよい．虐待の容疑がかけられて，証人がいない状況にならないように自分を守るためには，できるかぎり，他のスタッフや，参加者の目の届くところで参加者のプライバシーを守ることのできる距離を考慮して行動するとよい．スタッフ研修は参加者が家で虐待

を受けているらしいことがわかった場合についてにも触れておくことが肝要である[4]。

　ディレクターの責任は，児童を虐待しないための手順に従う責任があるばかりでなく，いざ訴訟が起きたときには十分防止策を取っていたということを証明できる記述を残しておく責任がある。何度でも書類に書いておくことが，一番の自衛手段である。

　多くの州でスタッフの応募者すべての犯罪歴を確認できるようになっている。応募者本人が申し込んで州警察から送付してもらう，または，キャンプ団体のほうで本人の許可を得て手配することができる。だが，時間もかかるし，一人につき，15ドルから35ドルかかるので大学生スタッフをシーズンのために雇用する際には，1～2年だけの犯罪歴であるし，その必要があるかどうか疑問である。

　一方，21歳以上で通年雇用する場合には価値のある予防策だろう。FBIの指紋確認もできるが，ほとんどの州では必ずしも必要書類として義務付けていない。ただし，法的に不利になるのは，訴訟が起きたときにキャンプ団体が利用できるサービスを利用していなかった場合である。したがって，キャンプ団体としてそのようなチェックをどうするか，検討の必要があるだろう。

職務記述書

　キャンププログラムの成功はスタッフがどんな仕事をしたかにかかっている。職務記述書がよく書けている場合，スタッフの仕事の質も高くなると考えられる。スタッフが自分の仕事上でどんなスキルや能力が必要とされているかを理解し，組織の中で他の人とどういう関係でどんな役割を果たすのか，どんなことが仕事の評価として反映されるかが理解できる。また，面接の時にも応募者が自分はどんな仕事に応募しているのかを理解することができる。

　職務記述書とはその職務の責任，義務，働き，性質などを記述したものであり，他の職種との関連，職務の遂行水準と責任の境界を含む。ディレクターはその職務を分析し，労働条件，必要とされるスキルと努力，そして責任の概要を含む職務説明を書き出す。これはスーパーバイザーとスタッフで，そのポジションについてのチェックリストを作成し，毎年書き直し作業を行う。その作業の中で，どんな働きを持つ仕事が必要なのか，その仕事の肩書き，仕事の内容，理想的な資質について考える必要がある。

肩書き

　キャンプでは，事務管理，カウンセリング，活動専門家，サポートスタッフの4種類の仕事に分類できる。肩書きはそのスタッフが何をする人なのか正確にわかり，身分なり立場なりが類推できるものであるべきだろう。

仕事の細目

　ここでは達成しなければならないすべての仕事内容を列挙する．その仕事のはたらきを簡単に説明し，広い意味での責任を明確にし，後は毎日の日常的な仕事内容，たまに発生することや，身体的な，情緒的な要求，記録を残す責任，どの程度の指導監督が期待されているかについて記述する．到達度を測定する基準だけでなく，活動の責任についても書いておくべきだろう．

仕事の資格

　そのポジションが一定レベルの教育，特別なトレーニングを必要とする場合はそれを明記する．他の人と働く能力や柔軟性が必要と思われる職務であればそれも明記する．平等雇用法に従って，どんな適性も能力も仕事に直結していなければならない．

　職務記述書は体系的な考え方と必要に応じた改訂が必要である．孤立して書くものではなく，キャンプをどのように運営するかを慎重に考慮することが職務記述書の存在意義である[5]．人を採用した後，またはスタッフが宿泊をはじめた後に，もともとの職務記述書に変更を加える場合ももちろんあるが，スタッフ全員に関連する問題なので解決していかなければならない．どの職務記述書にもそのポジションが，参加者の健康と福祉を守る責任があることを明記したほうがよい．

　職務記述書には，必要に応じて，ディレクターや監督者が職務記述書にない事柄を依頼する場合があると書いておくとよい．添付資料Aに職務記述書の書式例を添付している．

　1990年に障害者法が承認されたので障害のある人に対して，障害があるということで不等な差別をしないように雇用者は注意が必要である．障害のある有資格者とは，設備が整っているいないにかかわらず，本質的な仕事が十分果たせることを意味する．したがって，雇用者はすべての職種について，本質的な仕事を明確にし，末梢的な仕事については要求しないように，職務記述書を書き改めなければならない[6]．もしあなたが初めて職務記述書を書いているのであれば，エディ・クラインの著書『私の仕事』を参考にするとよい．どのようにして職務記述書を書いたらよいかについて最も適切にかかれている．もし障害者法に定義されているような差別をしないようにあなたが職務記述書を見直したいとか，もっと効果的な職務記述書にしたいとかいう時にもこの本は，参考になる指針が出ているし，キャンプの職務記述書の例が30以上と豊富である．

応募書類

　通常雇用されるときに必要な項目の他に，スタッフの応募書類は，職務記述書に必要と書かれているスキルや経験を強調している．ディレクターは応募書類の内容が人事用件を満たすかどうかを判断するために使うのであって，性別や年齢を聞くときは

キャンプスタッフ応募書類	提出先：

アメリカキャンプ協会（ACA）

応募年月日

氏名＿＿＿＿＿＿＿＿＿＿＿＿＿＿＿＿＿＿　社会保障番号＿＿＿＿＿＿＿＿＿＿＿＿

本籍＿＿＿＿＿＿＿＿＿＿＿＿＿＿＿＿＿＿　電話番号＿＿＿＿＿＿＿＿＿＿＿＿＿＿

所属先（学校）＿＿＿＿＿＿＿＿＿＿＿＿　電話番号＿＿＿＿＿＿＿＿＿＿＿＿＿＿

応募する職種を遂行するにあたって何か障害がありますか？□はい□いいえ　もしあれば説明して下さい．＿＿＿

採用されたらあなた以外のどなたかと一緒に宿泊することを希望されますか．□はい□いいえ

教育

年	学校	専門	修了課程

職歴

年月日	雇用者	住所	職種	上司	退職理由

当キャンプ場で紹介して欲しくない雇用者はどなたですか．その理由は何ですか＿＿＿

キャンプ経験

年月日	キャンプ名	ディレクター名	住所	参加者またはスタッフ

照会先

氏名	住所	電話番号

キャンプのどんな職種で働きたいですか＿＿＿＿＿＿＿＿＿＿＿＿＿＿＿＿希望給与

上記書類有効期間　　　　　　　　　から　　　　　　　　　まで

図5.3　キャンプスタッフ応募書式

5. スタッフのリクルートと組織　39

下記の項目で自分が担当でき、専門家として教えることができることには数字の1を、助手をすることができることには数字の2を、ただの趣味としてやっていることには数字の3を、資格があることにはアルファベットのCを書き込んでください。

●アドベンチャーチャレンジ
___ロッククライミング
___ロープ
___洞窟探検
●美術工芸
___かご細工
___陶磁工芸
___電子工学
___無線、ラジオ
___装身具
___皮革工芸
___マクラメ
___彫金
___ロケット模型
___ネイチャー工芸
___新聞
___絵画
___写真
___陶芸
___スケッチ
___織り物
___木工

●キャンプクラフト・開拓
___キャンプクラフト
___OLSプログラムリーダー
___OLSインストラクター
___ハイキング
___オリエンテーリング
___野外料理
___オーバーナイト
___登山
___ミニマムインパクトキャンピング
●ダンス
___バレー
___フォーク
___ソーシャル
___スクエア
___タップ
___
●ドラマ
___創作
___劇の演出
___寸劇、曲芸

●音楽
___歌のリード
___楽器
___アコーディオン
___角笛
___ピアノ
___ギター
___
●自然
___動物
___星座
___鳥
___自然保護
___花
___森林
___昆虫
___石、鉱物
___樹木、潅木
___天気
___園芸
___動物の飼育

●スポーツ
___アーチェリー
___アーチェリー資格
___バドミントン
___野球
___バスケットボール
___ボクシング
___フェンシング
___釣り
___ベイキャスティング
___フライキャスティング
___ホッケー
___非公式ゲーム
___ピンポン
___乗馬
___CHA資格
___HISインストラクター
___射撃
___NRAインストラクター
___サッカー
___ソフトボール
___テニス

___トラック競技
___バレーボール
___レスリング
●水中活動
___カヌー・カヤック
___ダイビング
___ARC/WSI
___ARC/EWS
___ライフガードの基礎
___BSA水中インストラクター
___ARCライフガード研修
___BSAライフガード
___YMCAライフガード
___ボートこぎ
___セーリング
___スキューバ
___水泳
___水上スキー
___ボードセーリング
___いかだ乗り
___シンクロナイズドスイミング

●その他
___標準救急資格
___共同体の救急と安全
___CPR
___応急処置
___自動車修理
___キャンプファイヤープログラム
___大工
___電気
___イブニングプログラム
___農業
___図書館
___配管
___速記
___物語を話す
___ワープロ
___礼拝
___外国語

運転することを必要とされている方だけお答えください。
　あなたは有効期限内の運転免許を持っていますか□はい□いいえ　　　発行州_____
　あなたは運転手として運転する運転免許を持っていますか□はい□いいえ
　あなたは商業運転免許を持っていますか□はい□いいえ

キャンプであなたはどのような貢献ができると思いますか。_____
_____
_____

うまく運営されているキャンプは子ども達にどのような貢献ができると思いますか。_____
_____
_____
_____

キャンプで受けたトレーニングやキャンプ以外で受けたトレーニングであなたが応募している職種に役に立つと思われることを含めて簡単に自分史を書いてください。_____
_____
_____
_____
_____

面接できますか□はい□いいえ　場所は_____

この書面に記載したことに誤りはありません。どうぞ前職のキャンプ組織や同僚に上記に関する照会をしてください。私は自由契約の被雇用者となります。それ以外の契約に変更する時はキャンプのディレクターの署名入りの書面でしていただきます。上記に虚偽や、誤解を招く記載があったり、必要事項を省略している場合はそれがいつ発覚しようともその時点で解雇されることに同意します。
署名_____
すべての記載は人事ファイルに保管します。
この書式は連邦雇用法に基づいて作成したものであるが、ACAにはこの書式をこのまま使用することの責任は発生しない。

図5.3　キャンプスタッフ応募書式（つづき）

それが人事用件になっているときに限られる．それ以外の場合に不必要なことを聞くことは差別にあたり，告発されることにもなりうる．（図5.3はアメリカキャンプ協会が作成した応募書類である）だが，児童虐待の前科があるかどうかについては確認することは別である．聞き方については，弁護士に聞くとよいだろうが次のように聞くことができる．

- 以前に犯罪歴がありますか？　もしある場合は別紙にその日付と状況を書いてください．
- 子どもに虐待，酷使，性的いたずらなどに関する罪を着せられたことがありますか．

応募書類には十分な余白があって，年月の経過を考えながらどの仕事の状況も書き込みができるようになっていることが望ましい．その仕事の中で虐待に関連するようなことがなかったかどうか質問することができる．

能力のある良心的な人材を確保するためには，応募書類を受領してから面接に至るまでにしなければならない何段階かのステップが重要な意味を持つ．そのステップをクリアする前に何について照会すればよいか，面接の形式はどうするか，キャンプ哲学と方針の記述がよいかどうか慎重に準備されていなければならない．間違えて能力のない，無責任な人を採用してしまったら研修や監督指導では取り返しのつかないことになる．

照会先

応募書式を作成するにあたって，照会先が必要かどうか，どう活用すればいいのか判断する必要がある．応募者は自分に都合のよい人を書くに違いないし，自分のことを悪く言いそうな人を書くはずがないからといって，照会先を書く必要がないわけではない．むしろその尋ね方を工夫するのがよい．その応募者の仕事の仕方を知りたい場合はそれまでの3ヵ所の仕事のスーパーバイザーを挙げてもらう，子どもを指導する能力について知りたい場合は，応募者のそれまでの特定の年齢の子どもを指導していた様子を知る人を挙げてもらう，応募者のスキルについて知りたい場合はスキルを一緒に実践していた仲間や応募者のスキルの実践する様子を知る人を挙げてもらうことなどが考えられる．単に性格について知りたい場合は少なくとも親族以外の人を挙げてもらう．

以前の職場の同僚に照会しても公平な評価が得にくいからといってなんの照会もしないで採用するのは賢明ではない．アメリカンキャンプ協会（ACA）で「応募者が以前の被雇用者のスキルや勤労態度について情報を提供してもらうことで以前の雇用者としての義務を終了してもらうための法的書類」[7]を応募者が署名して依頼するための書式を作成したので活用するとよい．この書式を使用することで，応募者について知っておくべき，応募者にとって不都合な情報に関しても知るチャンスができる．

電話で照会すると通常書くときには悪いことは書かなくても，話していると否定的なことも口を滑らす場合もあるので最も効果がある．電話で照会する時はメモを用意し，必要なことは応募書類と一緒にファイルしておくべきだろう．メモには日付と誰に尋ねたかと電話をした人の署名を書いておく．書いたものを送ってもらう場合はチェック項目を書いた書式と，切手を貼った返信用の封筒を同封して依頼する．（図5.4に照会時の質問事項の例を示す）返送された書類について，確認の必要のある事柄がある場合は電話で確認しておく．

照会をするということは児童虐待者を採用しないために重要なチェック項目になってきている．照会するときには応募者が児童虐待の傾向があるかどうかを判断できるような質問をするべきであろう．（図5.4の最後の2項目を参照）．

採用面接

採用面接はおそらく最も一般的な選択方法である．採用面接とは，意図を持って質問したり，質問に答えることで互いの考えを交換するものと定義することができる．多くの管理者連盟の研究により，面接のガイドラインが出回っている．それを参考にすることによって面接者が仕事に最もふさわしい応募者を選択する能力が向上するし，経験を重ねるにしたがって的確に選択できるようになる．

面接の準備

限られた面接時間を有効に使うためにたくさんのことを準備しなければならない．理想的には面接前に応募者の手元に以下の情報があることである．

- 職務記述書．基本的な使命，給与，必要とされる教育および経験，雇用開始日と雇用終了日，週あたり労働時間数，休暇．食費宿泊費が給与から差し引かれる場合，その金額．差し引かれない場合でも概算を算出したもの．
- キャンプについての情報．キャンプの主旨，目標とねらい，キャンプの対象年齢，料金，キャンプ期間，キャンプの種類などを記述しているパンフレット，機関紙など．
- 組織図．応募者の応募職種が組織図の中のどのポジションで，スーパーバイザーが誰で，他の人とはどういう関係であるかを示す．
- 白紙の申し込み書類．

面接者は応募者に関連する通信文，書き込みをした応募書類，照会書類または電話照会メモを読み直しておくことが必要である．これらの材料により，面接者は何をもっと詳しくたずねたいかや，もっと詳しく掘り下げたい問題などを整理しておく．差別的発言を避けるために，質問は仕事に関することだけに制限する．

1990年の障害者法の施行により，仕事に直接関係のない能力や応募者自身について尋ねることは差別発言になる．したがって，応募者になにか障害があるかどうか

照会事項　　　　　　　　　　　　　　　　　　　　　　　　　　　　極秘資料

　　＿＿＿＿＿＿はこの夏＿＿＿＿＿＿キャンプの＿＿＿＿＿＿職種に応募しました．
　この方は自分の過去の実績を評価できる人として，また上記職種に向いているかどうか判断できる人として，貴方の名前を挙げました．ついては下記の項目について慎重にご判断していただきたくお願いいたします．
　以下の7つの大項目についてそれぞれの小項目を検討して，応募者がすべての観点で非常にすぐれているかどうか思い出していただきたくお願いいたします．
[評価]
　以下の7項目につき，この応募者の特性をもっとも適格に表現しているのはどれであるか選んでチェックマークをつけて下さい．

1. 既定の活動方針に添って集団を指導し，動かすことがどの程度できますか？
    □リーダーにふさわしくない．集団を指導することができない．
    □他の人のリーダーに従うことが多い．
    □集団を指導し，管理することができる．
    □集団を指導することがとても上手い．
    □非常にすぐれたリーダーである．理想的な活動方針で他の人を盛り上がらせることができる．
2. グループの利益のために，同僚や集団とどの程度うまくやって行くことができますか？
    □不承不承協力する．問題を起こす．議事妨害者．
    □限られた範囲で協力をする．自分の利益を優先してキャンプ全体のことを考えない．
    □共通の目的を達成するために集団と協力する．
    □自分の利益にならなくても積極的に協力し，物事がスムーズに行われるようにする．
    □集団のなかでやっていくことに非常にすぐれており，人から信頼される．
3. 人から提案されたり，批判されたりするとどのように反応しますか？
    □批判されることを個人攻撃をされたと思い込む．
    □提案に対して腹を立てる．
    □提案には一応耳を傾けるが，その提案を無視して行動することもある．
    □提案には喜んで従う．
    □提案や批判を求める．
4. どのくらい責任感が強いですか？　独力で立派に仕事をこなすことができますか？
    □監督下にあっても無責任である．
    □常に監督をすれば満足のいく仕事ができる．
    □きめ細かい指導を必要とし，定期的な確認を必要とする．
    □自分の責任で日常的な仕事を実行することができる．
    □詳しく監督しなくても非常に優れた仕事を遂行することができる．
5. 自分の信条や信念をどの程度実行に移すことができますか？
    □不都合な状況の中では信念を実行することができない．
    □普通の状況の中であれば信念にしたがって行動する．
    □障害があったとしても常に，果敢に信条や信念を実行する．
6. どの程度粘り強く仕事を行うことができますか？

図5.4　照会事項

□仕事を完了させるには，かなりせかす必要がある．
　　　□むしろ無関心であり，仕事を終了することができない．
　　　□与えられた仕事は自発的に完了する．
　　　□常に勤勉で，精力的で，信頼できる．
　　　□並外れて忍耐強く，期待以上のことをする．
7. どの程度感情を押さえることができますか？
　　　□すぐに落ち込んでしまい，いらいらしているか意気盛んかどちらかである．
　　　□情緒過敏の傾向がある．
　　　□反応が鈍く，無感動である．
　　　□反応が鈍い傾向がある．
　　　□通常分別がある．
　　　□反応が敏感でかつ感情管理ができていてバランスが非常によい．

[記述式評価]

　以下の項目に該当する行動を見たことがあったら簡単に具体的な例を挙げてください．あなたが知らないことについてはその旨を書いてください．

a. キャンプカウンセラーとしての適性についての印象．あなたのお子さんを一定期間この方がカウンセラーを行うキャンプに参加させたいですか？もしさせたくないとしたらそれはどうしてですか？＿＿

b. 分別のある判断．たとえば意思決定の際，ストレスがたまるとどのように反応しますか？
＿＿＿＿＿＿＿＿＿＿＿＿＿＿＿＿＿＿＿＿＿＿＿＿＿＿＿＿＿＿＿＿＿＿＿＿＿＿＿

c. キャンプでの精神的なねらいを達成するための参加者を指導する能力．率先して信仰し，礼拝する能力は？　生活への影響は？＿＿＿＿＿＿＿＿＿＿＿＿＿＿＿＿＿＿＿＿＿＿＿＿＿＿

d. 友人の特徴．この方がどんな種類の人と親しくしているか書いてください．＿＿＿＿＿＿＿＿＿＿＿＿＿＿＿＿＿＿＿＿＿＿＿＿＿＿＿＿＿＿＿＿＿＿＿＿＿＿

e. 信頼性．信頼できますか？　権力のある人のいないところで弱くなってしまいますか？
＿＿＿＿＿＿＿＿＿＿＿＿＿＿＿＿＿＿＿＿＿＿＿＿＿＿＿＿＿＿＿＿＿＿＿＿＿＿＿
　　何年くらいこの方のことを知ってますか？　＿＿＿＿＿＿＿＿
　　この応募者はどういう人に見えましたか？＿＿＿＿＿＿＿＿＿＿＿＿＿＿＿＿＿＿＿

　　あなたはこの方が子ども達に対して指導力を発揮しているところを見たことがありますか．もしあるとすればどんなことでしたか？＿＿＿＿＿＿＿＿＿＿＿＿＿＿＿＿＿＿＿＿＿＿＿＿

　　この方はどのくらい薬物やアルコール類を飲用しますか？＿＿＿＿＿＿＿＿＿＿＿＿＿＿

　　あなたの知る限りではこの方は児童虐待，性的虐待の傾向はありますか？＿＿＿＿＿＿

この書式はなるべく早く＿＿＿＿＿＿＿までご提出ください．

図5.4　照会事項（つづき）

と尋ねることは不適当である．尋ねるとすれば，障害について聞くのではなく，職務の本質的な部分を遂行するためのことに焦点を合わせて，例えば「この仕事の本質的部分を達成するのに，何か障害はありますか．」と尋ねる[8]．

面接の環境
　面接が効果的に行われるか台無しにするかは重要な意味をもつ．面接を行う部屋に電話や他の人などの邪魔がなるべく入らないような時間の設定かどうか．照明，換気は適切か，快適な椅子かどうか．面接される人がリラックスできるように，少しでも面接する側が優位に感じないように面接する側と面接される人の間に机はないほうが良い．快適な椅子を並べて座るほうが面接される人にとっては威圧的に感じることなくリラックスできる．プライバシーも重要な要素であり，面接している所を他の人が通ったり眺めたりできないように設定するべきであろう．

面接の設定
　面接するための書類が整い，質問項目が整い，環境が整ったら，限られた面接時間を有効に使うために，面接の手順を考える．一般的には応募者を観察する事柄は4つの基本的項目である．
- 知的技能と適性：知的能力とか生来の問題処理能力，その能力をどう使っているかの2点から判断する．これは学校の成績や仕事経験に関する質問で評価，判断できる．
- 積極的な性格か：応募者がどんなことをやりたいのか，どんなことに満足を感じるか．趣味，活動，得意な課目を把握することにより判断する．これらについては，なぜこの仕事に応募したのか，長期目標，願望は何かを話してもらう中で明らかになるだろう．
- パーソナリティの強さと限界：行動，特性，性格，気性などは，仕事の仕方で，人間関係の中で現れてくる．以前の仕事での人間関係についての質問をすることでより多くの情報が得られるだろう．対人関係から，自信がない，自信たっぷりである，けんかごしである，内向的である，力強い，横柄だ，あけっぴろげである，外交的である，消極的である，依頼心が強いことなどが明らかになってくる．面接する側が，あいまいな否定的な感じになると，それが身振りにでてしまう．これについては意識しないと，面接側が否定的に振舞うと面接される側もそうなる．
- 知識と経験：応募者の経験のなかで，どんなことが応募職種の役に立つか．応募者の経験のなかで応募職種の妨げになるものはないか．

　以上を考慮してもう一度応募書類や照会資料を見ると，どの部分について話しを聞く必要があるかが見えてくる．書き出した質問の項目を論理的な順番にしておくと面接の時の手助けになる．

面接のアプローチ

- **メモを取る**：面接中，メモを取ることで見逃してしまいがちな事柄を記録しておくことができるし，どのような受け答えをしたか，反応はどうだったかを思い出しやすい．メモを取りながら同時に話していることに集中するのは難しいし，応募者にとっても気が散ることになりかねないので，なるべく控え目にして，できれば面接者が何を書いているか応募者に見えないようにすることが望ましい．
- **いい雰囲気をつくる**：応募者は雇用者に対して不安を感じている．面接者が最初から親しみやすく，とても関心があることを示せば，応募者は話しやすくなるだろう．応募者が話したがらない場合は，応募書類にある応募者の経歴や取得資格を心から評価して，ほめると応募者はリラックスするかもしれない．率直な雰囲気ができれば，応募者の反応も率直になる．
- **誘導的な質問**：理想的な回答を導くような質問は避ける．例えば，「大学では課外活動をしましたか」と聞けば，応募者はこれは重要だからと考えてそれに対する答えを探すことになる．それよりもむしろ「大学生活について話してください．どんなことが役に立ちましたか」と聞くほうが本当の姿が浮かび上がってくるだろう．
- **自由回答方式の質問**：例えば「高校生活について何か話していただけますか」というようなどんなふうにでも答えられるような質問をするのがよい．面接者はメモをとったり，応募者がどの程度答えたらいいのか判断する態度なり答え方なりを観察していられる．質問しながら話を誘導して，たくさん話させて，参加させる．
- **一般的な質問から具体的な質問**：質問は一般的な質問から入って具体的な質問にしていく．例えば「YMCAでどんな仕事をしていたか話してください」で始めて，「その仕事で何が一番好きでなかったか，何が一番好きだったか話してください」というように具体的なことを質問する．
- **自己評価をさせる質問**：質問は自己評価をさせるような方向で行う．例えば「あなたはその仕事を効果的に達成できたと思いますか」，「もし同じ経験ができるとしたら，何をどう変えますか」と聞く．
- **流れを管理する**：面接者は面接の全体の支配権を握っているが，話しをよく聞いて，話しの邪魔をしないように心がける．十分間をとってチェックポイントを確認し，それぞれの項目についての内容は適当か確認して，話しを進める．応募者が回答している間に，面接者は応募者がどのように考えを述べるか，能率よく考えをまとめられるか，うわべだけで答えていないか，社会情勢に洞察力があるかといった実際には質問しない項目についても判断していく．

面接の進め方

　面接者は自分が聞いたことに対して，偏見を持たず，非難しない，聞き逃さない．前向きな態度を維持してもらうために，面接者は聞いたことのないような考え方に対しても，耳慣れない考え方に対しても，否定的に反応するべきではない．意見は事実ではない．意見に賛成できないからといって時間を無駄にするべきではない．応募書類にすでに書いてある事柄に時間をかけることはないし，大切なのは面接を進める方向を維持していくことである．第一印象は大切だが，面接者は，あまり早く結論を出さないほうがいい．

　応募者があまり人に知られたくない事柄（例えば，前の仕事のスーパーバイザーとの問題により短期間で仕事を辞めていることなど）については秘密を守る．面接者はこの種の触れたくない気持ちに理解を示すべきである．基本的な事柄については何回も質問を変えて反応を見ることによって，応募者がそれをどれほど強く感じているか判断できるだろう．

面接の終わり方

　面接を効果的に終了するには面接を要約するとよい．応募者はリラックスし，情報を追加するかもしれない．面接中に応募者の資格が応募職種に適していないと判断したならば，この時にその旨伝えるのがよい．応募者が，その必要とされている情報を具体的に理解しているかどうかを面接者は確認し，その情報を受け取る日時も決めなければならない．応募者には正式な採用の知らせをいつするかを通知しておく．

　応募者が部屋を出たら，面接者は追加事項を記入する．面接中に明らかになった肯定的な点と否定的な点を見直し，募集職種の資格を評価しておくと役立つ．短い時間に多くの応募者と面接する場合，それぞれの面接直後にメモをしておくと，どの応募者がどうであったという印象を正確に思い出すのに役立つ．

面接中の危険信号

　面接評価の主要な役割として，ロバート・ディッター氏は1986年1月号のキャンピングマガジンで，児童を虐待する可能性のある性格を示す赤信号として以下のように暗示している．

- 面接者と応募者，どちらが主導権を持って面接をしているのか．面接者が回答してばかりで，面接中脱線ばかりする場合，赤信号を出しなさい．そうした行動により，応募者は何かを避けているに違いないと感じるだろう（そのような行動は独善的な不安定な性格を暗示する）．
- この応募者にはどのくらいの親友がいるだろうか．彼は流れ者だろうか．現在彼の人生に重要な意味をもつ大人がいるだろうか．子ども以外の人との強い結びつきがあって，平衡感覚，助け合う感覚があるだろうか．これらのどれも否定的な場合は赤信号．

- この応募者は子どもと過ごす時間が多すぎないだろうか．休憩の時間もずっと子どもとべったりだろうか（児童虐待者の典型）．大人の仲間との関係が弱すぎる場合は赤信号[9]．
- ベッカ・コワン・ジョンソン博士は『彼らのために』という著書の中でこういっている．「応募者が今までの成長過程の育てられ方についてどのように言い表すか．厳格に育てられた，適切に育てられた，虐待されて育てられた，などといった虐待の過去を語るか．それは，情緒的虐待や肉体的虐待，性的虐待であったか．調査によれば，経験は繰り返される強い傾向がある．」[10]

面接の評価

　効果的に面接ができるようになるためには，面接が終わったらすぐにまとめを行う．面接前の計画と実際の面接を比較する．全体の流れは維持できたか，何か大切なことを聞き逃していないか，応募者にリラックスさせることができたか，自分の質問で，必要な答えを聞き出すことができたか，進め方は順調で，話しがあちこちに脱線して話しを戻すのが大変だったか．

　別の方法で人格という角度から反省する．自分はたくさん話しすぎたか，偏見がなかったか，客観的だったか，面接される人の立場で面接を行ったか，否定的に答えなかったか，もう一度やり直すとしたら何を追加し，何を削除するか，どんな進め方にかえるか．

　面接からの印象を考える時，面接の全体の印象を思い出すことが重要である．自分で決められない時は，自分のメモと書類を見せて他の人の意見を聞くとよい．

　面接の様子を数分かけてまとめることは次の面接に役立つし，最終選考のためにも役立つ．最終的に面接の真価が問われるのは最終選考した人が，素晴らしい働きをするかどうかである．

求人方法

　ディレクターにとってよい人材を見つけることは重要な関心事である．近年の経済不況，大学生の人口の減少など，情況は深刻になってきている．どこで人材を捜せばよいだろうか．以下9つの可能性を挙げてみよう．

- 以前のスタッフ，現在のスタッフに協力してもらって探す．ただし，友人を採用する時は新人が仲間はずれになりがちであることに注意する．
- 大学関係．夏休みの求人案内への掲載，求人書類，職務記述書，大学構内での面接の設定．
- 夏休みの求人情報誌．より広域から応募者を集められる．
- 以前にキャンプに参加した子ども．特にカウンセラー見習いプログラムや，リーダー見習いプログラムに参加した子ども．

- 学校関係．小学校，中学校，高校，大学，私立学校．
- 後援組織の会員内で．後援組織によって運営されているキャンプのボランティアの場合は第一にここで探す．地域のボランティア事務所でも相談に乗ってくれる．
- 職業紹介所．ディレクターは必要とするすべての職種をリストにして掲載．アメリカンキャンプ協会同様，多くの州の職業紹介サービスを含む．
- 国際スタッフの職業紹介組織．外国人の参加により，参加者やスタッフにキャンプ経験の幅が広がる．
- 地域共同体のグループ．近隣のコミュニティセンター，町内会，教会，青年用掲示板などはマイノリティー（少数民族）スタッフを募集するための媒体として有効である．

スタッフの応募が足りない時は，年長者を採用して成功していることが多い．年長者は自然に囲まれて子どもに接し，現役時代に身につけた能力とスキルを発揮することができることで，可能性を発見し，楽しみを見出している．キャンプ管理者は若者とは比べることができない豊富な実践的な労働経験を認めている．「シニアを採用するキャンプはキャンプ経験を豊かにし，シニアに素晴らしい夏の思い出を提供している．魅力的なスタッフ構成が勢いを得ている．」[11]

これらの窓口はプログラムやカウンセリングスタッフを提供するが，調理師や看護婦といった専門的な人材を求人する必要もある．州の職業紹介所，学校のカフェテリア，男子学生の友愛会，女子学生クラブなどで調理師を見つけることができるし，州の看護婦連盟，州の職業紹介所，看護学校などで看護婦候補を提供してもらえるだろう．

待　遇

スタッフを募集する前にその待遇についての方針を細かく検討しておかなければならない．ある程度はその団体の考え方がその待遇を決定する．例えば，ガールスカウトのデイキャンプや地域の教会のキャンプの場合だったらボランティアスタッフと決まっているが，ボランティアスタッフばかりで行うキャンプであったとしてもその待遇についての方針はなければならない．

待遇というのは職員やスタッフに供与される事柄，食事，宿泊，交通費，洗濯，託児，給料，保険，さらには職員またはスタッフの子どものキャンプ参加についてなどの詳細を含む．どれもキャンプの経費であり，スタッフの費用負担を節約させたり，その費用を負担したりする．こうした事柄は人事方針として明らかにしておいたほうがよい．また，その内訳の中で，何が税金控除となるかを把握しておくべきであろう．

それぞれの状況によって異なるがスタッフの募集にさきがけて一定のガイドラインを準備する．それぞれについて考慮しておくべき点は下記の通りである．

- 食事．キャンプの性格上，ほとんどの場合，自動的に人数分の食事が準備されるので食事代の請求はしないが，スタッフの扶養家族分については協議しておくべきであろう．キャンプによっては食費分を算出して給料から差し引いたり，食事は待遇として無料で供与したりする．また，スタッフがキャンププログラムの中で参加者や他のスタッフと食事をする場合はキャンプが負担しても，その家族の食事は別に家族で用意するものとすることもあるだろう．
- 宿泊．宿泊を伴うキャンプでは一般的にスタッフに宿泊を提供する．多くの場合は多目的宿泊施設である．カウンセラーは同じ建物の中にプライバシー空間を保障されることもあるかもしれないが，参加者と寝起きをともにすることを要求される．スタッフの扶養家族の宿泊については検討され，場合によっては給料支払い時に清算されることもあるが，スタッフの特典として供与されることもある．多くのキャンプではスタッフの年齢の幅を広げるために，また，若いときにスタッフを経験した人がまた参加しやすいように家族の宿泊を特典として優遇している．
- 交通費．デイキャンプの場合は一般的に参加者用にバスを用い，スタッフも通常無料で同乗する．レジデントキャンプの場合は通常現地集合である．キャンプによっては交通費を負担する，ことに現地までに一定距離以上移動しなければならないスタッフに対して交通費を負担することが多い．
- 託児．ボランティアスタッフを使っているデイキャンプの場合，スタッフの子ども達を集めて託児をする，あるいはボランティアスタッフが自宅でベビーシッターを雇って留守番させる場合の費用などをキャンプ団体で負担する．
- 保険．労災保険，自動車保険，損害賠償保険などについては15章で触れる．多くのキャンプはスタッフに雇用特典として健康保険，事故保険を提供したり，スタッフが自分で支払う保険を手許に用意している．
- キャンプ体験．片親で，または両親ともにスタッフとして働き，その子どもがキャンプ参加者の年齢である場合，その子どもがキャンプに参加するということもよくある．
- 給与．謝礼金とか給付金とか奨学金とか贈与金とかいう名目であったとしても，あらかじめ双方で同意した金額がスタッフに支払われる場合，それを給与とする．ディレクターは連邦法に従い，連邦政府または州が定めている最低賃金に従うことを前提とする．ディレクターは，地域の中で，似たような状況のキャンプではどのような給与が払われているか，他のキャンプのディレクターに聞いておくと役立つ．

もし最低賃金を適用する場合は食事や宿泊費分を給与から差し引くこともある（食費をいくらとするかについては間接経費として人件費，原材料費を含めた実際の食費を提示することができるし，宿泊費についてはその地域での，個室，共有部屋，寮などの宿泊料金を提示することができる）．

給料の増額分は多様な方法で決定できる．
- スタッフの経験年数．
- 年齢と経歴．
- 特定の資格（調理師，看護婦，水難救助資格，野外活動技術資格など）．
- キャンプ組織図の中での地位．
- 必要に応じて，地域でのスタッフを確保するためには地域の経済情勢を考慮に入れなければならない．

ディレクターは給料を決めるに当たって考慮したことについては，すでに用いている給料段階表に基づいて支払っている他のスタッフの給料との公平さを維持しなければならない．多くの人にとって給料のためだけのためにキャンプのスタッフになったわけでなくても，小さな職場なのだから賃金の差や不公平さはキャンプ生活の妨げとなる感情を生むことになる．重要なのはキャンプ参加者の健康や安全，キャンプ参加者同士のよい関係を確保するためにカウンセラーの果たす役割を考慮すると，カウンセラーを給料段階表の最少額給料受給者にしてはならない．プログラム哲学のねらいが，他のキャンプよりも責任を強調する場合もあるし，どのような場合でもカウンセラーの仕事が評価されていることが極めて重要なことである．

同意書および契約

採用時に契約書または同意書を渡す慣行がある．場合によってその同意書の形式は異なるが，どんな形式であれスタッフとディレクターの双方が，両者の署名のある同意書の控えを保存しておくべきであろう．ディレクターとボランティアの間でも双方の義務を明らかにし，ボランティアの責任を示す両者の署名のある同意書を交わしておくことが健全である．

同意書のサンプルを図5.5に示すが，通常同意書に書かれる項目は以下の通りである．
- 雇用された日時．
- 肩書き，地位と職種説明．
- 待遇．
- 雇用が自由契約であり，どちら側の都合ででも辞めることができる．
- スタッフの意思で辞める時の決まりとキャンプ団体で辞めてもらうときの決まり．
- スタッフが添付の人事方針または同意書に明記されている規定および方針を遵守する旨の宣誓．
- 署名の日付．
- スタッフとディレクター双方の署名（ただし，スタッフが成人に達してない場合はスタッフの保護者の署名もあることが望まれる）．

5. スタッフのリクルートと組織

スタッフ雇用同意書

　_____様
　当_____キャンプ団体はあなたを_____（肩書き，地位を明記）として迎える事をとても嬉しく思っています．_____というのは添付の職務記述書の仕事ですが，時にはディレクターの判断でそれ以外の仕事を任命することもあると心得てください．
　あなたの雇用は___年___月___日から___年___月___日までとします．あなたの給与は総額週給___ドルとし，その中から以下の項目を負担していただきます．
● 連邦税と州税
● 健康保険料　___ドル
● 食費，宿泊費　___ドル
● 以上を差し引いて週給　___ドルとなります．
　当団体ではすべてのスタッフが自由意思で雇用されていることをご承知おきください．休日や行動に関するきまりごとなどについての当団体の人事方針を添付します．ここに署名することでこれらの雇用条件，人事方針に同意することになりますので___日までに署名の上ご提出ください．
　当キャンプ団体はチームワーク，リーダーシップ，そして参加者への奉仕という貴重な体験を提供します．あなたが，私たちとともにキャンプ参加者，そしてあなた自身にとって，素晴らしいキャンプシーズンとなるよう努力邁進すると信じます．

　　　　　　　　　　　　　　　　　　　　　　　　　　　　　　　　　　　　敬具

ディレクター
　　　_____
以上同意いたします．

署名 _____　　　　　日付 _____

図5.5　雇用同意書

● スタッフが児童の虐待，酷使，性的犯罪などの嫌疑をかけられたことがないという宣誓．

　人事ファイルは各自の申込み書，照会事項，連絡先，面接の評価報告書などを保管する．またファイルは極秘事項として管理者以外は取り扱いできないように保管する．

人事方針

　ディレクターは雇用主の人事方針で雇用されているだろうが，季節的な雇用スタッフは必ずしもそうではない．ディレクターの責任で季節的な雇用スタッフの行動に関する規程を定義する人事方針を作っていかなければならない．一時雇用のスタッフもそれぞれ何らかの人事方針を渡される．図5.6は人事方針のサンプルである．理想的

シーズン時の人事方針サンプル

当キャンプではあなたが就業する間，最大限に楽しく有効に過ごしていただけることを願っています．キャンプとは共同体であり，共同体を構成する各人の行動は他の共同体を構成するメンバーに何らかの影響を及ぼします．ある程度の決まりごとの申し合わせをすることで雇用者と被雇用者の互いの期待を明確にし，共同体の内部でのトラブルを最小限にとどめたいと考えます．

キャンプでの就業は自由契約によるものであることをご承知おきください．雇用者，被雇用者いずれからでもいかなる時であっても，どんな理由ででも勧告することなしに，あるいは理由がなくても，連邦政府の自由主義に従って契約を終了することができます．

1. 参加者の福利
 スタッフの最優先責任は参加者の健康と福利です．各スタッフは各参加者とそのプライバシーを守るために細心の注意を払うことが期待されます．スタッフと参加者の間では，いかなる暴力も性的な接触も不適切であり，そうしたことがあった場合には即刻解雇します．

 他のスタッフの見ていないところでの参加者と接触をしないことが，参加者や，キャンプ全体ばかりでなく，スタッフ自身を守るためにも大切なことです．

2. 保険
 労災保険は雇用者の責任で各スタッフが加入し，キャンプに関わるケガ，病気の保障をします．ただし，キャンプ外でのケガ，病気については責任の範囲を超えます．

 学校とか，家族で健康保険に加入してないスタッフには当キャンプを通じて（1日　　ドル）の病気，事故，健康保険に加入することができます．

 賠償保険についてはキャンプに関わる責任遂行上生じたものであれば業務上の過失が認められない限り当キャンプで保障いたします．

3. 給与対象期間
 事務局の都合により，賃金は週給で払うものとします．カウンセラー，プログラムスタッフ，プログラム管理者にはキャンプのなかで実動時間を算出することは不可能ですが，食堂，メンテナンススタッフについてはタイムカードにきちんと記録してください．給与は雇用期間中，毎月1日と15日に支払うものとします．

4. 自由時間について
 休憩はなるべく定期的にとることができるようにしますが，キャンププログラムの都合が優先します．スタッフは1週間につき24時間の自由時間を得ることができます．ただし，その日がいつであるかについては1週間まえにディレクターと決めてください．場合によっては休日を2週間分まとめて48時間の休日をとることもあるでしょう．ただし，2日以上の休日をとることは事前に許可がないとできません．

図5.6　人事方針サンプル

また，毎日最低2時間の自由時間があります．ただし，いつとるかについてはスーパーバイザーと協議して決めてください．

5. 病休について
　1週間につき，1／4日の病休がつきます．キャンプの医療担当者，看護婦からの指示があれば認められます．病休は病気の時に休むことができるためのものであり，自由時間を得るためではありません．ただし，直系の身内の不幸が発生した場合は有効な理由とみなされます．

6. 飲酒，喫煙，薬物について
　飲酒，薬物使用はキャンプ内では禁止です．被雇用者はこれに従わなければなりません．また，被雇用者はキャンプ外で飲酒，薬物使用した際には完全に覚醒するまではキャンプに戻ってはいけません．これに従わない場合は即時解雇するものとします．

　喫煙，噛みタバコはなるべく避けてほしいが，スタッフ室においてのみ許可するものとします．参加者の前では禁止．参加者がいるところではキッチンの中でもどこでも禁止です．

7. キャンプでの地域コミュニティとの関係について
　スタッフはキャンプの周りの地域の人々との関係に配慮してください．各スタッフはキャンプの外で行動するときも，地域の人々と接するときも自覚するようにしてください．

8. チップ／謝礼
　スタッフはキャンプ参加者の親，親戚からいかなる謝礼も受け取らないものとします．

9. 保健
　有資格の看護婦がおりますので必要な時にご利用ください．病院に行かなければならなくなったり，薬代が発生した場合は，その病気，ケガがキャンプによるもので無い場合は自分が加入している保険を適用してお支払いください．

10. 不満
　キャンプの方針についての解釈に納得がいかなかったり，自分の仕事や，他の仲間との関係についての不満が生じた場合，ただちにスーパーバイザーと話してください．スーパーバイザーに対する不満である場合はそのまたスーパーバイザーまたはディレクターに直接報告してください．

11. 評価
　各スタッフが各自の責任をまっとうするために，定期的に評価を行います．スタッフのスーパーバイザーはどのくらいの間隔で会見を行うかを知らせ，その会見の結果については文書にし，スーパーバイザーとスタッフの双方が署名し，スタッフの人事ファイルに保管します．

　スタッフは決められた会見の時期を待たなくても随時スーパーバイザーの助言を求めることができます．スーパーバイザーとしての毎日の仕事とはスタッフの日々の課題を解決するのを助けることなのです．

図5.6　人事方針サンプル（つづき）

にはその人事方針は人事契約書に添付され，採用される者が署名をする前にその内容に同意していることが望ましい．
　人事方針とは通常，以下のことについて言及する．
- 給与期間について．給与支払日，控除額，給与支払い方法．
- 契約の終了について．退職の予告に必要な期間，退職金について，退職の理由．
- 休暇について．休暇の日数，休暇の決定方法，休暇の予定一覧表，病気休暇．
- 喫煙，飲酒，薬物の使用について．
- その他の規定．キャンププログラムに関連して自家用車，設備の使用について．
- その他の特典．洗濯，保険．
- 子どもの福祉と児童虐待，性的虐待が行われたときの措置に関する当キャンプ団体の方針についての陳述．

　最近の訴訟事情をみるとディレクターはその人事方針が雇用者と被雇用者の関係を明らかにするものであって，雇用契約書と違って雇用を保証するものではないことを明記したほうがよい．また，雇用者/被雇用者関係は自由契約によるものであり，いかなる時にでも，雇用者と被雇用者のいずれからでも所定の用件を満たせれば契約を終了することができることも提示されているべきだろう．
　契約の終了は被雇用者が明らかに責任を果たさないような事態でもない限り，ディレクターが考える必要はないが，シーズン前に他のディレクターとどのように解雇するかについて討論することも役立つであろう．被雇用者のことを考えてみれば心配なことであっても，解雇するということはキャンプ全体の福利を考える立場で行うことであるということを認識することは大切である．レジデントキャンプは24時間の生活の問題であり，キャンプシーズンは短いことを考えても，問題を解決することを時間をかけて指導したり，待ったり，見守ったりする余裕はなく，解雇することが必然のこともある．また，同じ理由で，解雇した被雇用者には所定の退職勧告猶予期間分の給与を支払い，直ちにキャンプを去ってもらうほうが，不機嫌な様子でキャンプに居続けられるよりもよい．
　ディレクターはレジデントキャンプのスタッフの休暇スケジュールについて慎重に取り扱うべきである．レジデントキャンプにおいてはスタッフは24時間体制の責任を負うことになる．
　しかし，だからこそ，各スタッフには休憩が必要であり，個人的なニーズを満たすための自由時間を調整することが肝要である．当然所定の時間を働くスタッフについては自由時間はあるわけだが，プログラムスタッフ，カウンセリングスタッフについても自由時間が必要である．キャンプの安全を配慮して，カウンセラーの不在時にキャンプグループの管理責任をどうするかについて調整し合う必要がある．就寝時間，参加者との食事時間以外に最低2時間の自由時間というのが一般的な水準である．
　毎日の自由時間の他に，すべてのスタッフは最低1週間に1日24時間（または隔週であれば48時間）の休日を得て，キャンプから解放されて過ごせたり，またはキ

ャンプ内であっても誰にも邪魔されない時間が必要である．明らかにそのような時間を調整してその間の代替スタッフを組み込んでおかなければならない．職務説明書には柔軟性をもたせ，非番のスタッフの代替を勤めることのできる数のスタッフを確保することが必要である．キャンプ主催者は自由時間を保証することが義務であるが，その調整は主催者の都合が優先されるだろう．ディレクターにもスタッフと同様に休日は必要である．

チェックポイント

1. プログラムの計画が必要とするポジションのリストアップ．
2. リストにそのポジションの役割を果たせる条件（年齢，資格，学位）を付記．
3. 参加者数に対するカウンセラーの適正な比率の割り出し．
4. 各ポジションの職務説明書の作成，見直し．可能であれば以前にそのポジションで働いたことのある人に手伝ってもらう．
5. 採用面接の際に質問する事柄のリストアップ．それを声に出してみてどんな風に聞こえるか確認．実際の面接でそのリストを使用するとともに必要に応じて内容を修正していく．
6. スタッフに供与する特典のリストアップと実際の経費との比較リストの作成，と予算との比較．
7. スタッフの選考と採用の手順のなかでできるだけ児童虐待，性的虐待の発生を防ぐことができるための，または発生したときに対処するための要点の確認．

参考文献

1 ）Benson, Reuel A. and Goldberg, Jacob A. 1951. The Camp Counselor New York : McGraw-Hill. p.41.
2 ）Scanlin, Marge. "Getting References - The Task of Finding Good Staff." CampLine 2 : 2 October, 1993. p.1.
3 ）Ditter, Robert. "Protecting Our Campers : How to Recognize Various Forms of Child Abuse." Camping Magazine 58 : 3 January, 1986. p.23.
4 ）Johnson, Bacca Cowan. 1992. For Their Sake. Martinsville, IN : American Camping Association. p.103-113.
5 ）Henderson, Karlav A. "Job Descriptions Help Measure Staff Performance." Camping Magazine 62 : 4 February, 1990. p.24-25.
6 ）Klein, Edie. 1992. It´s My Job. Martinsville, IN : American Camping Association. p.3.
7 ）Scanlin. "Getting References - The Task of Finding Good Staff." p.2.
8 ）National Camp Executives Group. 1992. Camp Directore´s Primer to the Americans With Disabilities Act of 1990. Martinsville, IN : American Camping Association and Markel Rhulen Underwriters & Brokers. p.14.

9) Ditter. "Protecting Our Campers." p.23.
10) Johnson. For Their Sake. p.116.
11) Becker, William A. and Shelar, Dawn. "Employing Seniors at Camp." Camping Magazine 63 : 4 February, 1991. p.49.

6章 マーケティング

　キャンプの参加者がいなかったらキャンプの価値を体験することはできない．キャンプ体験はとても大切だということを意欲的にアピールすることが大切なことになってきている．参加者がやってくるのを待ってばかりではいられない．ディレクターはいちはやく意欲的にキャンプ参加者募集をすることである．つまり，キャンプの価値，効果を具体的に，子どもの保護者や企業人や組織の頭脳機関にもっとアピールすることである．

アーマンド・ボール [1]

　キャンプ運営には参加者がなくてはならないものだ，という単純なことがキャンプの企画段階で十分考えられていない．キャンプ管理者は参加者を客とみなして，産業界のマーケティングや，顧客サービスから多くを学ぶことができる．
　キャンプのマーケティングということは，客を集めて維持することと，消費者へのサービスに関するすべてのことである．マーケティングというのはパッケージになっているのであって，単に販促のダイレクトメールを書くことではない．青少年のキャンプの場合，料金は親が払う．つまり親が第一の顧客になる．しかし，最近の調査では，74％の家庭では親ではなく7歳から17歳の子どもがやりたいことを決めてレジャーを過ごしている [2]．したがって青少年のキャンプでは参加者が第二の顧客なので，そのマーケティングを考慮しなければならない．
　キャンプはサマーキャンプや子どものキャンプを意味するだけではない．マーケティング・アプローチはより複雑になっており，キャンプが施設の収容人数限度まで参加希望者を確保するためにはマーケット調査を行い，戦略を練らなければならない．客は大人，子ども，家族，団体，学校，キリスト教会，ユダヤ教会，企業などだろう．キャンプの1運営母体の違いにより客層も異なるのでマーケティング方法も変える必要があるだろう．
　エドワード・ヘイエ氏はこう述べている．「人はキャンプの広告や印刷物であなたやあなたのキャンプを印象づける．あなたの郵便物の取り扱い方ひとつから，あなたがどのように一般の人々のことを考えているかを印象づける．問い合わせに回答してもらわなかったとか，時期はずれであったとか，誤字脱字があったとかいうことがキャンプについて人々が受ける印象になる [3]」．

論理的根拠

まず第一にマーケティングの理由を分析しなければならない．多くのキャンプは，地域，所得レベル，健康状態などに基づいた特定の参加者を対象にして計画され，その焦点によりマーケティングに着手しその特性を確立することができる．一方，非利益目的のキャンプのディレクターが給与や手当てを期待するのと同様，利益目的のキャンプであれば，オーナーはキャンプ運営から収益を期待する．したがって，目標は各参加者の隙間を埋めることだろう．年度内の一定期間，会議・研修プログラムを運営するキャンプは，同じ信条の団体や教会の会員に限定されているだろう．このような必要条件がマーケティングをどのように行うかという方法を形作る．言い換えれば，キャンプをマーケティングする理由を理解すれば，キャンプがどのように体験をパッケージするか，どのマーケットを対象としたいか，どのように販促をすればよいかを，よりよく設計できる．

マーケット分析

まず，キャンプの現在のマーケットや顧客層はどのようなものであるか，どんな潜在的なマーケットがあるかを分析する．この分析はキャンプが以前の記録を保存しており，コンピュータにデータを入力するのであれば簡単である．以下のことをすることが必要である．

1. プログラムのタイプ，またはセッションによる参加人数を入力し，過去5年分のデータを使う．
2. その参加人数をさまざまな要素で5年間の各年同期の推移が比較できるように分解する．その要素とはプログラム種類，シーズンの長さに基づいて変化をつける．個人で参加するプログラム，例えばよくある夏休みの子どものプログラムのようなものであれば，参加者の年齢，性別，郵便番号，宗教，学校，人種，一般的な家族の所得レベル，その他考えられる要因で分析する．
集団で参加する，例えば学校，教会，ソーシャルクラブ，企業（秋，冬，春などに施設利用を行うことの多い）などの利用者数を年齢別，集団の規模別，年齢層，そのグループの活動地域別，キャンプサービスの種類別に分析する．
ここでは，参加者数の最も多い，少ないがどのように発生しているのかを調べ，何がその違いを発生させているのかを考察することができる．例えば，特定の地域から多人数が利用していて，他の地域からの利用が少ないのはなぜか．どんな集団が施設利用が少ないか．キャンプで掲げている目的やターゲットのマーケットなどキャンプが奉仕したいことを見直して，キャンプの参加者数の配分を分析する．キャンプは自分達のターゲットの客層に奉仕しているだろうか．
3. 再利用者の割合を調べる．2年目，3年目に再利用する参加者や参加グループ

の割合はどのくらいか．
4. 参加申し込みの日付をみる．最初に申し込みがあったのはいつか，一番申し込みの多い時期はいつか．申し込み期間の3週間の中で，その時期だけ何が人々に参加申し込みをさせているのだろうか．誰が最初に申し込みをしたか．
5. 他のキャンプの申し込み状況との比較．アメリカキャンプ協会，国際キリスト教キャンプ連盟，「Trendlines」[4)]紙は毎年アンケート調査を行って夏のキャンプ申し込みの傾向を分析している．近隣のキャンプと情報交換したり，また，あなたのキャンプがある組織の関連組織であれば，他の関連組織のキャンプからの情報を入手する．そうして得た資料と比較して，他キャンプが直面している傾向とあなたのキャンプの傾向が異なる場合は，分析が必要となるあなたのキャンプの問題や，あなたのキャンプ独自の状況を知る鍵となるだろう．その分析のあとで募集計画をする．
6. あなたのキャンプの地域について人口分布情報を収集．年齢層別人口，社会経済層別，人種別人口分布はどうなっているか．過去5年間の人口分布推移はどうなっているか．これから5年間にどのような推移が予測されているか．どの地域にキャンプに参加しそうな人口が集中しているか．あなたのキャンプの参加者傾向は地域の人口の傾向に従ってきているか．
7. 競争相手はどこか．競争相手というのは，違う種類のプログラム，他のキャンプ，学校，スポーツ，家族で行う活動であったりする．競争は悪いことではない，競争は民主主義政府の固有のものである．常に競争についてできるだけ多くを学び，競争相手が何を提供しているか何を奉仕しているかを知っておくとよい[5)]．
8. ディレクターは以上の情報を書き出して他の人たちと全体を検討する．在職中のキースタッフであれば，何か役に立つ洞察をするだろう．もしあなたのキャンプが管理運営委員会のような組織で運営しているなら，その管理運営委員会で以上の情報のプレゼンテーションを行い，委員会がそれに反応するとかそれを討議する機会をもつべきだろう．別のディレクターや信頼できる相談相手であればなんらかの所見を述べるだろう．キャンプ界の外側にいるコンサルタントがこのデータをより明確に分析し，ディレクターや運営委員会のマーケティング・プランを開発する手伝いができることもある．

現在のマーケット戦略の分析

ディレクターは現在使っているマーケティング材料とその用い方を検討する必要がある．案内書，メールの発送時期，販促会議などすべての事柄が，対象とする人口が正確かどうか，洗練されているかどうか，効果的かどうかなど注意深く検討する．
キャンプの目的を達成し，顧客のニーズに合わせて，他のキャンプより優れた，独

自のサービスを提供しようという情熱でマーケティング努力を行う．キャンプの目的がすでに定められているのであれば，顧客のニーズや提供するサービスの質を分析するのに時間をかける必要があるだろう．

　顧客のニーズを見るためには，現在参加者やキャンプグループに書いてもらっているアンケート用紙（評価書式）に書きこまれている事柄から，どんなことで幸せになれたか，どんなことが気に入らなかったかの情報を得ることができる．どのような評価書式にするかによって結果も違ってくるので，外部の専門的意見や評価を求めることで，あなたが本当に望む情報を収集できる書式にするのに役立つだろう．参加者やグループリーダーがいつその評価書式を渡されるかのタイミングによって結果も違ってくる．たとえば，施設利用の団体がキャンプに到着した途端にリーダーから渡されたり，クリスマスやハヌカー（ユダヤ教の行事）のころにサマーキャンプについての評価書式が郵送されたとしても，その回収率は低いだろうし，必要な情報は得られないだろう．評価を行うのにはキャンプ経験の最後の時にまだ記憶が新鮮なうちに，ただし，スーツケースの荷物を解いてしまう前に書き込んでもらう必要がある．評価に関することは後半の章で詳しく取り扱う．

　キャンプの質についてはおろそかにできない．評判は口コミで伝わるし，キャンプは常に一定レベルのサービスを保障しないといけない．いい評判は早く伝わるが，最近の親はあまり誠意がないので，約束した成果が得られなければ，すぐに他のキャンプを捜すだろう．

　競争の激しいマーケットを相手にするためにはキャンプは他のキャンプのサービスとは違うサービスでなければならないし，キャンプの絶対的な価値を強調しなければならない．他のキャンプより多くのプログラムを用意してもキャンプ参加者が増えるとは限らない．おしゃれな建物や設備に価値があるのではなく，清潔で快適な施設で，能力のある，分別のある，世話の行き届いているスタッフによって運営されていることに価値がある．

　特殊なマーケットに絞ることで参加者やその保護者が興味を持つことは多い．マーケティング用語では特殊な顧客層に絞ってそのマーケットに合わせることを「ニッチ（市場の隙間）を開発する」という．ニッチを強調するアプローチには何が必要であるかをキャンプは明確に理解していなければならない．つまり，

- キャンプが一番得意とすることに集中する．その質を強調し，そこでは妥協をしない．
- あなたの選んだニッチが絞り込みすぎていないか，客を絞りすぎていないか．
- キャンプは何かを切り捨てる覚悟をしなければならないか．財政的にも，人員的にも，すべてのプログラムの質を落とさないためにも，それは難しくないか．
- そのプログラムまたは体験にその内容をほのめかすような名前をつける．それは参加者にとって何か意味をもつものでなければならない．それは現代的な言い回しとか，伝統的な由緒ある言い回しとかになるかもしれない．

- 忍耐強く結果を待つ．最初の夏にただちに成功するわけではない．
- 約束したものを提供する．やり遂げる．

マーケティング・プランの開発

　キャンプを提供する対象の分析や，地域の人口分布の検討をし，競争相手のサービスについても検討する．そして，現在のマーケティングやサービスの見直しの中に，来るべき年のマーケティング・プランを開発するために必要な情報がある．これはプランを実行するスタッフとか運営委員会と共同で開発されるべきである．

　まず，どんなメッセージを誰に向かって伝えたいのか検討せよ．客層が複数であれば，案内書も何種類か作る必要がある．経費を節約するために，ありとあらゆるものを1つの案内書に印刷してしまう傾向があるが，客層が違う場合に効果があるのかどうか疑問である．同様に，一枚の紙が，特定の客層にきちんと伝えられるメッセージの量には限界がある．このステップはあなたが実際に，対象としたい客層に向けて伝えたいメッセージをどうレイアウトするかが問題になる．

　2番目に，メッセージを伝える方法を決定する．

- 登録用紙．
- 次のシーズンの日付と料金の通知．
- 案内書とチラシ．
- 前年度の参加者とスタッフの再会集会．
- キャンプでの楽しい週末行事にするか都会での集まりにするか．
- 将来参加の可能性のある人やグループの名前を入手する計画．
- 参加者紹介サービスの利用．
- キャンプ説明会での説明参加．
- 親睦団体，キリスト教会，ユダヤ教会，学校，以前の参加者やキャンプ参加しそうな家庭でのプレゼンテーション．
- 広告（印刷，ラジオ，テレビ）．
- 以前の参加者の再利用の動機付けとスタッフが新しい参加者発掘をするための動機付け．
- 視聴覚プレゼンテーションの製作，35mmスライド，映画，ビデオなど．
- 社会課，裁判所，教会，ユダヤ教会からの紹介を確保するための計画．

　利用できる予算の金額，新しく参加する参加者数の目標値，キャンプ哲学とメッセージ，客層等を考慮して，方法を選択する．多くの方法を用いて使いこなせないよりも，2，3の方法をうまく使うほうがよい．

再利用者

　例外も稀にはあるが，参加者の主要構成者は以前の参加者の再利用者である．アメ

リカキャンプ協会の1987年の調査によると，キャンプ利用者に再利用者の占める割合は平均58.5％である．平均であるからそれよりも高い比率のキャンプがたくさんあるということであり，それより比率が低いところではディレクターは，より努力と時間と費用がかかる新規参加者の開拓という困難な仕事に直面している．

　したがって，ディレクターがまず集中して行うべきことは以前の参加者にアプローチすることである．多くのキャンプが夏の経験を思い起こさせるためや，参加者同士が互いに連絡をとりあうために，参加者の再会集会を行っている．多数の参加者が州を超えて集まるようなキャンプの再会集会の場合は，何ヵ所かで行う必要がある．全員を対象にする再会集会のほうが楽しいだろうけれども，何ヵ所かで分散して集まると個人的なつながりができるし，将来の参加者や親を招待することもできる．前年度のスタッフが参加するとか，キャンプのビデオを見たりするのが通常再会集会プログラムに含まれている．

　来夏のセッションについての日付，再利用者のための特別プログラムについての郵便物を早めに送ることが重要である．その後のニュースを知らせるニュースレターに再参加者名を載せる．多くのキャンプでは参加者やスタッフに定期的にニュースレターを送ることにより，連絡を取り合うのを維持することができ，気分を高めあい，キャンプの再利用の動機づけになることがわかっている．それは高価である必要はないが，話題が豊富で読みやすく，たくさんの以前の参加者の名前と夏の思い出とその写真を載せるとよい．

潜在利用者

　キャンプイメージの位置付けがマーケティングには重要である．イメージは確かにキャンプの目的と関連しているが，同様にその環境，スタッフ，運営の資力とも関連している．多種多様なプログラムやアクティビティを提供し自然の中での一般向けキャンプというイメージを確立することに成功した例もあれば，特殊な部分を見つけ，そのイメージを協調したよい例もある．

　どんなによい案内書，ビデオ，映画，スライドを作っても，それを活用して潜在利用者に見てもらう事ができなければ何の価値もない．資格を満たしている潜在利用者の名簿を作るためには，システムと一貫して追跡することと，綿密なプランニングが必要である．前述のマーケティング分析で行った人口統計の資料を使って，関心を示した集団は潜在的な利用者達として考えることができる．以前の参加者や利用団体やスタッフを媒体とするのが最も効率がよい．彼らから直接推薦してもらうのがベストである．したがって，友達や友達の子どもの名前を挙げてもらうシステムを工夫したほうがよい．名前と住所を書いてもらうための動機づけをするのは別のアプローチである．

　他の人に書いてもらった名前の人に資料を送る際は，「＿＿＿さんにあなたを推薦していただきました」と書き添えると覚えてもらえるだろう．当然，個人に対して電

6. マーケティング　63

話や直接の連絡をすれば，参加の可能性が高くなる．

　ファイルには潜在的参加者やグループ別に，入手できる限りの名前，住所，電話番号，推薦者の名前，年齢（個人の場合），グループの種類を含む個々のデータを保存するべきだろう．データはインデックスカード管理で事足りるだろうが，コンピュータ管理をして，申し込みがあったら参加者ファイルに移行できるようにする．すべての電話の問い合わせ，キャンプ参加者の集い，スライドショーのお知らせもこのファイルに記録しておく．

　団体やキリスト教会やユダヤ教会の後援で運営されるキャンプは，他の会員から紹介してもらうとか，特定年齢別会員リストから情報を得られる．個人的な方法を用いて団体の会員に募集を目的に接触する方法については慎重な研究が必要である．ボーイスカウトのような団体やクラブや近隣の団体を通して募集をする場合，その団体やクラブのプログラムやアクティビティを通してキャンプとはどういうものかが説明されていく．したがってその説明はそれぞれの団体が主張していることやそのとき行われているプログラムの一部をなすべきである．たくさんの組織が同時にそうした団体からその会員を募集することになる．その年の親の集まりもまた子どものためのキャンプの価値を話すチャンスである．今日，団体内で会員だけを対象に参加者を募って成り立っているところはほとんどないので，これらの団体にキャンプについての話をしたりプロモーションを行うと，一般の公衆に向けて話をするよりもはるかに効果的である．

　同様に，キャンプが施設利用やプログラム利用の集団をマーケティングする場合，これらの団体がマーケティングのターゲットの情報をくれる．施設利用やプログラム利用の性質として，特定のプログラムや施設が関心を呼び起こすようなやり方で，集団にマーケティング・アプローチを行うことができるだろう．たぶん個人がキャンプに参加することの利点は集団の利点でもあり，それはグループのリーダーの支持や共感を刺激する．そのような団体はまたキャンプについてのプレゼンテーションを行う機会を提供してくれる．

　客の特定する条件にあった名前と住所のリストを販売するビジネスがある．例えば，キャンプが利用する場合，一定の所得レベルがあり，郵便番号（地域）を指定し，一定の年齢層の子どもがいることを条件にした名簿を購入する方法もある．3つの条件に合った名簿を受け取ることになるが，このようなマーケティングを行う場合，問い合わせ率がせいぜい5％，申し込みは1から2％であるとされている．

　これに対して前述のマーケット分析によって得たものは，過去により多い参加があった個人や利用があった団体から得た，近隣，学校，郵便番号，団体である．全く新しいマーケットを対象にするより一度利用したことのある人を対象にマーケットする方がはるかに能率がよいことを証明している．これは知り合いの推薦で連絡先を入手しているので時間もかからないし，費用もかからないし，その人を対象にお知らせを出しても受容される．

伝えたいことを明確にして，使用する方法を選択したら，3番目のステップは実施計画を立てることである．計画は目標を達成するためのステップを書き出し，各ステップは12ヵ月分のカレンダーにそれぞれの達成日をいれる．

これらのステップの達成はディレクターだけでは不可能なので，スタッフや，以前の参加者や，参加者の親や，運営委員会からの援助を得るのが賢明である．この援助により，必要な情報と教育を受けた，精力的な，熱意のある人たちが，一人でするよりもはるかに効果的にキャンプの話を広めてくれる．このプロセスのほとんどはボランティアで達成される．その他に計画の中の専門的なことや時間のかかる仕事をするスタッフが1，2名必要だろう．次のステップは計画を実施して，スケジュール通りに進行しているかどうか確認することである．どんなに貢献度の高いボランティアでも，時々電話をかけて励ます必要がある．次年度の計画を立てるときは今年度にどのくらい計画がうまくいったのかとか，どう変えれなければいけないかという事を評価することが必要だろう．評価についてはこの章の中でさらに触れる．

マーケティング方法

登録用紙

個人を登録する時でも団体を登録する時でも登録用紙が必要になる．登録用紙は参加者やグループがキャンプに入る前，キャンプ中，キャンプ後に使用されることを考慮して注意深く作成されるべきだろう．どのようにファイルされてどのように取り扱われるかによって，カードがよいか用紙管理がよいか決める．ファイルをコンピュータ管理に移行する時は，書式も使用しやすいように変更する．登録用紙に書かれた情報が参加者やグループのキャンプのデータベースの最初の部分になることを念頭に置くべきであり，どんなデータが今後1年間の使用の目的に役立つかを慎重に検討するとよい．

個人の参加者の申し込み用紙の実際の情報は以下が含まれる．
- 住所（郵便番号などあなたのベストマーケットを明らかにする）．
- 自宅の電話番号．
- 誕生日．
- 学校名と学年（9月からの新年度の学年を書くか8月までの学年を書くかを明記する）．
- 両親と保護者の名前と緊急連絡先．
- 両親と保護者それぞれの勤務先の住所と電話番号．
- 身長と体重．
- 宗教（キャンプに参加しているときに宗教の集まりに外出する場合に必要）．
- 同じ生活グループに一緒になりたい友達の名前．
- どこでキャンプのことを知ったのか．

- 登録者が参加しているほかの団体や活動．
- 特に注意して欲しい精神的，体力的，心理的障害．
- 性別．
- それまでにキャンプの経験があるかどうか．

さらに，子どものキャンプ参加を認め，料金を支払いますという了解を示す両親や保護者の署名する欄や，成人の参加者の場合，キャンプに参加し料金を払いますという署名の欄がある．他には，以下のような欄が必要である．

- キャンプでの写真の使用許可．
- 世帯収入に関して，地域や州や連邦政府の生活保護プログラムを受けているかどうか．
- 家族または参加者の健康保健について（キャンプで参加者に健康・障害保健に加入させていない場合）．
- 内科と外科の診断書（地域共同体によっては公証診断書であることがキャンプ地の病院の必要条件となっていることがある）．
- 親以外の誰か，未成年の参加者を返せる所．
- 食事についての特別注意事項．

グループの登録用紙の場合，以下を含む．

- 団体の名前，住所と電話番号．
- グループが到着した時の責任者の名前．
- 予約をした人の名前，住所，電話番号．
- 参加人数と年齢層，性別人数．
- どこでキャンプのことを知ったのか．
- 到着予定時刻と出発予定時刻．
- どんなサービスを申し込むか．食事，プログラムスタッフ，設備，シーツ，部屋の片付け，特別メニューなど．
- 施設利用の条件，水泳プール利用の場合，救急，監督，行動，プログラム責任者．
- 予定請求金額．
- 必要とされる前金，最低料金，キャンセル時の期限，返金などを含む料金規定．
- 酒類，薬物，武器などに関する，グループのリーダーがあらかじめ同意しなければならない決まりについての確認．

キャンプによっては，その特殊な性質上，オーナーの意図やプログラムにより，利用者の入場制限をすることがある．この入場制限については販促資料や登録用紙に明確に記述しておくべきだろう．登録用紙は申込者がその条件を満たしているかどうかを判断するのに必要なすべての情報を引き出すべきである．どんなキャンプでも性別であれ，最低年齢であれ，何らかの制限事項があるものだ．

1990年のアメリカ障害者法の規定により，宗教集団やプライベートなクラブで運

営するキャンプ以外のすべてのキャンプは障害者利用ができる施設やプログラムでなければならない．宗教集団やプライベートクラブというのは会員だけを対象としていて，連邦政府の財源や，アメリカ農業省の食料や乳製品補助を受けていない場合に限られる．

　適切な宿泊を判断するために，登録用紙上で障害があるかどうかを確認することは許されている．ただし，参加者の健康や障害についての情報は適切な保健サービスを受けるためや，参加者により適切に奉仕するためであって，障害者を排除するためではない．このことについてはキャンプの目標は最善のキャンプ経験を提供することであることを保護者に伝えておくとよい．保護者宛にこの主旨の手紙を書き，健康チェック用紙を同封し，保護者に参加者の障害や健康上の問題を書いてもらうとよい．

　キャンプによってはある種の障害のある人には利用できないものもある．アメリカ障害者法により，プログラムに障害のある人を参加させるためには，団体が過度な負担を負わずに，キャンプが提供しようとしている経験の基本的な部分を代替できるものがあり，かつ，すぐに対応できるような宿泊施設を用意することを義務づけている．「例えば通路のないロッキー山脈の自然の荒地をバックパック一つを背負って歩くような体験のプログラムは基本的なところで考え方を変えないと車椅子利用の人が参加するわけにはいかないだろう」[6]．

　キャンプはプログラムでの個人と他のすべての人に提供する安全のレベルを考慮しなければならない．「アメリカ障害者法では公共の宿泊施設はキャンプの方針なり，設備なりを変えても，あるいは生活補助があってもその個人が他の人の健康や安全に及ぼす不安を解消できない場合はその個人を収容しなくてよいと明言している．ディレクターはキャンプの運営の安全の水準を設定することが認められる．しかし安全水準は健常者と障害者が活動に参加することについての一般的なことではなくて，ねらいに必要な事柄に基づいていなければならない[7]」．したがって，参加するかどうかは個人ベースで決めることである．

　登録用紙は参加することに同意することも含むだろう．ルーレン・アンダーライター・アンド・ブローカーズ社の副社長であるエド・シリック氏は次のようにいっている．「参加するか参加しないかの同意について承諾をするという傾向がある．個人が活動に参加したときの危険についてあらかじめ説明を受けてどんなことが起こるかを理解した上で同意したことを承諾するということが正しい．この根拠はいくつかの州での裁判所によるリスクの了解事項という習慣法の条項の再確認である[8]」．この条項はキャンプの弁護士との協議で決められるべきであるが主催者の責任を客の責任へと移すことはできない．第9章に放棄と免責保障についての詳細について触れる．

案内書とチラシ

　キャンプ経験について人々に伝えるための一番一般的な方法は印刷物である．キャンプ経験を告知するための印刷物の大きさや品質はさまざまである．多くのキャンプ

は高品質の日付のない4色刷りの案内書を印刷し,何年か同じものを使い,料金や日程を印刷した差し込みを毎年新しくしている.キャンプによっては毎年新しい案内書を印刷している.また申込書つきの案内書を送付するところもあるが,そういうところは今日の競争の激しい業界では少なくなってきている.

効果的にするには案内書は特定の読者向けに作成するべきであり,すべての読者に説得力のあるものを作ることは難しい.したがって案内書は慎重に考えて作成する必要がある.層の違う読者に見てもらいたいとか,まったく違うプログラムを告知したい場合,1枚に何もかも載せるよりも,何種類かの小さめの案内書を作ったほうが効果がある.例えば,子ども向けであれば書体は小さくてよいが,成人であれば,少なくとも10ポイントの書体が読みやすい.

案内書は凝る必要はないし高級である必要はないが,プロフェッショナルに見える必要がある.ディレクターは自分だけで作成しないで,デザインや印刷に詳しいボランティアに相談したり,誰かを雇うとよい.親を対象にした参加者募集の資料には,スタッフの年齢と優秀さ,プログラムの種類,返金の規定,健康と年齢の条件,価値を明確にする.参加者対象の資料は,楽しさ,冒険,特別なプログラム活動,友達とのふれあいを取り上げる.団体の施設利用の案内書は快適さ,利用できる設備,環境の美しさ,食事のよさと価値を強調する.

文は簡潔に,絵と隙間を有効に使う.いい写真は惹きつける力があるが,あまりよくない写真を使うよりもよい絵を使うほうがよい.4色刷りはきれいだが,色紙に単色刷りや,網掛けや反転技術を使って,経費をかけずに魅力的な案内書を作ることができる.予算が限られているので案内書の一部を申込書にして,返信用簡易封筒にすることもできる.

ビジュアルプレゼンテーション(視覚的な紹介)

案内書がどんなによくてもキャンプ経験を紙の上に表現するには限界がある.実際にキャンプに参加した人から写真を見ながら話しを聞くと説得力がある.カラースライドプレゼンテーション,映画,ビデオなどは見ながら聞く方法である.それぞれに利点と不利な面がある.

ここでも質の原理は応用でき,シンプルに丁寧に作ったものの方が,あまりよくできてない高級テクニックを使ったムービーやビデオよりもよい.したがって,ディレクターは最初は手元にある写真を選んでスライドにし,ナレーションを入れながら,あるいは録音したナレーションでプレゼンテーションを行い,時間と予算と専門家の手伝いが得られるようになったら次のステップに進めばよい.ホームビデオで素人のボランティアが撮ったビデオが使える場合でも,そのまま使うのは難しい.プレゼンテーションで効果的なものにするためには,綿密に計画される必要があり,文字を入れたり,構成を考えて編集作業を行う.効果的に話を展開するためにはたくさんの事柄があるので,時間と費用をかけてきちんと作っておいたほうがよい.オーディオビ

ジュアルショーは8分以内にするように心がける．8分は短いが，見る者にとってはそれ以上長いと集中しない．補足として参加者やスタッフの話を含めて10分から15分のプレゼンテーションを行うとよい．

多くのキャンプは案内書の代わりにビデオテープを使っているが，一人がビジュアルプレゼンテーションを行うほうが対面販売を達成するには当然望ましい．案内書として使うところでは，ビデオは何回でも見られるし，友達や地域の人にも見せられる長所がある．一方，どんなによくできたビデオであっても，その場で誰かが説明する必要がある．何をしたとしてもよいマーケティング原理に従うべきだろう．有望な聴衆をまず集めて，プレゼンテーションで集中させて，魅了させて，販売するように計画しなければならない．

プロモーション

個人の参加者を募集するためには，地域の人を集めて募集するためのパーティやイベント企画を開発するべきである．一番効果的なのは何人かの親がキャンプに興味のありそうな子どもと親を集めた所でディレクターとスタッフによるプレゼンテーションを行うことで，近隣の人や友達から招待されれば，知らない人から案内が届くより興味がわく．会場については個人宅が無理であれば，キャンプ参加経験者の親が招待者となり，場所は学校や，モーテルや，教会などでよい．

地域のコミュニティセンターや庁舎の会議室を借りることもできるし，お知らせ（掲示板や，ニューズレター，クラブ集団，チーム）も利用できる．地域のキャンプに参加したことのある人に友達を誘ってくるようにと頼んで興味をかき立てる．その時すでに彼らはプログラムに関わっており，ビジュアルプレゼンテーションも行う．保護者も招待し，質問を受け付ける．

多くのキャンプはソーシャルワーカー，紹介代理店，役員会システムまたは自分の代理店の会員からの紹介に頼っている．この場合，そうした紹介の担当者に早くから連絡をとっておくことが重要であり，そうすることでディレクターは代理店の人事が移動した時でもよい関係を作ることができ，一緒に仕事をして行く計画を立てられる．

多くのキャンプが学校，キリスト教会，ユダヤ教会で，集会の時や教室でプレゼンテーションを行い，印刷物を配布する機会をもつことができる．このやり方を認めるかどうかは団体によるが，やってみる価値はある．

キャンプ地が市民センターに近いのであれば，ディレクターは秋，冬，春の間も市民センター利用の団体に施設を開放できる．キャンプ地での日帰り遠足，宿泊，週末キャンプなどは団体のリーダーがサマーキャンプの体験を語る絶好の機会になる．キャンプ地を利用している間に，展示や，スライドショーやビデオ，夏の活動を撮影した写真を見てもらえるようにディレクターはしておくべきである．

オフシーズンにキャンプの施設のカヌー，乗馬，海岸，アーチェリーなどを利用する人に対して夏の利用をプロモーションしてもうまくいかない．優秀なスタッフや，

オーディオビジュアル，キャンプソング，ゲーム，シーズン中に行う活動の例などを用意してシーズン中の雰囲気を少しだけ味わってもらえるような気配りをするべきだろう．

同様に団体を募集するために，これから参加する可能性のある団体のリーダーを招待して，実際にキャンプをしている様子を見せるのも効果がある．彼らに直接どんな設備があるか，どんなサービスがあるのかを見てもらうことが効果的なマーケティングツールになる．

以上のやり方は多くのキャンプにとても効果があるが，キャンプによってはたとえ経費がかかっても，もっと広範なやり方に頼る必要があるだろう．その場合，問い合わせがくるのは1〜5%というとても低い割合であることをディレクターは覚悟しなければいけない．以下のそれぞれの方法はキャンプの特殊な状況によって使われている．

- 雑誌や新聞に広告を出す．プロのデザインした広告が必要になり，効果を期待するためにはシーズン中は定期的に広告を出す必要がある．
- ポスター．人目を引くものでないといけないし，資料を請求するための切り取り部分をつけるか，案内書を近くに置かせてもらう．
- 人の集まるところに案内書の束を置く．参加者が買い物をしたり，立ち寄ったり，食事をしそうな場所を選ぶ．この場合，あまり高価ではない案内書でないと置いておけないだろう．
- 大量の名簿．団体の会員名簿や，特定の条件に合った名簿を購入した場合，ダイレクトメールをたくさん受け取る人にも印象が残るような，目を引くものでなければならない．
- 紹介サービス．あなたのキャンプの名前を紹介代理店に登録しておくと，子どものニーズに合ったキャンプについての問い合わせがあったときにあなたのキャンプを紹介してもらえる．そうした代理店は実際にあなたのキャンプにその子どもが参加した場合は子どものキャンプ参加料金の10〜15%を請求してくる．非営利組織の紹介サービスの場合は料金はとらない．
- ラジオ，テレビのスポット・コマーシャル．公共サービス時間を指定しない限り非常に値段が高い．また，画面上でプロフェッショナルにみえて，つい資料やなにか賞品を請求したくなるようなものでなければならない．
- キャンプフェア．たくさんのキャンプが招待されて行われるイベントで，それぞれが各ブースでキャンプの紹介をする．イベントは広告され，期間中多くの人が会場を訪れる．他のキャンプよりも印象良くするために視覚的で，積極的で，活き活きとした展示を行い，感じのよいスタッフを常駐させる．
- スタッフや参加者が自ら参加したくなるような，新しい参加者を紹介したくなるようなものを用意する．紹介した人にペナントやTシャツを用意したり，紹介した人にキャンプ料金を安くしたり，スタッフであればボーナスをつけたり

する．もっとも自発的に紹介したいとか，純粋にその人のためにというのが理想なのだが．

また，どのようなマーケティングの手段をどのように用いるかを考慮してマーケティングの計画がされることが大切である．たとえば，どんな刊行物にも広告を載せるというのは資金の上手な使い途ではない．ニューヨークタイムズ紙のダイアン・メクラーは次のようにいっている．「広く宣伝することは参加者を確保するための決め手ではなく，参加の可能性のある人を確保するというだけである．地理的な条件を特定して経費を算出し，特殊性を出すことによってはじめて広く宣伝を行なう準備が整ったことになる[9]」．

ディレクターは計画を立て，必要なものを買って用意し，キャンプが始まるまでに，できるだけ早い機会にスタッフを確保する．時間はかかっても早くから申し込みを行う人を徐々に増やして行くことがのぞまれる．また，春の訪れの頃や，長期休暇の季節の頃といった，天候や季節の変わり目には，外遊びが多くなり，キャンプについて考えるきっかけになることがある．

オン・サイト・ヴィジット（現場訪問）

親が子どもを実際に参加させる前にキャンプを訪れたり，施設利用申し込み前に下見したりするのは珍しいことではない．どちらの場合も見逃すべきではない大切なマーケティングの意味合いがある．

施設や，キャンプの様子を見にくる来訪者を歓迎するための準備をするべきであろう．また，案内書，ニュースレターにご来訪くださいと書くとか，施設の入口の看板にご来訪者の受付はこちらですと明記すべきであろう．

来訪者にキャンプの案内をする人は，運営，プログラム，登録に関する質問に答えられる人であることが望まれる．これはただの雑用ではなく，施設の営業を成功させることができ，営業して販売するチャンスである．同様に，親が子どもの参加者と一緒にキャンプに到着した時は，その子どものグループ担当のカウンセラーに会ってもらい，カウンセラーが親の質問に答えることも大切である．

施設利用団体が研修センターに到着する時は，チェックインとオリエンテーションをはっきり行うべきである．オリエンテーションは設備の場所と使い方だけではなく，食事時間，安全規定，非常時が発生した時の連絡先についての説明を含む．それらは印刷して利用団体に手渡すが，できれば全員に説明しておく．利用者にくつろいで快適に過ごしてもらうことがよい体験ができるための基本であり，継続的なマーケティングである．

マーケティングとは参加者や団体の募集だけでなく，キャンプ体験の価値を常に広めて行くという年間を通じて継続する仕事である．それは財政的な発展のための，広報活動の，そして地域との関係作りの基礎である．それはキャンプを構成するすべてのスタッフに行き届いているべき態度であり，電話の応対でも感じられ，参加者や親

への挨拶にも現れ，ありとあらゆる苦情への対応にも感じとられるものである．

チェックポイント

1. あなたのキャンプのマーケット分析をしなさい．
2. キャンプの販促に使われてきたすべての印刷物を探し出しなさい．そしてキャンプのねらいやマーケティング分析を考慮して検討しなさい．立場の公正な外部の専門家にそれらを批評してもらいなさい．
3. あなたのマーケティング分析を考慮して進めることのできるステップをリストにし，重要度が高いものから順番をつけなさい．
4. あなたのキャンプのマーケットプランを作り，一年間のカレンダーに書きこみなさい．
5. 実践し，遂行しなさい．

参考文献
1) Ball, Armand. "On the Ball." Camping Magazine 54 : 3 February, 1982. p. 2.
2) "Parents Are Listening More to Kids." U.S.A. Today, January 24, 1990.
3) Hayes, Edward L. "Positioning Your Ministry in the Market Place." Journal of Christian Camping 22 : 3 May / June, 1989. p. 10.
4) Trendlines, a newsletter for camp directors, is published six times a year by Alpha Beta Consultants, 629-C Nerita St., Sanibel Island, FL 33957.
5) Jewson, Dwight. "The Promotional Aspect of Camp Marketing." Camping Magazine 50 : 6 May, 1978. p. 17.
6) Scanlin, Marge. "Better Camping for All : A Beginning Look at the Americans With Disabilities Act." Camping Magazine 64 : 3 February 1992. p. 31.
7) Scanlin, Marge. "Better Camping for All." p. 31.
8) Schirick, Ed. "Risk Management." Camping Magazine 62 : 5 March, 1990. p. 9.
9) Meckler, Diane. "Marketing," Camping Magazine 61 : 1 September / October, 1988. p. 23.

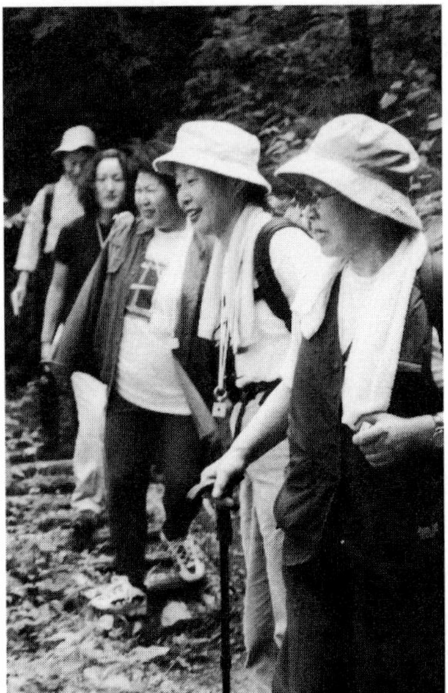

7 章　参加者

　キャンプの中心は当然のことながら参加者である．キャンプは彼らのためにある．そこで展開する全生活に関わる中心として，われわれは先ず参加者を良く知り，彼らが自分自身に，あるいは他者とともに物事に取り組むことを学ぶ手助けをしなければならない．スタッフはまさにそのために存在するのである．

エルマー・オッツ[1]

　参加者やグループの募集をすることは，キャンプの目的である積極的な成長体験を達成するための単なる第一歩にすぎない．参加者にとっては，キャンプ・サイトに到着する前の準備段階における手助けが必要である．

個々の参加者の準備

　一人一人と面談し，参加者の登録に至るところからディレクターは，準備段階をすでに始めていることになる．面談をすると，その参加者がキャンプで，どんな役割を演じるかについてより具体的な情報を得ることになる．
　しかしながら，ディレクターが必ずしもすべての新規の参加者と面談できるわけではないので，参加者のオリエンテーションを綿密に準備することが最も重要である．まず最初のステップは，参加の登録と申込金の受領の確認を郵送することである．手紙には申込者がキャンプに参加することを歓迎する旨と，次の連絡をいつするかについて触れておく．
　参加者がキャンプ地に到着する，少なくとも2ヵ月前に，参加者自身と両親にキャンプ案内を送る．キャンプ案内には以下のものを同封する．
- 必要な衣類の種類と数を明示したリスト．特別な装備が必要な場合には（例えば，ブーツ，乗馬用具，寝袋など），どのような種類がよいかについての詳細や購入場所の情報を示す．また，遺失物防止のためにすべての持ち物の記名の必要を明記し，ラジオや銃などの個人的持ち物について制限がある場合には，明確にしておく．
- 洗濯に関しては，キャンプに洗濯サービスがあるのか，あるいは参加者自身で洗濯をするのか，また，必要な衣類のリストの量が，キャンプ期間中には十分

であることを明らかにする．
● 健康診断および病歴を親が書きこむための書式・健康診断を必要とする場合，医者が必要な診断項目について具体的に書きこめる書式を用意し，キャンプ開始前何日以内の診断でなければならないか，必要とされる予防接種およびキャンプでどのような保健医療を受けられるかについて触れておく．13章の図13.2および13.4を参照．
健康診断の書式は，保護者が医者の予約を取るのに十分な時間があるように発送しなければならない．書式は健康診断以外に以下の項目について率直に記述されるべきである．

病歴（アレルギー，手術，既往症，予防接種，身体障害）
参加者が医者から投与されている医薬の証明
親の署名のある外科的・内科的免責保証書（現在，署名の公証手続きを要求する病院もある．）
健康保険に関する情報（親の保険が，キャンプで起きたどのような事故に対してもカバーするものであるかどうか．）
親または保護者の住所，電話番号等，緊急連絡先．
その他，参加活動，生活環境の制限事項，および必要とされる医療的配慮．

● キャンプ地までの交通手段に関する情報．キャンプ地まで保護者が連れて行くのか．もし公共交通機関がある場合，その時刻表や料金．空港や駅，バスターミナルへの出迎えを希望する場合の手続きと料金の説明．デイキャンプの場合，緊急時の対応だけでなく参加者を乗車させる場所と降車させる場所およびその時間について．
● もしある場合は，面会日または面会時間．
● 郵便物や電話を受け付ける場合，その宛先や電話の取次に関すること，また，飲食物を含んだ郵便物や小包の取り扱いについて．
● キャンプでの礼拝や，キャンプ外で利用できる礼拝について．特に家族が子どもに特定の礼拝に参加することを望む時．
● デイキャンプの場合，昼食には参加者はどのようなものを持参するべきか，キャンプではどのようなものを利用できるか，といった昼食についての説明．
● デイキャンプの場合で，キャンプ期間中に宿泊を受け入れる場合，その手続きと準備について．

大多数の参加者が同じ居住地域から参加する場合，キャンプは4月か5月中にオリエンテーション期間を設け，キャンプでの最初の年に参加者や両親が持つであろうあらゆる疑問に答え，新規の参加者の準備を行う．このオリエンテーションで，夏季期間中のスタッフの紹介，スライドや映画，キャンプに持ってくるものの説明を行う．この期間は，参加者達が同じ年頃同士で知り合う機会を与えることにもなる．

キャンプ団体の準備

　施設利用団体の一員であれ，プログラム参加の団体の一員であれ，参加する個々人の準備は大切であるが，団体や組織のリーダーが責任を担うので個々の参加者と直接コンタクトを取る必要はない．連絡は間接的に行われる事になるので，情報を正確に確実に伝えることは，予約の確認を早く送ることと同様に，非常に大切なことである．
　案内書類には次のようなものが含まれる．
- キャンプ地の地図（交通機関）．
- 宿泊設備の詳細．
- グループ活動における規則や約束事（たとえば，酒類，ラジオ，銃器類，薬物，スケートボードについてなど）．
- どのような保健医療が提供されるのか．
- 緊急時用のキャンプの電話番号．
- 特別なプログラムに参加する場合に必要な，参加者が持参すべき身支度や装備などについての情報．

　上記資料を準備する際，ディレクターは，それを読む人がキャンプについて何も知らないということを想定する必要がある．言葉や情報は明解でなければならない．資料は，これから経験するであろう楽しさや興奮，そして参加する意義をできる限り強調するべきである．

人間的成長と発達

　参加者の準備は重要である．と同時に，ディレクターやスタッフが，参加者の年齢グループの人間的成長や発達的特徴，特有のニーズを認識することも重要である．ディレクターや常勤のプログラムスタッフが，大学のカリキュラムで人間的成長や発達に関するコースを履修している事が理想的であろう．しかし，必ずしも誰もが履修しているわけではないし，シーズン中だけ採用される多くのスタッフはそのようなコースを履修していることはないだろう．したがって，スタッフ研修には発達上のニーズについての概説が含まれるべきである．

　効果的なプログラムや心のこもったサービスは，各年齢層の特徴やニーズを理解することなしには考えられない．理想的には，キャンプの目標とかプログラムのねらいといったものは，特定の発達段階でのニーズにかなうことを基本にしている．これはプログラムを作成するための出発点である．

　図7.1に示されているさまざまな各年齢層についての概説は，どの年齢層により学習効果が上げられる動機づけになるかを示すものである．この資料は，ジーンE. フォルカース氏によってプロジェクトリーチ・キャンプスタッフ・トレーニング・シリーズとして書かれたものである[2]．

より要約されたものとして，青少年センターは，研究の結果，7つの青少年の発達上のニーズを明らかにしている．そのニーズは以下の通りである．
1. 大人や仲間との積極的な社会的交流
2. 構造と明白な境界
3. 肉体的活動
4. 創造的表現
5. 適性と達成
6. 家族，学校および地域社会への有意義な参加
7. 自己定義[3]

特殊な問題

いかに人間的成長や発達について理解しても，ディレクターがあらかじめ準備をしておくことを必要とするような特殊なタイプの問題や事態が生じるものである．スタッフはそれらの問題に，直観力ではなくトレーニングや情報に基づいて対処できるように準備しておくべきである．

夜　尿

宿泊キャンプという環境の中で，幼い参加者がおねしょをしてしまうという恥ずかしい事態に直面することは珍しいことではない．子ども達の発達には個人差がある．キャンプは，状態を治療したり矯正する場所ではない．カウンセラーの役割は，参加者が仲間の前で当惑したり，恥ずかしい思いをするのを防ぐことである．衣服や寝具をどのように処理するかを学習しておけば，参加者に罰を与えることなく，カウンセラーがこの事態に落ち着いて慎重に処理できる．カウンセラーはなるべく手を貸さないで，参加者が自分でシーツを変える気にさせるべきである．カウンセラーは，決まり悪さや嘲笑されることなどを避けるために，参加者と同室の仲間とどう関わったらよいかという方法を考えておく事が肝要である．

排便で汚す

幼い参加者が，遊びや興奮状態の過程で排便してしまって衣服を汚してしまうことは珍しいことではない．この状況に対する鍵もまた，決まり悪さや嘲笑されることを防ぐことである．カウンセラーは，排便を規則正しくさせたり，トイレに行くことを促したりすることで，状況をよくすることができるであろう．

睡眠に関する問題

夢中歩行や悪夢でうなされることも起こるであろう．もしいずれかの経験がある場合には，カウンセラーはそのような参加者を特に注意深く見守る必要がある．

5〜7歳児の発達的特徴

[肉体的成長と発達]
- ゆっくりとした成長期．
- 身体の伸張，手足の伸張．
- 全体的な筋肉運動コントロール，小筋肉，視覚触覚的未発達，ただし7歳になって改善する．
- 永久歯の出現．

[行動の特徴]
- 短時間の注意力，ただし増加しつつある．
- 活動の水準は高い．
- 家族以外の人に関することの学習をしつつある．
- 善悪の概念の学習をしつつある．
- 性差について気づきはじめる．
- 節度を知りはじめる．
- 自立的になり，一定の時間に独力で物事を行うことができるようになる．
- 分別の程度が一定でなく，やりたがりで，自己主張が強く，攻撃的で，競争心が強い．

[特記事項]
- 節度のある跳躍やかけっこを取り入れた，行動的でにぎやかなゲームがよい．
- クライミングとか，平均台の使用がよい．
- リズミカルな行動，歌，演技がよい．
- 集中力が持続しないため，15〜30分に行動を限定する．
- 団体で，協力し，分担するという仕事の習慣の訓練が重要．
- 具体的な学習と意欲的な参加が必要．
- 自分のために物事を行い，使い，自分の能力を発達させる自由．

8から10歳児の発達的特徴

[肉体的な成長と発達]
- ゆっくりとした，しかし確実な成長．
- 女子の成長は男子よりも2年ほど早い．
- 成長の遅い男子は体育能力におけるストレスにより，不利な立場にいる．
- 成長期前，男子と女子は同じ位強く，後に男子のほうが強くなり，運動能力と力量が発達する．
- 大筋肉が未だ成長の段階にあるが小筋肉のコントロールはかなりできるようになる．
- 思い通りに操作する能力があり，視覚触覚調整ができるようになりつつある．

[行動の特徴]
- 男子が攻撃的で女子が依存的な傾向がある．
- 精力的で，動きが速く，意欲的で，熱中する．
- 休みなく，落ち着きがなく，ひっきりなしに活動をする．
- 大筋肉を使う活動をしたがり，組織的な団体競技を求める．
- 騒がしく，議論好き，ただし，空想的で，優しい．
- 自意識があり，失敗を恐れ，批判に対して敏感である．
- 関心事が常に変わり，関心事に集中力に欠ける．
- 団体意識，クラブ活動年齢であり，ギャング要素がある．
- 男子は男子と女子は女子と遊ぶ傾向がある．
- 男子と女子はライバル意識を持ち，明確な異性関係に向かっての初歩段階にある．
- 道徳的な判断について学び始め，善悪の判断の応用することを学び始める．
- 自分のまわりのあらゆることに非常に関心があり，好奇心を持つ．

図7.1　年齢層別発達の特徴

- 家庭の外では独立に達し始め，大人との関係を学び始める．

[特記事項]
- 誉められて，元気つけられることが必要である．
- 全身活動，団体競技，アートクラフト，演劇などにより大筋肉，小筋肉を鍛錬する．
- 最良の友を欲し，仲間意識を欲する．
- 明確な責任と，プレッシャーのない教育が必要．
- 関心を向けるための，納得のいく説明と指導と，疑問を解決する必要．

<u>11〜13歳児の発達的特徴</u>

[肉体的成長と発達]
- 普通9歳から13歳（男子は2年ほど遅れるが）で伸張期と充実期を通過して，成長が一旦止まる．
- この年齢では女子のほうが身長でも体重でも勝る．
- 生殖組織の成熟，第二次性徴期．
- 急激な筋肉の成長．
- 過労の危険―女子はそれほど活動的ではなくなり始める．

[行動の特徴]
- 成熟度の個人差の広がり．
- 団体行動が続く．ただし，男子の方が女子よりも団体に対する忠誠度が高い傾向がある．
- 時間を気にせず，絶えず動いている．
- 男子と女子の間でからかったり，敵対し合ったりする．
- グループの意見が大人の意見よりも重要になる．
- 過剰に批判的になったり，反抗的になったり，気まぐれだったり，非協力的だったりする．
- 肉体的な変化について人目を気にする．
- 収入を得ることに関心がある．
- （俳優，歌手などに対する）英雄崇拝に関して空想的であり，感情的である．
- 大人からの独立を強く主張する．ただし特定の大人との情愛のある関係を強化したい時期でもある．

[特記事項]
- 野外活動へのより深い関心．
- 激しい競争心（グループの便宜のために自身を没頭させたい意欲）．
- 組織ゲームを必要とする（男子と女子が遊びについての好みが違ってきて協力して作り上げることが困難）．
- グループ参加を成功させるためのスキルが必要(学生はスキルを実践したがるが，指導を必要とする)．
- 男子は団体競技に非常に関心が高い．
- 集団の精神のための練習のしかたが問題になりうる．
- 一般的に意気込みがあるのでキャンプに取り組むためにはよい年齢層である．

<u>14〜16歳児の発達的特徴</u>

[肉体的成長と発達]
- 肉体的情緒的変化を伴なう性的成熟期．
- 骨格の成長の完了，身長は95％が成長を完了し，筋肉の調整も改善．
- 女子は婚姻可能年齢に平均13歳で達し，男子は平均15歳で達する．
- ある者は思春期の発達が完了し，ある者はこれから思春期の発達が始まるという差が著しい（女子は一般的に男子よりも2年早い）．
- 肌の障害，性質の問題が出てきて，治療を必要とすることもあり，情緒的な問題の原因にもなり得る．

図7.1　年齢層別発達の特徴（つづき）

[行動の特徴]
- 12歳から15歳の間は同性への関心から異性への関心の移行期であり，女子は男子よりも異性への関心が2年ほど早い．
- 容姿についての関心が高い．
- 社会的な活動が増加し，集団に受け入れられるかどうかに没頭する．
- 性的役割についての学習があり，受容するようになる．
- 成熟した身体に適応する時期．
- 家族から独立をすることが重要な関心事だが，尊敬する大人から共感されることを望む．
- 自分は何であるかと，自分らしさは何であるかを探している．
- 職業を選択し始める．
- 初恋を体験し，決まった異性関係ができることがある．
- 極端な行動に走り，あきらかな知ったかぶりをすることもある．

[特記事項]
- 同年代人と一致していたり，受け入れられたりすることが重要である．
- 脅しではなく，控えめな大人の指導が必要．
- 建設的なレクリエーションを準備．
- 仲間集団に受け入れられるという安全の保障．
- 性的関係と態度の理解．
- 収入を得る機会をつくる．
- 男子の余暇活動の傾向はスポーツが中心であるが，女子は一般的に友達同士で出歩いたり，電話でお喋りをしたり，その他の室内活動に時間をかける．

<u>16歳以上の発達的特徴</u>

[思春期以上の青少年と若年の成人]
- 自立してきて自分のことは自分でできる．
- スキル，知識が発達し，生活の糧を得ることができ，成人としての生活を営むことができる．
- 自分についてよく知ろうとしつづける．
- 成人としての理想像がある．
- 一つか二つの専門分野についての関心が高い．
- 異性の人についての知識と，態度と，スキルを習得しつつある．
- 配偶者となる人を選んでいる．
- 価値観を形成し，人生哲学を発展させている．
- 職業の適性を選択し，それに向かって足を踏み出している．

[成　人]
- 自分の職業に対する満足を得つつある．
- 社会的，市民的責任を負っている．
- 家族を中心とするスキルを発展させている．
- 親となり，子どもが責任を果たし，社会に適応できるように育てつつある．
- 両親や年長者との関係作りを学習しつつある．
- 価値観を実際に試しつつあり，洗練させつつある．
- 心配事や挫折に打ち勝つことを学習しつつある．

[年長者，高齢者]
- 成人した子どもとの新しい関係を作りつつある．
- 自分の配偶者との関係のみなおしを学習しつつある．
- 年齢を重ねるにつれての体力の減退や変化に適応しつつある．
- 自分の人生の目標と願望を受け入れつつある．

図7.1　年齢層別発達の特徴（つづき）

拒食症および過食症

　これらの状態は，太ることを気にする少女たちにより多く見られる問題である．思春期の少女たちは，しばしば問題になるほど食べ物の摂取を制限してしまったり，過度に食べ続けて，その後食べたものを取り除くために吐き出してしまうということをする．これらの問題は，その病気について理解しトレーニングを受けているスタッフがいない限り，キャンプで解決できるものではない．

　しかしカウンセラーが学習しておくべきことは，参加者にはその問題に気がついていることを伝えるが，他の参加者やカウンセラーにはそのことは話さないで，親身になってそれに対峙し，その参加者が幸せな気分でいて欲しいと願うことである．そうすることで参加者はカウンセラーに受け入れられていると感じる事ができ，ショックや絶望を感じないですむ．カウンセラーは，参加者が不安になったり，うろたえたりしている時は，いつでもその気持ちを共有することができると勇気づけるべきである．

盗　み

　この問題は，グループで話し合ったり，仲間のプレッシャーを働かせることによって最も上手く対処できるものであろう．若者が何かを盗んだと発見された時，彼，あるいは彼女はその盗んだ物を返す責任と，謝ることにしっかり向き合わなければならない．被害を受けたグループとの対話は重要であるが，個人を仲間はずれにすることは避けなければならない．

多動性

　ほとんどの若者たちが時には活動が活発すぎるものであるが，多動な行動を取る若者たちは，衝動的で無頓着で，競い合って突っ走り，一か八かやってみるが，滅多に何らかの活動や目標に向かってこつこつと取り組む事はない．カウンセラーの役割は，彼または彼女自身の行動から子どもを守ること，そして通常の活動に参加させようとすることである．このことは，相当程度の監督を必要とする．この症状に対して薬物治療を受けることになる若者もいるであろうし，カウンセラーは注意を怠らないことが重要である．

ホームシック

　恐らくキャンプで一番かかりやすい病気であろう．多くの若者が両親や友人，家庭やペットがいないのを寂しく思い，元気がなくなり，涙もろくなる．友達ができたり，家庭を忘れさせてくれるような活動に彼らを参加させることは，ひとつの解決策ではあるだろうが，多くの場合，思うほど簡単なことではない．カウンセラーは，スタッフトレーニングの間に，この問題をどう扱うべきか，この問題が生活グループにどのような影響を及ぼすか，また，どんな時にスーパーバイザーやディレクターに相談する必要性があるかについて，指導を受けることを必要とする．

自殺行為

一般社会は,若者たちの間での自殺がかなり深刻であることが認識されている.カウンセラーは,抑うつ症の徴候とはどんな事であるか,または自殺行為を引き起こしそうな徴候にはどのようなものがあるのかを理解するための学習をする必要がある.それらのどのようなふるまいも,カウンセラーが注意して対処するだけでなく,運営スタッフも同様に深刻に受け止め,注意深く対処しなければならない.

性的行動

若者たちは,家庭環境から離れ仲間とずっと一緒にいるということで,しばしばキャンプを性的行為を実行に移す機会にしてしまう.この行動は,実際攻撃的な異性愛であったり,同性愛だったりするかもしれないし,グループの中ではいくぶんオープンであったり,やや秘密主義であったりする.性行為についてあまりお説教的でなく,率直に隠し立てしないように対応することが大切であり,性行為が正常であること,そして許される行為とはどんなことか,相手の権利を尊重する,といったことを理解できるよう手助けすることが重要である.

虐 待

キャンプは,子ども達が信頼し尊敬できる大人に出会えた時,家庭での虐待行動が,しばしば表面化する.虐待の兆候は,カウンセラーが適切な訓練を受けているなら,生活場面において発見されるはずである.例えば子ども達が着替えたりシャワーを浴びているのを観察し,普通でない打ち身や傷跡が見られたら,身体的虐待の可能性があるとして,ディレクターや看護婦と話し合う根拠とするべきである.

性的虐待の兆候をみつけるのは簡単ではない.いくつかの兆候が,行方不明児や暴力犠牲児のための国立のセンターによって確認されている.
- 行動の変化,極端な気分の揺れ,引きこもり,恐怖や極端な泣き叫び.
- 夜尿,悪夢,寝ることへの恐怖,就寝時の厚着.
- 不適切な性的行為の実行や,性的なことに異常に興味を示す.
- 幼児的行動への退行現象.
- 突然の感情噴出,あるいは攻撃的,反抗的行動.
- 一定の場所,人々,活動に対する恐れ,特に一定の人々とだけでいることへの恐怖.
- 痛み,痒み,出血,体液[4].
- 動物への虐待.
- おもちゃや仲間に対する執拗で不適切な性的遊び.
- 性行為に関する間違った認識(子どもの年齢に応じて).

キャンプ前やキャンプ中に,虐待の疑いが少しでもあるのなら,スタッフはどのようなステップを取らなければならないかをはっきりと理解しておく必要がある.

薬物の濫用

　キャンプは若者たちにとって，アルコールや煙草，処方箋なしで買える化学物質を持ち込み，摂取し，他の参加者やスタッフと分け合うような機会がない訳ではない．当然のことながら，化学物質の乱用に対する社会の認識は高く，ディレクターやスタッフの教育のための十二分な教材も揃っている．法律とも密接に関係していて，このことはスタッフやディレクター，そして参加者も同様に理解しておく必要がある．最も重要なことは，ディレクターがキャンプでそのようなことが起こり得るという事を強く強調し，参加者が到着する前に十分な準備や教育を行うことである．この件に関するキャンプの見解を示し，違反があった場合どうするかについて，文書にして，参加者やスタッフに配布するべきである．

公共物破損

　個人の，あるいはキャンプの所有物が参加者によって故意に破壊される時，そこには恐らく深刻な問題が潜んでいるであろう．しかしながら，若者達に彼らがやった行為の重大さを理解させるだけでなく，破壊した所有物を修復したり，取り替えたりさせるというやり方で，直接対処させるべきである．

ストレス

　これは，行動というよりむしろ行動の原因であるが，今日の社会では若者にもかなりのストレスが課せられるので，スタッフの教育や監督において，そのことを考慮する必要性を強調することは重要である．デーヴィッド・エルキンド博士は，彼の著書『急かされる子ども』の中で，子どもにかかるストレスについて恐らく最も明瞭に表現しているであろう．彼によれば「子ども達やティーンエイジャー達は，今日，かつてないほど急かされている．非常にわずかな時間であまりにも多くのことを達成するよう要求されるという，時間に急かされた生活が子どもたちに直接ストレスを課し，食事や，睡眠や，学習面での障害として，多くのストレスによる兆候が増えてきている．また，子どもにとっては，嫌な時に嫌なことをするよう要求されるという，急かされた毎日の生活は，彼らの自尊心を傷つけ，間接的にストレスを課し，若者たちはストレスに影響され易くなっている．その結果，すべての年齢層でストレスに関連した行動が急激に増えている[5]」．

　キャンプの役割はストレスを生み出すのではなく，子ども達のストレスを和らげることである．そのためのスタッフの役割を理解する事が，なんらかの問題を予防し，抑圧された感情を行動化することを予防するための，一つの方法である．

エイズ

　エイズの子ども達は，できる限り普通に扱われなければならない．カウンセラーは，大量の出血をするような状況があった場合にどう対処するか準備していなければなら

ない．すなわち，宿舎やキャンプの外で使う救急箱の中に，ゴム製の手袋を用意しておかなければならないし，カウンセラーは一般的な予防法の教育を受けていなければならない．エイズの子ども達は，たいてい他者にもたらしてしまう危険を理解しているだろう．もし生活グループの中で問題が起きたときには，参加者が感じているかもしれない恐怖を軽くするために，カウンセラーはどうすればエイズに感染するか，どうすれば感染しないかを，グループのメンバーに教育できるようにしておくべきである．

身体的，精神的，情緒的な障害を持つ人々

障害のある人たちを生活グループに受け入れる目的は，他の参加者が経験するものにできるだけ近い経験を障害のある人達にしてもらうことである．生活グループのメンバーが，互いに認め合い，理解し合えるように手助けするという目標は，障害を持つ人達がグループに居ても居なくても，すべてのキャンプの生活グループの目標である．カウンセラーは，生活グループでの障害のある参加者の活動の限界，危険信号，薬，キャンプや野外活動の経験，および両親の期待していることがらを含め，できる限り多くの情報を与えられなければならない．カウンセラーがより多くの教育や情報を与えられれば与えられるほど，カウンセラーはキャンプの目標を達成するために，よりよく働くことができるのである．

規　律

多様なバックグラウンドや家庭環境をもった多くの若者たちを相手にする時，彼らが新しい，非日常的な行動を試みることができる環境では，それらの行動が容認できない場合，規律が必要となる．到着早々，長々とした規則を数え上げるようなキャンプであれば，かえってそれらの規則に違反する行為を引き起こすことになる．どんな社会でも何らかのルールは必要であるが，それらのルールを若者たちに教育し，それらのルールを決める事に参加してもらい，同意してもらうことは，組織キャンプの教育的目的を達成する上で非常に重要である．

規律を必要とする環境と，その規律の守り方については，スタッフの研修期間中に，要点を明確にしておかなければならない．同時に，カウンセラーはハートウィッグとマイヤーの著書『キャンプにおいても子どもたちは人間である』[6]に説明されている考え方を読めば，理解できるであろう．

- 時には参加者の反抗的態度を受け入れる．
- 参加者は，必ずしもいつも自制心を働かせられるわけではないということを認識する．しかし一方で，カウンセラーは子どもやグループにブレーキをかけることが必要な時は，それを躊躇してはならない．
- 子どもは，グループの価値基準に対して責任を負っている事を知る．
- 注意を喚起することは大切だが，時には参加者が怠けたい時もあることを認め

る.
● 時々,規則を守らないことは人権のようなものであることを認める[6].

　規律を守るための方策は,控え目にすると効果的であり,決して懲罰的であっては成らない.罰を与えて解決するのは易しいが,すぐに同じことを繰り返したり,それに関連する問題を起こす.罰として仕事をさせることは,罰せられるべき行為が他の人たちの仕事を増やしたというのでない限り,仕事に対する考え方が貧しいものとなってしまう.食べ物を与えないことも,効果のない罰の一つである.

　疑いなく,参加者に対する体罰は不必要であり,どんなことをしても避けなければならない.言葉による虐待も,肉体に対するものと同じくらい,破壊的な力となり得る.どちらも,しばしばカウンセラーのストレスに起因する場合がほとんどである.スタッフトレーニングと管理の役割の一部として,ストレスの兆候に対してスタッフを敏感にさせ,ストレスを和らげる事がある.

　規律的行動を要求する状況でのロールプレイや集団分析は,スタッフが,変化しやすい状況ばかりでなく,適切な規律の守らせ方を理解するために,より役立つであろう.

チェックポイント

1. 新しい参加者が,到着する以前にキャンプについて知る必要のあることすべてを確認する.
2. 参加者や両親が,キャンプ以前にする必要があることを,必要な順番に段階を追ってまとめる.
3. 始めてあなたのキャンプに参加することになるグループのリーダーとして,何を知る必要があるかを確認する.
4. 上記の情報が反映しているかどうか,印刷物をチェックする.
5. キャンプ前の研修期間中に,どこでどの様に参加者の人間的成長や発達ばかりでなく,解決の難しい行動について適切に取り扱うかについての要点をまとめる.
6. 参加者の生活から不必要なストレスを排除するという観点から,キャンププログラムやスケジュールを検討する.

参考文献
1) Ott, Elmer, 1949. So You Want To Be a Camp Counselor. New York : Association Press. p.21.
2) Folkerth, Jean E. 1981「Developmental Characteristics」Perspectives on Camp Administration. Dr. Elizabeth Farley, ed. Martinsville, IN : American Camping Association. Persuant to grant no. 007901333, Personnel Preparation, Office of Special Educaation and

Rehabilitative Services, U.S. Department of Education. Pp.26-28.
3) Scales, Peter C. 1991. "The Developmental Needs of Young Adolescents Today and Tomorrow." Proceedings of a Symposium on Year-Round School. Martinsville, IN : American Camping Association.
4) National Center for Missing or Exploited Children, 1988. Camp Director' s Guide: Preventing Sexual Exploitation of Children. Washington DC: Office of Juvenile Justice and Delinquency Programs, U.S. Department of Justice. Rhulen Agency in cooperation with the American Camping Association p.19.
5) Elkind, David. "The Hurried Child." Camping Magazine 58 : 1 September/October 1985. pp.25-26.
6) Hartwig, Marie and Myers, Bettye. 1961. Children are Human Even at Camp. Minneapolis, MN : Burgess Publishing Company. P.65.

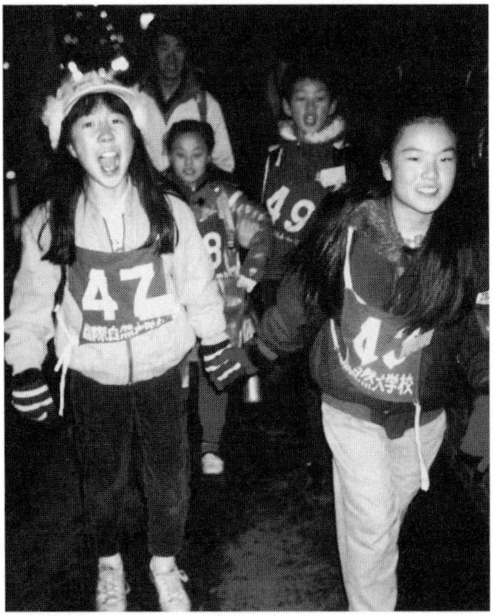
49
47

8章 キャンプ地の選択，開発，維持

　どんなキャンプ地でも秩序ある開発を行うためには，計画が必要である．これは，長期に渡って受け継がれて行くような総合的開発である．計画を多少なりとも省略することは，非常に易しく面白いことであろうが，そのような方向へ行くことは，頭痛の種や問題の発生，ことによると災難をさえ引き起こすことに成り得る．性急に仕事を終えたり，プロとしての企画業務に対してお金を使いたがらないのは，最善の可能性ある結果を生み出すために困難に立ち向かうための資金を使わないことに対する下手な言い訳である．

ジュリアンハリス・ソロモン[1]

　物理的環境は，キャンプの目的やねらいを達成するためにも，プログラムを計画する上でも重要な要素である．その物理的環境を最大限に利用することによって，最高の経験をさらに素晴らしいものにすることができる．もし，その物理的環境をないがしろにすれば，どんなに素晴らしいプログラムも，参加者にとっては粗末なものになるだろう．

　キャンプの所有する資産でもっとも大切なものは，その敷地と建物であるが，近年，キャンプに適した土地がどんどん少なくなり，またその土地が値上がりし続けているため，ディレクターはキャンプとして利用することでその資産を守る大変な責任を負っている．今日，都市が郊外へ向かって無秩序に広がっていくスプロール現象もあり，宅地開発業者からも，さらには財政事情に苦心をしている子どもの保護者組織のなかからでさえ，キャンプ地をキャンプ以外の目的に利用せよとか，キャンプ地を売却して資金を確保せよといった圧力がかかっている．ディレクターはキャンプ地の売却をさせないというだけでなく，キャンプ地がその利用価値を十分に発揮することで，キャンプ地を売却したらどうかなどという議論を寄せ付けさせないという意味で，この資産の後見人でなければならない．ディレクターは，物理的環境を守るために，キャンプ地を維持し，次世代の参加者達に引き継いでいく責任までも負っているのである．

選　択

　多くのディレクターは，キャンプ地を受け継いでいくが，一方で，施設を借りるディレクターもいる．つまり，キャンプ地を選択する機会もある．まれに幸運なディレ

クターが，キャンプ地を選び，施設の建設に最初から最後まで関わる場合もあるが，この本ではそのような場合に必要なステップを提供するものではない．

しかし，キャンプ施設を借りるために，多様なキャンプ施設を検討するのに，ディレクターの役に立ちそうなガイドラインがあるので紹介しよう．

- 候補にするために，必要な地元や州の許可書や免許を入手できるかどうかを確認する．適切な水質検査記録はあるかどうか．下水設備は認可され，問題なく機能しているかどうか．消防署による点検は成されているかどうか．許可制度や条例は，州や地方自治体によって異なり，一定の認可項目や条例が欠落している場合があるので，検査項目や疑問点に関しては，自分たちで知識を持ち，より注意深くあらねば成らない．
- 衛生や安全面からキャンプ地を検討する．自然災害の恐れはないか．建物の保守管理状態はよく，災害を引き起こす恐れはないかどうか．水泳用施設はどのようなものか．キッチンは衛生的か，ネズミなどはいないか．
- 土地の見取り図や建物の配置，キャンプの自然環境やプログラムのための施設を観察する．それらはあなたがたのプログラムの哲学や目標を満たすものか．
- 所在地が，参加者達が利用する交通機関，または交通ターミナルから十分便利な場所であるかを確認する．
- もっとも近い病院，消防署，その他の緊急時に必要な諸施設への距離を確認しておく．
- キャンプの近隣調査をする．キャンプを取り巻く家々や事業活動がキャンプの妨げになる可能性はないか．
- 警備上の問題点を検討する．参加者やスタッフに危険を及ぼすような問題点はないか．何かあった際に，キャンプの管理体制にいかにすばやく連絡が取れるか．

所有地の開発

キャンプ地は絶えず変化するものであるから，どこのディレクターでも古い建物のリフォームや修理修繕同様，物理的なレイアウトの変更や建物自体を新しく建造するかどうかの決断を迫られることがある．これらのことは，ディレクターが他の何よりも優先しなければならない仕事ではなく，もっと優先しなければならない参加者のためのプログラムやサービスの仕事の妨げにすらなり得る．

しかしながら，賢明なディレクターは，この仕事が意味のある仕事であり，キャンプの目的であるプログラムを作るのに役立つ施設を開発することであるということを理解している．もし，施設のことだけでなく，キャンプの哲学，マーケット，プログラム，および財政状況を長期的展望で見据えたキャンプ地開発のマスタープランがない場合，長期的開発計画を作ることが，ディレクターの最優先すべき仕事であろう．

総合的な計画無しにキャンプ地を広範囲に改変することは，お金も掛かるし，キャンプ地を台無しにしてしまうこともある．

キャンプ地開発のマスタープランを作成するためには，施設や土地ばかりでなく，キャンプ全体の状況や可能性を深く研究することを必要とする．多くの場合，その過程の当初から外部のコンサルタントに関わってもらうとよい．このコンサルタントは有償の場合も無償の場合もあるが，特に大事なのは，彼らが組織キャンプ運営について理解し，キャンプ一般について深い知識があり，基本的なプランニング技術を持っていることである．結局は，建築家やおそらく景観設計家の専門的技術も必要であろう．この分野でサービスを提供しているのは個人のコンサルタントばかりでなく，プロのキャンプ地企画会社もある．キャンプ地開発のマスタープランというのは，多くの手続きを必要とするだろう．

- キャンプの目的や哲学の再検討，および自己評価．
- 現在の参加者の分析，および将来どのような参加者をターゲットとしたいか可能性のある市場の再調査．
- 可能性のある資金源の見なおしと，現在のサービスやプログラムの詳細なコスト分析．
- 現在の施設や所有地の財産資産目録作成．
- 各施設や所有地の各所の使用状況の目録作成．
- ディレクターやキャンプ地所有者による，(非営利キャンプの場合は委員会や評議員会による)，キャンプの目的，ターゲットとする参加者のマーケット，およびプログラム全体についての報告書の作成．
- 現存の建物や自然資源を最も有効に活用するための計画と新しい建物案や，プログラム案を含めての開発の図式化．
- プランナーと，ディレクターと，キャンプ地所有者，もしあればボランティア運営組織の間で取り上げて討議した上で同意が得られた開発計画を達成するための予定表を作成．
- 障害を持つ参加者やスタッフのための利便性が考慮された建物やプログラム施設であるかどうか，および改築改造を施す時の障壁．

キャンプ地開発のマスタープランの作成は理想であるが，開発を実行する前にそのような計画を行う事ができるディレクターばかりではない．しかしながら，そのような開発について速やかに決断することを促進する，よいキャンプ運営の実践として取られるべきいくつかのステップがある．すでにプランナーを雇っていて，キャンプ地開発のマスタープランに取りかかっている場合にはこれは無効である．

まず第一に，地形学的に正確に図で示したキャンプ地の地図を持っていること．地形図がファイルされてなくて作成する事ができない場合は，市販の当該測量地図を購入するとよい．航空地図も有効である．地図には，キャンプ地を購入した時に確保した所有地の測量地図があるはずであるが，必ずしもそうとはいえない．地図には所有

境界線，高速道路や一般道路，公用地，あるいは地籍が表示されていなければならないし，主要な建物が建設されていれば，地図に書き加えられてなければならない．万が一，測量されていない疑わしい所有境界線がある時は，最初に解決しておくべきであろう．

　第二に，上下水道管，電力線，ガス管，（遮断装置やバルブとともに）がはっきりと解るように，所有地地図に配管配線が描かれていることを確認する．建物の青写真は一ヵ所に集めておくとよい．

　第三に，できる限り土地，土壌，植物，野生生物，および水資源に関する情報を入手する．州や地域の森林監督官や，水産動物，野生動物担当職員，自然保護論者などは，喜んでキャンプ地を歩いて再植林の提案，野生動物の生息環境改善の提案，湖や河川の保護改善の提案，その他着手する事のできる保護対策の提案をしてくれるであろう．これらの情報のすべてが，ここに建物を建てるべきではないとか，ここをプログラム活動の場所にすべきではないとか，どこを開発するのが自然破壊をより少なくすることができるかといった事を判断するための鍵となる．

　この段階で，特にキャンプに適用される，州，郡，地元の法令や条例の写しを持っていない場合はすぐに入手すべきである．当然，万が一そのキャンプが条例に従っていないような事があれば，キャンプ地開発は条例に従う事が再優先事項である．一方，州，郡，地域の保健衛生職員に尋ねれば，キャンプのゴミ処理施設，給排水関連の衛生項目が妥当であるかどうかを考慮して開発する時に留意することがらについて指導してもらえるであろう．

　法令，法規に従うという意味では1990年に施行された障害者法をよく読み，施設が障害者に利用可能であるかどうかを検討する必要があるであろう．条文はキャンプが提供するサービスの基本的な性質を変更するような施設や環境の改造を要求しているわけではない．それよりもむしろ，現存の宿泊施設のまま，利用できるよう即席に改造すればよく，すべての建物を改造する必要はないということである．しかしながら，新築する場合は，全体が障害者利用を考慮して建築しなければならない．図8.1に必要とされる改造についてキャンプ，研修センターのディレクターが理解するためのチェック項目を示している[2]．

　第四に，具体的に設備や主要な備品の一覧表を明らかにする．もし最新の一覧表がない場合は，建物を建設した年号，それぞれの品目の商品番号とそれを購入した日付を明記して新たに作成すべきである．

　以上で，より高度なプランニングができるための準備が整う．敷地内を隈なく歩き，すべての建物とプログラム活動場所を調べ，必要な修理，腐食や自然災害の問題，障害者法を遵守するために必要な改築，障害者法を遵守するためにプログラムをどのように変えていったらよいか等を書き出してみよう．このリストは，危険を回避するために参加者が到着する前に直ちに行わなければならない修繕や修理，または簡単にできるものの1番目のリストと，費用がかかったり，外部の援助を必要とするため，直

8. キャンプ地の選択，開発，維持

建物の名称，場所	
	一般的なガイドライン

[駐車場]
- 駐車場は25台おきに2.5mのスペースがある．
- 普通車用に1.5m幅の，バン用に2.5mの通路がある．

[歩道，建物内の通路]
- 片側通行の場合1m幅，両側通行の場合は1.5m幅．
- がっしりと安定した，すべり止めを施した表面．
- 1対20以下の傾斜(それ以上は傾斜扱い)．

[傾斜]
- 1対12以下の傾斜である．
- すべり止めを施した表面である．
- 傾斜の両側に高さ1mほどの位置に手すりがある．
- 傾斜の始まりと終わりに最低1.5mの踊り場がある．

[扉，出入り口]
- 扉の開閉に80cm四方の空間がある．
- 扉が開閉する側に1.5m四方の空間がある．
- 段差なし．あっても1cm以内．

[風呂]
- 1.5m×1.5m×2.4mにドア開閉のための80cmとトイレの両側の手すり．
- 床からの高さ43cm以下の小便器．
- 床から43cmから48cmの高さの便器．壁から122cmの距離．
- 手洗いの流しの高さ86cm以下．
- 流しの下，床から74cmの空間．
- 椅子の邪魔になる温水の水道管に断熱材を巻く，または取り除く．
- 鏡の下端と洗剤のディスペンサーは床からの高さ1m以下．
- 蛇口はレバー式またはプッシュ式にする．
- シャワー室は最低90cm四方，また，最低90cm×120cmの床面積．

その他傾斜のカーブ，152cm以内に全てのスイッチなどに届くことができるという表示，また，視覚不自由者のための表示，音声がでて，視覚的にも認知できる煙警報機．

図8.1　使用しやすさのチェックリスト

ちにできないものの2番目のリストとに分ける必要がある．
　開発計画を始めるのは2番目のリストである．表面的に繕うものであるとか，プログラムに基づいたものよりも健康や安全を脅かすものが優先されるべきである．どんな開発計画も自然環境に及ぼす影響について先に行った調査結果を踏まえて検討しなければならないし，キャンプ全体の美観を損なってはいけないし，なるべくなら自然のままを保守するべきものである．こうしたことが背景にあるので，詳細な計画は，必要に応じて構造物の建築家，景観設計家，あるいは技術者の協力を得て作成しなければならない．そうしてはじめて予算を立てたり，完了までの予定表を作成し始める事ができる．キャンプ全体のマスタープランが作成されない限り，どんな手順を踏んだとしても，キャンプの短期計画にすぎない．

維持管理

　直ちに行わなければならない修繕や修理の1番目のリストは維持管理に属し，通常行われている維持管理計画の一部として解決されるべきである．この計画は通常，年間を通じてキャンプ全体の維持管理に携わっている管理人や森林警備官との共同作業で展開されるべきものである．具体的には，

- 団体利用後に行う施設の点検，破損部分の査定と，手入れを要するかどうかの判断．
- 建物の内装・外装の定期的塗装，または保護剤の塗装の予定．
- キャンプが凍結する地域で，凍結防止工事を行っていない場合，排水，水道管のつなぎ目の確認の予定．
- キャンプグランド全体を通じて腐食している部分のチェックや修復，その上で，健全な環境を取り戻すために活動場所，通行場所の変更計画を作成することを含む．
- すべての飲料水・下水の水質検査予定，プールの維持管理，飲料水とプールの定期的な水質検査計画を含む．
- 種々の機械や器具の定期的な洗浄，注油，作動時に動く部分のパーツの点検，煙探知機の作動の確認とフィルター交換等を含む．
- カーテン，窓，手すり，階段，ドック，屋根等の交換や修繕のための定期点検の予定．
- 全電気系統や冷暖房装置の年度点検．

などである．
　洗浄，修理，試運転のために作成した予定は，日付と何をするかの詳細を記述しておくことが望ましい．予定日と実際に点検，交換，修理が行われた日付が記載された維持管理の業務日誌があると，他のスタッフにとっても大いに役立つし，実施されたことをすべて記録して保管することになる．また，予防的な管理は建物や設備の寿命

を延ばし，利用者にとってより魅力的な施設にすることができる．

　この予定表が作成されて日付を書きこむと維持管理に必要なパートタイムまたはフルタイムの助手がどの部分に必要となるか，逆にすでに契約している維持管理サービスの必要性の見直しを判断することができる．ほとんどは管理人や森林警備官が持っているスキルに頼ることになり，どんな助手が必要なのか，どんな教育が必要なのかも決まってくる．

　ディレクターは修理のボランティアを抱える可能性を考えておくべきであろう．もし適当なエネルギーと時間があって，保護者，組織団体，会員，職員から，技術のあるボランティアを募集し，一般的な労働のために参加者からあまりスキルのないボランティアを募集すれば，宿泊キャンプ地での週末の仕事とか，日帰りキャンプ地での平日の仕事であれば，ほとんど経費をかけずにかなりの仕事ができる．チームでプロジェクトを担当して注意深く組織する場合，適当な道具と材料，そして明確に書いた説明書きは，そうしたボランティア経験を成功させるのに必要不可欠である．プロジェクトによっては時間のかかることであったり，週末にしなければならないこともあるし，仕事によっては免許のある人を必要としたり，この方法ではできないこともある．そのような修理期間の食事は，ボランティア自身が食べる物を持参する場合もあるし，キャンプが基本的な食品や供給品を用意することもあるし，キャンプの方ですべての食事を用意することもある．

　スタッフがキャンプ前研修に到着してから洗浄や，小さな修理はやろうと考えがちである．が，ほんの1時間から3時間ほどの時間を使って一つの仕事を完了することによって，スタッフのチームワークづくり，キャンプ地の所有者であるという意識づくりをすることができるという点を別にすれば，折角の研修期間にそのような決まりきった清掃や，維持管理の仕事に時間を割くのはあまり賢いとはいえない．

　スーパーバイザーやボランティア運営委員会がキャンプ地の外にいる場合，施設が必要としていることや業者や利用団体との問題に関する情報を，彼らと定期的に共有し合うことが極めて重要である．こういう状況下では，ディレクターが必要な資金を自由に使って特定の企画を実行したり，建設や場所について最終決定できるわけではない．スーパーバイザーや委員会が報告を受け，キャンプ地全体の問題を理解することによって初めて，ディレクターは予算化されてない資金を用いて問題解決にあたったり，施設拡張を期待することができる．

　キャンプ地をシーズン中だけ借りて使用する場合，その所有者が，こうした管理上の問題に必ずしも責任を持って取り組んでいると想定すべきではない．したがって，賃貸契約書にサインをする時には，施設を注意深く検査し，必要な修理修繕のリストを作成して賃貸借契約書に組み入れるべきである．州や地元の条例や規定，キャンプ組織としての規範に従うことについて，ディレクターと利用団体との間で事前に理解し合うことが重要である．到着前に清掃しておくことについて明確にしておけば，後で問題にならないはずである．契約書にサインする前に，ディレクターは両者の責任

について注意深く理解しておく必要がある．弁護士にチェックしてもらっておくのが賢明であろう．また，キャンプ地利用が近づいたら自ら現地を確認して，未修理項目についてキャンプ地所有者に催促しておくとよい．

　広範囲に渡る維持管理のプログラムにとって必要不可欠なのは，工作機械・器具，設備，車両を収容でき，必要な修理や，代替品を工作するために十分な電気供給が確保できる乾燥した，暖房のある建物である．消耗品や補充ベッド，マットレスその他の道具を収納する倉庫も必要である．スコット・キング氏は，「利用者がまず最初に見るのは施設であり，建物の維持管理状況であり，その周りにある物や車両である．まず，建物の周りを利用者が見たくないものがないかどうか見直してみよう．利用者が到着した時にどんなことを期待しているかという視点で施設の出入り口をみてみよう」[3]と著書に記している．

防寒設備

　伝統的に，キャンプは夏だけ運営されてきたので，建物は水道管の凍結防止対策や，断熱材や暖房なしに建てられてきた．過去30年間で，キャンプは夏の期間だけでなく徐々により長い期間運営されるようになってきた．新しいキャンプ施設は，ほとんど世界的に夏以外の期間の使用に備えて，防寒設備が成されている．

　夏専用の建物を防寒設備のある施設に改造するのは，費用がかさみ，その上不満足な仕事になることがよくある．したがって，そのような防寒対策へのステップを踏み出す前に，どのように利用したいか，どんな利用団体が利用するのかをよく分析する必要がある．他の競合するキャンプや，研修施設などがそのような施設へのニーズを満たしているかどうか注意して検討しよう．この分析によって，このような建物がこれらの利用団体を顧客として惹き付けるかどうか，現在の建物を改造すればいいのか，あるいは新しく防寒設備を完備した施設を建設しても経済的に引き合うかどうかをより適格に判断できる．

　キャンプとしては，近隣の他の競合するキャンプや，研修施設などの利用者ばかりでなく，夏以外に主として利用者となるであろう最寄りの都市からの距離を考慮に入れておくべきである．一年中キャンプを運営することは，利用者数が増えると同時に当然維持管理費および人件費が増え，キャッシュフローが大きくなり，目的やねらいをより広く達成することができ，留保金もできる．しかしながら，利用が伸びず，施設が不適切であれば逆の結果となることも考えられる．冬の利用で，ある程度の経費は増加する．建物は使用していない時でも最低限の温度を保つ必要があり，必要な清掃や維持管理の仕事も増え，燃料費，人件費は上昇する．同時に建物の損耗も激しくなる．利用増加が支出の増大をカバーするかどうかを，事前に慎重に検討してからこうした方向付けを決定するべきであろう．

文書による記録

　書面による計画，記録，報告は重要である．文書の重要性については，リスクマネジメントの章で詳述するが，これまで述べたように，もしキャンプ地がキャンプが所有するもっとも価値ある資産であるなら，その健全な存続を保証するための書類であれば，それほどわずらわしいことではない．これらの書類には以下のものが含まれる：

- 測量者によるキャンプ地の地図．
- キャンプ地の地形図．
- キャンプ地の航空地図．
- 施設やプログラムを行う区域を示した，キャンプ地の図解．
- 全ての電気の配線，水道・ガス配管図，遮断装置，電源切断装置，およびバルブを示したキャンプ地の地図．
- キャンプ地の権利書，および関連する地役権，優先通行権．
- 建物の青写真，あるいは建築設計図．
- 各建造物，その建設日，その後に行われた修理の記録．
- キャンプ地開発のマスタープラン．
- 土地や資源保存管理の報告書．
- 購入日，シリアルナンバー，修理記録を含む機械装置の目録．
- 取扱説明書とメーカーカタログを含む，設備に関する全ての保証情報．
- 日付と作業が終了したことを記載したチェックリストを含む，進行中の維持管理スケジュール．
- 生活用品や細かい備品の目録．

チェックポイント

1. 適切なキャンプ地の地図（地形図，測量図，図解）を持っているか．
2. すべての電気の配線，水道・ガス配管図，遮断装置，電源切断装置，およびバルブを示す全ての現存の建物を表す地図を持っているか．
3. すべての設備の目録を持っているか．
4. 敷地内にある全ての機械装置，全建物（塗装，滑り止め，修理）の維持管理予定表を持っているか．
5. キャンプ地開発のマスタープランを持っているか．もし持っていないなら，そのようなものを作成しようとするか．
6. 全ての建物やプログラムの活動場所を点検して，修理や補正が必要な個所をリストアップしたことがあるか．それらに優先順位をつけてそれらの修理計画を作成したことがあるか．

7. 現在の建物やプログラム用活動区域を1990年制定の障害者法に応じて，どのような改造が必要かを決定する査定が成されたか．

参考文献
1) Salomon, Julian Harris. 1959. Camp Site Development. New York: Girl Scouts of the United States of America. P.29.
2) American Camping Association.1993.Standards for Conference and Retreat Centers.Martinsville,IN:American Camping Association.p.75.
3) King, Scott. "The ABC's of Facilities and Maintenance." Journal of Christian Camping 20:5 September/October, 1988. P. 9.

9章 リスクマネジメント（危機管理）

　リスクマネジメントはキャンプ運営管理のもっとも重要な仕事の一つである．管理運営委員会はディレクターと共同してリスクマネジメントに関する方針を打ち建てなければならないし，ディレクターはスタッフや参加者とともにその方針を実践して行かなければならない．キャンプ体験の質は参加者にとって不当に危険にさらされた程度に比例してひどいものとなる．参加者は，その体験が教えられた通りに行えば安全であるということ，その管理体制，環境条件を信頼して参加することができなければならない．安全に体験させることがキャンプを運営する時の基本的な責任である．法的責任を恐れて，冒険的な，挑戦的な活動をしないという理由には絶対にしない．そういう活動が今日の社会では必要なのだから．

ベティ・ヴァン・デル・スミッセン[1)]

　キャンプは常に参加者の健康や安全について考慮しているが，過去30年間，訴訟を好む風潮の中で，保険業界で生まれた専門用語「リスクマネジメント」が使われ始めた．この用語は，キャンプ生活のどの局面にも起こり得る危険性に，うまく対処しようという概念が含まれている．

　参加者の健康と安全はリスクマネジメントに関する基本であるが，キャンプはリスクマネジメントをおろそかにすることによってキャンプの他のさまざまな面で打撃をこうむることを学んできた．それらはキャンプの評判，スタッフの健康と安全，キャンプ財産の損害，財政上の損失，最終的には将来の世代のための資源としてのキャンプの損害といったことであり，なかにはお金や財産といった有形のものもあるが，評判や公衆の態度といった無形のものもある．

　リスクマネジメントとはキャンプの物理的な，人的な，運営上の，計画上の，財源のリスクから生じる損害を管理するためにそれらをまとめて関連づけたシステムである．それはリスクを取り除くことができない時でも，リスクは管理され最小限にすることができるという姿勢である．キャンプ生活からすべてのリスクを取り除いてしまうと野外で集団生活を行う教育的利点がなくなってしまって，キャンプ体験が無味乾燥な，目的のないものになってしまう．したがって，それらのリスクを事前に明らかにして対処するシステムづくりを行うのである．

　キャンプがリスクに直面する分野とは，一般的に，物理的な資産，人的なこと，忠

誠心や収入に関することに結びついている．物理的な資産とは，火事，洪水，盗難，公共物の破壊汚損行為，保守点検の不備や過失による損害のことをいう．人的なことというのは参加者，スタッフ，または回りの人々の死，障害，虐待（肉体的，精神的，性的，情緒的，または言動的虐待）と個々の所有物の損害を含む．誠実さへのリスクとは，盗難，義務の不履行，管理を誤ったことによる財源の損害を含む．同様に，収入へのリスクとはキャンプを閉鎖するような出来事やキャンプ期間の継続を不可能にするような事，返金を必要としたり，料金の不払いといったものを含む．

　これらすべての分野でキャンプは直接の損害を受けるかもしれないし，訴訟問題に巻き込まれるかもしれない．もちろん，よいリスクマネジメントの目標はいずれのトラブルも避けることである．それでもなお，法人も個人も訴訟に巻き込まれることがある．

　訴訟は今日の社会では珍しいことではないし，どのキャンプも告訴されることを免れない．それを避けるためにはキャンプの運営管理や渉外事務についてのアドバイスだけでなく，法的に都合の良いアドバイスを必要とする．キャンプはキャンププログラムとキャンプ運営に理解のある弁護士に定期的に接触する必要がある．この目標を達成するためにはディレクターが弁護士に一定のオリエンテーションと教育を行うことを必要とする．よいリスクマネジメントプランは，キャンププログラムを妨害することなしに法的に巻き込まれることを避ける方法について弁護士からの助言が必要になるだろう．

　キャンプの弁護士がどんなに有能であったとしても，ディレクターもまた，民法や刑法についての基本的な理解をしている必要がある．もし障害を受けた側がキャンプや個人の過失行為に対する賠償金を請求すれば，個人の場合は刑法上有罪であり得るが，キャンプとしては民法上の責任に巻き込まれる可能性が高い．たとえキャンプに過失がなかったとしてもそのような訴訟は非常に費用がかかる．

　キャンプの訴訟の多くは，契約で保証された法的責任や不法行為の責任に関わる．キャンプは取引先や個人，参加者，保護者，団体，被雇用者との間で口頭であったり，文書を交わしたりしてさまざまな契約を結ぶ．キャンプ料金の返金規定や設備，サービスの購入に関することで，契約上の条件について異議がある場合，告訴することもできる．参加者登録やスタッフの同意書，施設貸し出し同意書のような契約書に使われる用語を決める時には，書く人の考えと法の専門家による厳密な見なおしが必要である．口頭での契約はさらに難しい問題があり，誰が書面に書かれていることを変更できるのか，誰が金銭的な責任を請け合うことができるのかという明確な方針の記述を作っておかなければならない．

　不法行為の責任というのは，契約を通して以外にも人に対する邪悪な行為を意味する．不法行為は故意である場合もあるし，故意ではない場合もある．キャンプは名誉毀損，暴力，プライバシーの侵害のような故意の不法行為は比較的簡単になくすことができる．

しかし，キャンプは過失の申し立てがあるときには故意ではない不法行為も摘発される．その場合は以下のような過失であることの証拠がなければならない．
1. 担当者は障害を受けた人に対する法的責任があった．
2. 担当者は予見できる事故を防ぐための責任を放棄した．
3. その責任の不履行が直接その事故を引き起こした．
4. 不履行が原因の事故から実際の損害があった．

リスクの認識

ディレクターはそれらのリスクを管理する方法を決定する前に考えられる限りのリスクを考慮しておく必要がある．誰が，何を問われるかリスクを種類別に整理する．例えばリスクとは以下を意味する．
●物理的な財産や設備（火事，盗難，破壊汚損）．
●人事上（障害，死，個人の所有物の損害）．
●参加者（障害，死，個人の所有物の損害）．
●組織の財政的安定性．
摘発の種類は，
●プログラム活動（水泳，遠足，懸垂下降）．
●業務運営（契約，納税状況と書類，商標等）．
●自然の危険（有毒な動物・昆虫，雷，山道付近の崖，川の急流）．
●自然災害（洪水，台風，竜巻，地震）．
●設備施設の運営，保守，監督．
●人々の行為（参加者，スタッフ，来訪者，不法侵入者）．
●以前から存在していた医療状態（喘息，てんかん，アレルギーや蜂刺され）．

事故報告や保険報告，保健サービスの記録，あらゆる訴訟の歴史を見なおすと，これらのリスクが発生することから起こる第一次損害がどのくらい頻繁に起こったかを明らかにできる．それらが一番多く起こっているのに注目して分析すべきであろう．その分析は，障害の種類，事故の場所，一日のうちで何時ごろで，一週間のうちの何曜日で，障害を受けた人の年齢，活動の種類，監督者の数などを含む．さまざまな損害がどんなに深刻であるかについても考慮しなければならない．例えば溺死や懸垂下降で頭にケガをしたときの記録がない場合，どちらの損害も告訴を伴う深刻なものになり，また対社会的な関係においてもマイナスイメージになり，長期的に参加者数に影響を及ぼすであろう．そのような非常に深刻な損害に注意を向けて分析すべきであろう．明らかに重複して注意されるリスクはもっとも注意の必要な分野を表す．

リスクの管理

　リスクを管理するたくさんの方法が明らかにされてきた．どの方法がどのリスクに一番ふさわしいかを考えて方法の選択をすべきであろう．リスクマネジメントプランは特定の避けるべきリスク，肩代わりしてもらえるリスク，残しておくべきリスク，減らすべきリスクを明らかにするかもしれない．

　いくつかのリスクはいろいろな方法で避けることができる．キャンプの目標の達成に不要な活動であれば削除することもできる．たとえば誰でもトラックの荷台に乗ることをやめさせることができる．

　キャンプでのリスクの多くは保険契約とか特定の同意書で別の団体に肩代わりしてもらうことができる．大部分の財産の損失や損害の賠償金を保険が肩代わりしてくれる．キャンプの弁護士は一定の行動の責任を参加者や後援団体に転嫁できるような「無害を確保する」ための記述づくりをするかもしれない．リースを利用することはその貸主に一定のリスクを肩代わりしてもらう方法の一つである．

　「権利放棄」か「無害を確保する」かの記述についての法的団体での論争がある．未成年者や未成年者の親は未成年者の権利を放棄することはできない．そのためにキャンプに対する過失容疑行動についてキャンプに対して訴訟を起こすのは何カ月も，時には何年か後に成人してから行うこともある．しかし，言葉を選んで承認書や免責事項を用意することで，保護者に漠然と参加することに同意してもらうよりインフォームドコンセント（前もって起こり得る危険性について十分説明を受けた上で親が与える同意）を得ることができる．未成年者が前もって危険を伴うその活動に参加することを保護者が知っていたことを示すことで権利放棄が成立するということは50州すべての裁判所で受け入れられてきた．免責事項は子どもがケガをした時に保護者が弁護士側の権利回復をするのを助ける効果的なツールである．

　一方成人の参加者による権利放棄はより拘束力があり，裁判での比重が重い．ジョナ・S．ランキン氏は「レクリエーション環境での成人の活動に関しては，その活動にはリスクは付き物であり，レクリエーションサービスの提供者の明確な過失がないということで，免責事項が注意深く書いてあれば，免責事項は支持されるだろう」[2]といっている．

　参加することへの漠然とした承認と免責事項か権利放棄かは考慮しないといけない．署名した承認書は参加者，保護者によるその活動への参加に同意するものである．キャンプへの参加を決める段階で，一般の人にあまり知られていないリスクの性格や危険の可能性を含む活動すべての説明を行うべきである．そしてはじめてキャンプはその活動に参加するという具体的な保護者の承認をもとめるべきである．こうすれば保護者のインフォームドコンセントを得ることができる．

　多くのキャンプが承認書以外に免責事項を必要としている．免責事項に署名することは，参加者，保護者がクレームをしたい相手へのクレームをする権利や要求権を行

承認書

　私の子どもが＿＿＿＿＿＿＿＿＿＿＿＿＿＿キャンプに参加し，その活動はすべて自分の意思で参加するものであり，私の子どもが参加するキャンプのプログラムと活動については十分理解したことを証明します．

　＿＿＿＿＿＿＿＿＿＿＿＿＿＿キャンプでの乗馬，水泳，ロッククライミング，ハイロープコース，懸垂下降，ウィンターチュービングなどのイベントやプログラムには危険が付き物であることを認めます．そして，＿＿＿＿＿＿＿＿＿＿＿＿＿＿キャンプはキャンプ参加者への傷害のリスクを最小限にするための安全対策を行っているが，＿＿＿＿＿＿＿＿＿＿＿＿＿＿キャンプとしては参加者，設備，前提，活動が危険や事故がないということを保証することはできないということを認めます．さらに，キャンプ参加者の安全のためにキャンプの決まりごと，規則，やり方を知って，それにしたがって行動することの重要性について理解し，子どもに指導しています．

図9.1　承認書

使することをあきらめるという行動を示す．親によってはキャンプを告訴する権利を放棄するかもしれない．その親は子どもに対して権利を放棄するわけではない．承認書や免責事項以上にキャンプによっては損害賠償同意書を使って，その参加者にサービスを提供した結果発生したキャンプの費用（法的，医療その他）を弁償することを保護者に要求することもある[3]．

　そのような承認書についてはキャンプの弁護士に相談して作成する必要がある．あるキャンプで使われている承認書の例を図9.1に示す．

　当然，組織は設備貸し出し時に，両者の契約上の責任が明確にされていれば，そのメンバーや参加者のための責任を引きうけることができる．しかし組織から保険の証明書を要求しておけば，同意書類ということで保護手段になる．

　すべてのリスクを避けたり肩代わりさせることができない場合は一定のリスクは残しておくべきかもしれない．すべての物理的な損害を完全に保険でカバーするのはキャンプには費用がかかりすぎるのでいくらかのリスクはキャンプの責任に残しておくことになる．活動の中にはキャンプの使命や目標を達成するのにとても重要なのでなくすことは考えられない活動がある．例えば，溺れることは深刻なリスクかもしれないが，キャンプはすべての水中活動をなくすことはないであろう．

　リスクを残しておくことは運営管理や後援団体による意図的な決定だろう．リスクは明確にし，可能性のある成り行きの筋書きを書き出しておくべきであろう．そしてそのようなリスクがどのような財政的負担を発生させるか概算しておくべきであろう．

　リスクの一部に保険がかけられている場合は，通常，控除免責金額やキャンプが維持しなければならない課税分岐点がある．もしそのようなリスクが現実のことになった場合に使うことのできる準備金や付帯条件付取決め金のようなものを準備しておくべきであろう．保険会社は控除免責金額を超える費用を支払わなければならない．

　キャンプがリスクを残しておく時は，そのリスクの管理はリスクのどの程度を減ら

すことができるか検討しておく．キャンプはいったんどのリスクを取り除くことができるか，避けることができるか，そしてどれを保険などに肩代わりしてもらうかを決めたら，リスクマネジメント計画で，受容できるレベルまで残りのリスクを少しでも減らせるように方針を決定し実践することである．リスクを減らすための計画というのは，リスクを伴うプログラムの前や，プログラムの間に何をしておくことができるかを検討する．

例えば，キャンプの運営管理はあるユニットでの各参加者にある活動を行わせることがそのキャンプ体験における特定の目標を達成するのに重要であると考える場合，活動の前に何段階かのステップを踏むことでそのリスクを減らすことができる．

1. 指導者が申請書に書かれている経験，熟練があり，キャンプ参加者の層を対象として仕事をする能力があることを証明するものに基づいて選ばれている．
2. プレキャンプ研修の間にリーダーのスキルをテストする．
3. 活動の運営上の手続きを具体的に書いたものはすべてのスタッフのトレーニングの基礎として使われる．
4. 参加者はしかるべきトレーニングをうけ，その活動に参加するために必要なスキルのテストをうける．リーダーは疲労，競争の過熱，ストレス，その他安全な状況を妨げるようなリスクの要素をもたらすような徴候をいちはやく見ぬくように訓練する．
5. その活動に適した安全な設備が用意されている．
6. 活動が行われる場所が自然災害などの危険の可能性がないかどうか，またはその他の活動やイベントからの邪魔が入らないかどうか検討する．
7. 行き届いた監督を保証できる参加者数に対するリーダーの数の割合を設定し実践する．
8. リーダーは活動に参加する中で起こりうる緊急事態への明確なアクションプランを実践するための研修を受ける．
9. 安全規定は参加以前に準備することを含む運営の手順を文書にし，それに従う．

それから，活動の行われている間のリスクを減らすために次のステップを踏むことが必要である．

1. 常時一人以上のリーダーが監督する．
2. 活動には参加者は活動にふさわしい服装と装備が必要である．
3. 運営の過程で，安全ではない実践を行ったり，基準に反する行為を見つけたら，ただちに中止する．

過去何年もキャンプの訴訟の焦点は活動の監督，活動が指揮される方法，活動に関わる施設や施設の状態，利用できる状態に集中してきている．このことから判断して，プログラム活動を慎重に検討することができる．どの焦点もキャンプ運営者による明確な方針の設定とその方針が常に実践されているかどうかの定期的な監督を必要とする．裁判所はキャンプスタッフに「理性的で思慮深いプロフェッショナル」としての

責任の水準を守らせ，スタッフの採用，研修，監督が過失の主張をさせないために大事であるとしている．そのようなステップを踏むことが大事であるだけでなく，スタッフの採用，研修，監督時に誤りがなかったことを証明する書類も必要である．

さらに，明確な方針がすべてのスタッフの手元にあることが必要である．すべての方針や手順を整理したノートを用意し，常に意識させて年間反省に利用する方法がたぶん一番よい方法だろう．告訴された時にオリエンテーションや研修時に利用したことを証明できる文書以上に身を守ることのできる手段はない．

しかし，すべてを書けるものではない．例えば，活動を監督する方針を文書にしたものがあるかもしれないが，特定の時間と場所で実際に監督をしたかどうかを証明するものではない．問題となるリスクが重大な場合，少なくとも二人以上のスタッフが監督することで互いに監督をしていたことを証明することができる．

事故の処理

　計画がリスクを少なくするためにどんなにうまく実践したとしても事故は起こる．事故が起きたときにどんな行動をとったかは，事故の前に予防策を講じていたことと同様に大切である．事故が起きたときにできるだけのステップを踏むことを前もって明確にしておくべきだろう．指導者は以下の点をカバーできるように研修，指導を受ける．
- 事故に巻き込まれた人をケガをした人もしなかった人も直ちに手当てする．
- できるだけ早く上司，または指定された人に連絡をする．
- 必要であれば外部の援助を確保する．
- 事故の報告を書面にし，できるだけ多くの事実を書く．
- 深刻な事態であれば，キャンプ外部の機関（自治体の機関，参加者の両親，キャンプの事務管理本部）の担当者に連絡する．

事故によっては緊急を要するし，事故によっては急を要しないものもある．急を要しないものであったとしても上記のステップを踏むことは同様に大切である．しかし，緊急を要するものであっても，例えば，引火したとか，竜巻とか，医療を必要とするケガだとかあらかじめ検討しておくことがある．それぞれの場合について，
- 手順を文書にし，各種専門家に相談して書き直し，スタッフに渡す．
- スタッフのトレーニングの間に手順を実際に基づいて練習する．
- 緊急電話番号，連絡先を水泳の場所，管理棟，キッチン，事務室など，重要な場所に貼っておく．
- 救急法の基礎・心肺機能蘇生術のトレーニングを受けたスタッフを緊急事態が起こりそうな場所に配置する．

肉体的な障害に対する救急法だけでなく緊急事態がもたらすストレスにどう対処するかについても考えなければならない．一般的なストレスについてはスタッフトレー

ニングの間に議論しておく．ことに参加者が子どもの場合，ストレスが事故を誘発するところがどんなところなのか，いったん事故が進行しているときのストレスがどのように顕著になり，それにふさわしい対応の仕方，といった精神的情緒的な徴候をスタッフが理解するのを助けなければならない．

虐待の可能性があった場合，第一に守らなければならないのは参加者の福祉である．したがって，訴えられたスタッフは担当をはずされ，ベテランのスタッフが代わってグループを担当しなければならない．訴えがあったからというだけで，そのスタッフが虐待をしたと決め付けるわけではないというガイドラインを最初から全スタッフに明言しておくべきだろう．しかしながら，参加者とスタッフとキャンプを保護するために，その訴えを受けたスタッフを参加者のグループから隔離したほうがよいだろう．

報告書を書く前にその訴えと状況を明確に理解したことを確信しなければならない．渦中にいた子どもとその証人となる子ども達から，問いただすのではなく，事情を聞くことが大切である．子どもに何かを尋ねる時は声を抑えたまま，他の人の立会いのもとで行わなければならない．子どもの情緒的なストレスを和らげる配慮をしなければいけない．虐待があったかどうかを決めるのはあなたの責務ではないということを覚えておかなくてはならない．それは教育を受けた専門家の責務である．もしある種の肉体的，情緒的，性的虐待をほのめかすものや訴えがあったら，当該機関に知らせるべきであろう．虐待の申し立てを報告することは50州で義務付けられている．ただしその手続きについては州によって異なる．報告の仕方についての詳細はすでに決定していて簡単に入手できる[4]．

この点からディレクターの役割は，子どもの保護者との話し合いや，そのスタッフと参加者，キャンプのオーナー，その時の他の参加者の保護者との関係の調整を行うなど，その事件の衝撃をコントロールすることであろう．法的な助言は，生活グループや，キャンプ全体の他の参加者の保護者や，メディアへの話し合いの中で必要になるであろう．この点で，そのような事件があったときにディレクターが慎重に，論理的にどのように行動し，どのように受け答えをするかについて文書にしておくと非常に役立つ．

規　則

どんなリスクマネジメントもキャンプ運営を支配する法律や規則を慎重に考慮することなしには完全なものにはならない．これらの法律や規則は，連邦，州，郡のものなどがあり，連邦法以外は州によって異なる．

第一のステップは，それらの規則の写しを手に入れることである．キャンプの中で誰もこうした規則について精通している人がいない場合はディレクターは他のキャンプのディレクター，アメリカキャンプ協会（ACA），国際キリスト教キャンプ連盟（ICC）の事務所やスタッフに問い合わせてみたほうがよい．保健局や社会奉仕課，

米国安全衛生局は，どのように健康記録を保存して，スタッフにどんなトレーニングが義務付けられているかといったキャンプに関わる規則を扱っていることが多い．州によっては運営をするための許可や免許を必要としているし，州によっては州や郡の担当者による視察を必要とすることもあるし，必要としない州もある．規則は火災，水，公害，自然資源，建築法，衛生などについての法域もキャンプに適用されるだろう．州によってはキャンプに影響する規則を統合したものを「キャンプ安全法」としてまとめている．でもほとんどの州ではキャンプに影響する複数の規則があり，保健，労働，福祉事業，農業，教育に至るものがある．

　もし，規則を検討した後で，ディレクターがそれはキャンプでは規則に従うことが難しい時や規則が明確でない時には，当該機関の担当者に電話をして面会の約束をするべきだろう．当該機関の事務官の役割はディレクターに，どのようにしたら規則に従うことができるかを教え，問題の状況に何らかの援助をすることである．視察にはどんなパターンがあるのか知っておくことが賢明である．担当部局によってはキャンプ開業前，開業中，ならびに1年毎とか2年毎に定期的に視察を行っている．

　ホームオフィスや親組織と違う州に実際のキャンプ地がある場合，どちらの州の規則も検討しなければならない．キャンプ地が属している州や行政単位では保健，衛生，車両，防火，公害管理の法に関わり，ホームオフィスや法人組織の所属する州では給与支払い，雇用習慣，税法などの主要な法域に関わってくる．

記録の保存

　ディレクターの果たす機能のひとつとして，キャンプ運営の全体の正確な記録が保存されていることを確認することがある．ディレクターはこれを一人で行うことはできないが，ディレクターはどんな種類の記録が保管されているか，誰が保管するか，どこにどのくらいの期間保管されるのかを明確にしておくことが重要である．

　記録を残す目的は，以下の通りである．
- 何を，いつ，どうして行われたかを示す足跡をたどることのできる記録を提供する．
- 現在のキャンプの財務状況についての情報を提供する．
- 効率的な業務と経費，保健，安全と効率を分析するための情報を提供する．
- 運営が地域，州，連邦の規則とアメリカキャンプ協会（ACA）の水準にしたがっていることを示す．
- 訴訟が起きたときに証拠として利用して自衛する．
- キャンプの歴史を保存する．

　必要とされる特定の記録や情報があり，一定期間にどんな重要なイベントや行事が行われたかを知ることができそれに従うことができる．この過程で賢明なディレクターはキャンプの歴史を調べ，書類が不備であれば，以前からいる人を見つけて手伝っ

てもらってすすめることができるだろう

　ディレクターは注意深く，あらゆる記録の保存と情報の収集をする．多くのキャンプの孤立した環境はキャンプが参加者とスタッフに対する主要な保健医療の提供者であるということである．最善の保健医療を提供するためにはキャンプは各参加者とスタッフの健康について（健康経歴，投薬，アレルギー）の情報を集め，担当スタッフに留意事項を伝える．例えば，宿泊カウンセラーと調理員は食物アレルギーについて知らされているべきであり，宿泊カウンセラーは保健センターで医療を受ける必要のある参加者について知っておくべきだろう．プログラムスタッフは誰が喘息その他であるか知っておくべきであろう．

　この情報を収集することは保護者とスタッフが情報を提供することの重要さを理解していない場合難しいことがある．保健票は参加者の登録票とは別であるが，この情報を収集する過程は登録時に行われるべきである．この情報を書きこむ様式は保護者とスタッフにあらかじめ郵送されるべきであり，この情報が重要であるという説明を添えておくべきであろう．添付資料Cはアメリカンキャンプ協会（ACA）で作成した健康経歴と健康診断の例である．

　参加者とスタッフの健康経歴について集めた情報は個人への保健医療を提供するために正確で役に立つ情報を提供するためだけに用いられるのであり，参加者としてあるいはスタッフとしての資格を剥奪するために用いるのではない．事実，アメリカ障害者法に定められている規則により，スタッフの健康情報については採用が決定してからキャンプを開始する前までに提出することを定められている．

　ほとんどの人の健康経歴は秘密事項として管理され，その中の一部はキャンプ側でも知る必要のないことである．例えば，個人がHIV感染者であることを知ったからといってキャンプで行われる保健医療が変わるわけではない．なぜなら保健医療機能を果たすスタッフはそうした血液から感染する病気の感染からスタッフを保護するための普遍的な予防措置をする訓練を受けているべきだからである．さらに，アメリカ障害者法の施行により，HIV陽性の判定があったからといってそれが原因で参加を拒否することはできない．

　さらに，参加者やスタッフがキャンプにいる間に受けた保健医療は記録されなければならない．さまざまな規則が健康の記録に影響するしキャンプで受けた保健医療を受けつづけるさまざまな方法がある．アメリカキャンプ協会のスタンダードと米国安全衛生局は保健医療記録と医療記録をスタッフの保健医療記録と別に保管することを義務付けている．その他の連邦法によりスタッフの保健医療情報は他の人事情報とは別に保管することを義務付けている．

　報告書がすべての事故や偶発事件について作成され，同じ形式の情報が事故や偶発事件が起きるたびに記録されることが重要である．「偶発事件」というのは事故ではなく，後になって問題が生じた時に記録がないといけないという重要な意味を持つものである．問題は情緒的なストレス，申し立てられたいじめ，外部からの侵入者に関

連することなどである．どんな形式もすべての偶発事件に対処できるものではないが，証人と，日付と，予防措置を行ったことと，行った対応策，なんらかの具体的な結果を記述しておけば十分であろう．

　アメリカキャンプ協会は事故，偶発事件の報告書式を作成した（図9.2参照）．そのような報告書は保険請求に関わる時には添付されるし，ケガや病気の治療のすべての記録とともにケガをした人が成人に達して2年経つまで（またはキャンプが位置している州の定めている期間）は保存しておく．ケガや病気の記録の保存については13章で触れる．子どもが成人年齢に達してから2年経つまでに訴訟を起こすかもしれないことを鑑みて，キャンプ参加時に未成年の子ども（例えば7歳の子ども）が訴訟を起こすのに13年間あるのでその事故に関与した参加者に関するすべての記録（健康記録，事故報告，登録書，保護者の許可，保険加入記録，証人など）を13年間保存しておくことが賢明である．記録保存についてはさらに15章で触れる．

　ケガや事件の記録をすることは最初のステップである．これらの記録の重要な使い方はディレクターや保健のマネジャーがケガの種類の深刻さやケガをする頻度，ケガをした場所を分析する時である．参加者の保健の記録（13章参照），事故・偶発事件報告，保険請求など，ディレクターはシーズンが終わる時に表にして分析する必要のあるデータの明確な資料をとっておく．何シーズンかを終えてそのようなデータを比較するとリスクマネジメントプランの作成に非常に役に立つ．

　アメリカ安全衛生局（OSHA）の規則では被雇用者のケガについての記録を義務付けている．その書式は州のOSHA事務所にある．さらに一定の情報（OSHAに印刷物がある）をすべての従業員が見える場所に掲示しておくことが義務付けられている．従業員保護のためのOSHAの規則はキャンプにも適用される．例えば，特定の条件下でのヘルメット使用，建築法，はしごの種類，重要安全データ用紙の掲示などである．

　特に税金，失業手当，従業員の報酬の記録に関しては，法律によって，州によって，限定する期間が異なるさまざまな法規がある．したがって，ディレクターは記録の保存について注意深く考慮すべきであり，法的な助言を得るべきである．組織やキャンプの記録の保存についての方針は法律，根拠のルール，起こりうるリスクに基づいて作っていくべきである．そのような政策を文書にしておくべきである．多くの場合，記録はマイクロフィルム化して，法的記録として保存するが，これは州の規定に合わせて弁護士に相談して確認する必要がある．

認　可

　外部団体による認可は国中の学校から病院に至るまでのあらゆる機関において計り知れないほど貴重なステップであることを証明してきている．この分野で健康と安全に関して専門家の水準に達することや最新の情報の水準に達することはキャンプにと

事故/偶発事件報告書

アメリカキャンプ協会（ACA）作成
（一件につき一枚または一人につき一枚）

キャンプ名＿＿＿＿＿＿＿＿＿＿＿＿＿＿＿＿＿＿＿＿＿＿＿＿＿＿＿＿日付＿＿＿＿＿＿＿
住所＿＿＿＿＿＿＿＿＿＿＿＿＿＿＿＿＿＿＿＿＿＿＿＿＿＿＿＿＿＿＿＿＿＿＿＿＿＿＿
当事者氏名＿＿＿＿＿＿＿＿＿＿＿＿＿＿年齢＿＿＿＿性別＿＿＿＿□参加者　□スタッフ　□来訪者
保護者氏名（未成年の場合）＿＿＿＿＿＿＿＿＿＿＿＿＿＿＿＿＿＿＿＿＿＿＿＿＿＿＿
住所＿＿＿＿＿＿＿＿＿＿＿＿＿＿＿＿＿＿＿＿＿＿＿＿＿＿＿＿＿＿＿＿＿＿＿＿＿＿＿
証人の氏名住所
1.＿＿＿＿＿＿＿＿＿＿＿＿＿＿＿＿＿＿＿＿＿＿＿＿＿＿＿＿＿＿＿＿＿＿＿＿＿＿＿
2.＿＿＿＿＿＿＿＿＿＿＿＿＿＿＿＿＿＿＿＿＿＿＿＿＿＿＿＿＿＿＿＿＿＿＿＿＿＿＿
3.＿＿＿＿＿＿＿＿＿＿＿＿＿＿＿＿＿＿＿＿＿＿＿＿＿＿＿＿＿＿＿＿＿＿＿＿＿＿＿
事件の種類　　　　□行動　□事故　□伝染病　□その他（具体的に）
事故・事件の日付＿＿＿＿＿＿＿＿＿＿＿＿＿＿時刻＿＿＿＿＿＿＿＿＿＿□午前　□午後
その（ケガをした）人がその時何をやっていたかを含めて一連の行動を詳しく記述しなさい＿＿＿＿
＿＿＿＿＿＿＿＿＿＿＿＿＿＿＿＿＿＿＿＿＿＿＿＿＿＿＿＿＿＿＿＿＿＿＿＿＿＿＿
＿＿＿＿＿＿＿＿＿＿＿＿＿＿＿＿＿＿＿＿＿＿＿＿＿＿＿＿＿＿＿＿＿＿＿＿＿＿＿
＿＿＿＿＿＿＿＿＿＿＿＿＿＿＿＿＿＿＿＿＿＿＿＿＿＿＿＿＿＿＿＿＿＿＿＿＿＿＿
＿＿＿＿＿＿＿＿＿＿＿＿＿＿＿＿＿＿＿＿＿＿＿＿＿＿＿＿＿＿＿＿＿＿＿＿＿＿＿
どこで起こったか？（ケガをした人と証人の場所を特定しなさい．配置図を描いて示しなさい）

ケガをした人はケガをした時，活動に参加していましたか？　□はい　□いいえ
参加していたのはどんな活動ですか？＿＿＿＿＿＿＿＿＿＿＿＿＿＿＿＿＿＿＿＿＿＿
事故は何かの装備が原因ですか？　□はい　□いいえ
はいの場合，何の装備が原因ですか？＿＿＿＿＿＿＿＿＿＿＿＿＿＿＿＿＿＿＿＿＿＿
ケガをした人はケガをしないためにどんなことができたと思いますか？＿＿＿＿＿＿＿
＿＿＿＿＿＿＿＿＿＿＿＿＿＿＿＿＿＿＿＿＿＿＿＿＿＿＿＿＿＿＿＿＿＿＿＿＿＿＿
事故・事件の時，緊急事態手順に従いましたか？＿＿＿＿＿＿＿＿＿＿＿＿＿＿＿＿＿
＿＿＿＿＿＿＿＿＿＿＿＿＿＿＿＿＿＿＿＿＿＿＿＿＿＿＿＿＿＿＿＿＿＿＿＿＿＿＿
＿＿＿＿＿＿＿＿＿＿＿＿＿＿＿＿＿＿＿＿＿＿＿＿＿＿＿＿＿＿＿＿＿＿＿＿＿＿＿
記述者＿＿＿＿＿＿＿＿＿＿＿＿＿＿＿＿＿＿＿＿＿＿＿＿＿＿＿＿＿＿＿＿＿＿＿＿
提出者＿＿＿＿＿＿＿＿＿＿＿＿＿＿＿＿＿＿職種＿＿＿＿＿＿＿＿日付＿＿＿＿＿＿＿

Copyright 1983 by AmericanCamping Association, Inc.　Revised 1990, 1992.

図9.2　事故/偶発事件報告書

```
事故の医療報告書
保護者には知らせましたか？　□はい　□いいえ　　□文書で　□電話で　□その他＿＿＿＿＿
誰が知らせましたか？＿＿＿＿＿＿＿＿＿＿＿＿＿職種＿＿＿＿＿＿＿＿日時＿＿＿＿＿＿＿＿
保護者の返事＿＿＿＿＿＿＿＿＿＿＿＿＿＿＿＿＿＿＿＿＿＿＿＿＿＿＿＿＿＿＿＿＿＿＿＿＿
＿＿＿＿＿＿＿＿＿＿＿＿＿＿＿＿＿＿＿＿＿＿＿＿＿＿＿＿＿＿＿＿＿＿＿＿＿＿＿＿＿＿＿

どこで治療しましたか？　□事故現場　□キャンプの保健サービス　□医院　□病院
キャンプで治療をした場合，どこで？＿＿＿＿＿＿＿＿＿＿＿＿＿＿＿＿＿＿＿＿＿＿＿＿
治療者＿＿＿＿＿＿＿＿＿＿＿＿＿＿＿＿＿＿＿＿＿＿＿＿＿日時＿＿＿＿＿＿＿＿＿＿＿＿
治療の内容＿＿＿＿＿＿＿＿＿＿＿＿＿＿＿＿＿＿＿＿＿＿＿＿＿＿＿＿＿＿＿＿＿＿＿＿＿
ケガ人はキャンプの保健サービスに宿泊しましたか？　□はい　□いいえ　した場合何時＿＿＿
治療の内容＿＿＿＿＿＿＿＿＿＿＿＿＿＿＿＿＿＿＿＿＿＿＿＿＿＿＿＿＿＿＿＿＿＿＿＿＿
治療者＿＿＿＿＿＿＿＿＿＿＿＿＿＿＿＿＿＿＿＿＿＿＿＿＿職種＿＿＿＿＿＿＿＿＿＿＿＿
保健サービスを出た日＿＿＿＿＿＿＿＿＿＿＿＿
どこへ行ったのですか？　□キャンプの活動　□自宅　□その他＿＿＿＿＿＿＿＿＿＿＿＿
キャンプ以外で治療を受けましたか？　□はい　□いいえ　どこで？＿＿＿＿＿＿＿＿＿＿
治療者＿＿＿＿＿＿＿＿＿＿＿＿＿＿＿＿＿＿＿＿＿＿＿＿＿日時＿＿＿＿＿＿＿＿＿＿＿＿
ケガ人は病院で宿泊しましたか？　□はい　□いいえ　した場合どちらで？＿＿＿＿＿＿＿
どこで？＿＿＿＿＿＿＿＿＿＿＿＿＿＿＿＿＿日時＿＿＿＿＿＿＿　□外来患者　□入院患者
治療にあたった医師の氏名＿＿＿＿＿＿＿＿＿＿＿＿＿＿＿＿＿＿＿＿＿＿＿＿＿＿＿＿＿
退院した日＿＿＿＿＿＿＿＿＿＿＿＿＿＿
退院して帰った場所　□キャンプ　□保健サービス　□自宅　□その他＿＿＿＿＿＿＿＿＿
コメント＿＿＿＿＿＿＿＿＿＿＿＿＿＿＿＿＿＿＿＿＿＿＿＿＿＿＿＿＿＿＿＿＿＿＿＿＿＿
＿＿＿＿＿＿＿＿＿＿＿＿＿＿＿＿＿＿＿＿＿＿＿＿＿＿＿＿＿＿＿＿＿＿＿＿＿＿＿＿＿＿＿
＿＿＿＿＿＿＿＿＿＿＿＿＿＿＿＿＿＿＿＿＿＿＿＿＿＿＿＿＿＿＿＿＿＿＿＿＿＿＿＿＿＿＿

知らせた人（キャンプのオーナーとか後援者とか評議会など）
　　　氏名　　　　　　　　　　職種　　　　　　　　　　日時
＿＿＿＿＿＿＿＿＿＿＿＿＿　＿＿＿＿＿＿＿＿＿＿＿＿　＿＿＿＿＿＿＿＿＿＿＿
＿＿＿＿＿＿＿＿＿＿＿＿＿　＿＿＿＿＿＿＿＿＿＿＿＿　＿＿＿＿＿＿＿＿＿＿＿

この状況について連絡をとったメディア＿＿＿＿＿＿＿＿＿＿＿＿＿＿＿＿＿＿＿＿＿＿＿
＿＿＿＿＿＿＿＿＿＿＿＿＿＿＿＿＿＿＿＿＿＿＿＿＿＿＿＿＿＿＿＿＿＿＿＿＿＿＿＿＿＿＿

**署保険の届け出**＿＿＿＿＿＿＿＿＿＿＿＿＿職種＿＿＿＿＿＿＿日付＿＿＿＿＿＿＿

　　　　　　　　　　　　　　　　　　　　　　　　　　　　　　日付
1. □保護者の保険　　　□保護者個人で加入　□キャンプで加入　＿＿＿＿＿＿＿＿＿
2. □キャンプの健康保険　　　　　　　　　　　　　　　　　　　＿＿＿＿＿＿＿＿＿
3. □労働保険　　　　　　　　　　　　　　　　　　　　　　　　＿＿＿＿＿＿＿＿＿
4. □キャンプの賠償保険　　　　　　　　　　　　　　　　　　　＿＿＿＿＿＿＿＿＿
```

図9.2　事故/偶発事件報告書（つづき）

って有効である．外部団体がやってきてあらゆる面からその運営を検討した事実は運営管理者にとってのチェックポイントを提供するばかりでなく，万が一訴訟が起きた時にも裏づけを提供してくれることになる．

アメリカキャンプ協会（ACA）はあらゆるキャンプや研修センターのために独立した認可プログラム持つ唯一の国家機関である．長い時間をかけてリサーチを行い，野外での基準を作り上げ，継続してこの基準を最新の情勢に合うように更新し，裁判所や行政機関にも利用されており，評判がよい．

基準の90％はリスクマネジメントに関連しており，その基準に関連する文書業務はこの章で提供してきた多くの提案を満足させる．アメリカキャンプ協会の各地の窓口では毎年，その基準や，認可するための訪問に必要とされる準備にはどんなものがあるかについて開設するコースを設けている．

キャンプがリスクマネジメントプラニングのためにするもっとも効果的なステップはアメリカキャンプ協会の認可を得ることであり，毎年すべての手順と方針に更新していくことである．もちろん，キャンプが認可を受けるための訪問の後でその基準を守り続ける時にだけこのステップは効果的である．

チェックポイント

1. あなたのキャンプはどこの州のどこの郡の規則を適用されるのか．
2. あなたのキャンプに存在するリスクを最も頻繁に起こりそうなものやもっともリスクが大きいものから順にリストアップしなさい．
3. そのリストの中でどのリスクが避けられるか，どのリスクが肩代わりしてもらえるか検討しなさい．
4. あなたのリストのすべてのリスクについてリスクを減らすためのステップを書き出しなさい．
5. あなたのキャンプは認可されているか，あるいは認可されるためにどんなことが必要だか調べたことがありますか．
6. あなたの情報の収集と記録保存の計画はどうなっていますか．

参考文献
1) van der Smissen,Betty.Forword.1983.Management of Risks and Emergencies:A Workbook for Program Administrators.Kansas City,MO:Camp Fire,Inc.p.v.
2) Rankin,Janna s."Waivers." Camping Magazine 58:3 January,1986.p.24.
3) Scanlin,Marge and Smikle,Richard."Reviewed Your Permission From Lately?" CampLine 3:2 October,1994.pp.3-4.
4) Johnson,Becca Cowan.1992.For Their Sake.Martinsville,IN:American Camping Association.p.68.

10章 スタッフのオリエンテーションとトレーニング

　ディレクターは，スタッフに仕事のノウハウを身につけさせ，全体がチームとして動けるようにする．それはディレクターが労力を惜しまずにしっかりと計画を立て，取り組むべき仕事である．

キャスリーン・T. ハメット[1)]

　スタッフのトレーニングは，夏に向けて望ましい環境と雰囲気を作り出すためディレクターにとって，もっとも難しく，同時にもっとも大切な職務であろう．スタッフのトレーニングは次の三つに分類される．
- オリエンテーション：雇用契約にサインをしてから，キャンプ地にスタッフメンバーとして到着するまでの期間．
- プレキャンプトレーニング：参加者の到着まで現地においてなされる強化合宿．
- キャンプシーズン：キャンプ中のスーパーバイザーの会議，日常の問題解決，および仕事を進めながらトレーニングを行うスタッフミーティング．

オリエンテーション

　スタッフの仕事は面接から始まる．キャンプ共同体の中における相互作用が，キャンプのねらいを達成するかどうかに大きく関わってくる．スタッフが，キャンプ特有の性格を理解することは重要である．面接時や諸連絡の中でスタッフに与えられる情報は，職務についてのみではなく，生活条件，輸送手段，キャンプ運営の哲学や，スタッフ同士の関係などについても触れておく．

　スタッフを募集してから面接を行う間，応募者が採用されるかという思いと，ディレクターの応募者に対する関心事があまりにも強く，キャンプ生活の詳細については後回しとなる．したがって，面接時に説明したからといって，また，資料に詳しく説明をしたからといってそれをあてにすることはできない．トレーニング終了後に，スタッフがそのキャンプは自分には向かないとやめた場合，その欠員はディレクターにとって深刻な問題となる．キャンプはスタッフの求人をしてからキャンプを実際に開始するまでの時間が長いので，応募者が再考したり，他の仕事に応募する時間を与えてしまう．こうした問題もあるし，土壇場で欠員が出る可能性もあるので，スタッフ

を採用してから補足的なオリエンテーションに参加するまでの時間の使い方がより重要となる．

スタッフ達が半径160km以内から来ている場合，全国からスタッフが集まるキャンプでは通常できないが，何回もオリエンテーションの取り組みを行うことが可能である．この場合，春に2，3回の会合を持ち，新しいスタッフが前任のスタッフに会う機会を作り，人間関係を築き形式ばらないオリエンテーションを計画することができる．地域の公務員や能力ある人材は，通常長距離の移動は困難だし，長期間のプレキャンプトレーニングに参加することは困難だが，そのようなミーティングでの説明を聞き応募してくることは珍しくない．

週末のウィンタースポーツや春の週末キャンプ，デイキャンプは，新しいスタッフにキャンプ施設などに対するオリエンテーションの機会を与え，先輩スタッフと出合ったり，キャンプでの生活を経験させることができる．こうした機会に，ディレクターが新しいスタッフの様子を見ることができ，スタッフトレーニングでどんなことを研修したらよいかという判断材料をも提供する．

アメリカキャンプ協会（ACA）や国際キリスト教キャンプ連盟（ICC）の地域での春の集会は，新しく雇われたキャンプスタッフに興味あるワークショップを提供する．そうしたワークショップを上手に利用できるだけでなく，このようなミーティングは地元の他のキャンプスタッフとの交流の機会をも与えることになる．そのような交流がキャンプという職業観に広い見識を与え，そのような関わりをもったスタッフは，その夏だけでなく長期にわたりキャンプに深く関わることになる．多くのディレクターは，上記の2つの組織の内，一つかあるいは両方のメンバーであることが望まれ，スタッフがワークショップやその団体への入会金をキャンプが負担することもある．

スタッフが広域から採用されるキャンプの場合，オリエンテーションはディレクターからの指示や印刷物，1回限りの訪問に頼らざるを得なくなる．ニュースレターを頻繁に出すことで，スタッフの興味を刺激し，他のスタッフの名前を覚えてもらったり，キャンプの特徴などに慣れさせることができる．さらに，スタッフマニュアルはオリエンテーションとしての価値を持ち，トレーニングの教材として役立つと同時に，方針や手順を説明する運営管理上の道具として役立つものである．長い時間をかけて，中心となるスタッフの協力を得て，定期的に改訂することで常に最善のスタッフマニュアルを準備して行くことができる．スタッフマニュアルは以下の内容を含む．

- ● キャンプの歴史．
- ● キャンプの目的，目標とねらい．
- ● キャンプ地の地図．
- ● スタッフの組織図．
- ● 個々の職務記述書．
- ● 人事の方針．
- ● その他の方針，および運営手順．

- 運営組織の説明（サービス提供機関，教会，団体）．
- スタッフの持ち物リスト．
- 有用な資料の図書目録．
- 一般的なキャンプカウンセリングの秘訣．
- 非常時における対応の仕方（例：参加者がいなくなった場合や自然災害など）．

　スタッフオリエンテーションのために，プログラムやキャンプカウンセリング哲学の本を3，4冊回し読みさせるディレクターもいる．回し読みするべきスタッフすべての宛名ラベルを同封して一人のスタッフに送り，一人が読み終わったら次のスタッフに郵送させる．スタッフトレーニング中に個々に発表をさせるよう一部を宿題として出すのもよい．

　キャンプ前に新しいスタッフに送られる情報は，できるだけ内容が濃く，重要な個所は強調されていることが大切である．スタッフが先生であったり，学生である場合は，本業の学校の勉強に時間をとられるので，キャンプの準備には限られた時間しか使えないことは十分考えられる．したがってディレクターは慎重に資料を選び，スタッフが回し読みするための十分な時間配分をしなければならない．

　オリエンテーションは，レジデントキャンプと同様，デイキャンプにおいても重要である．デイキャンプのスタッフは同じ地域から来る場合が多いので，週末に，スタッフトレーニングに先んじて1，2回のスタッフ会議を行うと，どのくらいのオリエンテーションの時間が必要かわかる．

　スタッフがキャンプについての情報をできるだけ早く受け取れるよう，ディレクターは前もって計画することが重要である．学生の場合，書式を余裕を持って早く受け取ることができれば，健康診断に関しては学校の保健医療サービス担当者を利用できる．採用後，すぐに必要な衣類や道具のリストを与えれば，スタッフはじっくりと買い物をすることができる．スタッフに送られるべきその他の情報としては，キャンプに到着すべき日時，利用できる交通機関，キャンプ地の電話番号および住所，そしてキャンプへの道順である．

　新しいスタッフが，経験者であれ，新しいキャンプ地，新しいキャンプ集団，そして新しい雇い主に関して，かなりの不安を覚えるであろう．ディレクターはこの不安を軽減させ，新規採用者が自分の仕事に自信を持てるようあらゆる手助けをすることが，彼らがはじめから自信を持って動けることにつながる．

プレキャンプ・トレーニング

　プレキャンプのトレーニング・プログラムは，スタッフを育成するもっとも効果的なものである．基本的にその目的は，個々の技能や仕事に必要な能力を開発し，キャンプの最終目標を達成するため，スタッフを機能的チームに仕立て上げることにある．また，プレキャンプ・セッションは自己評価と，成長の機会を提供するものである．

成果の上がるスタッフ・トレーニングを計画するためには，ディレクターは早い時期に，可能なトピックや活動を書き出し，前年のトレーニングの反省の提案を見当すべきである．できうるならば，計画立案にはその年のプログラム・スタッフを加えた方が良いし，経験のあるカウンセラーが一人か二人加わればなおよい．計画を始める時点で，考慮すべき要素が数多くある．

- トレーニングは，通常カウンセラーを中心に行われる．カウンセラーは，スタッフの中でも一番人数も多く，直接参加者に接し，キャンプの目標とねらいを実行する責任を主として負っているので，トレーニングはたいてい彼らを中心にして行われる．難しい面があるとすれば，この団体を構成する個々の年齢や経験の無さから，そのような目標やねらいを毎日の活動にどのように反映させたらよいか途方にくれてしまうかもしれない点である．そこでディレクターの仕事は，彼らにキャンプのねらいとそれを達成するための方法と運営方針との間の関連性をはっきり説明する必要がある．そのような理解が，プレキャンプ・トレーニングで得られる事が望ましい．

- スタッフは異なる環境から集まってくる．他のキャンプを経験してそれと比較しがちな人たちが多く参加する一方で，キャンプ生活を経験したことのない人達もいる．キャンプ地からは遠く離れた地域から来て，その地域の自然環境やその他のことがらに対する知識がなく不慣れな人もいる．スタッフの多くは大学生であるので，彼らはいろいろなタイプの理論的技術を学ばせられるだろうが，学生生活を超えた世界での現実や理論を突きつけられる事には多少の抵抗があるかもしれない．キャンプ環境の中でまで知識の詰めこみをされたいとは思っていないだろう．

- 新しいスタッフと経験不足のスタッフを一緒にトレーニングする．通常，経験者と新人や未経験のスタッフを，同時にトレーニングするには困難がある．年ごとにトレーニングの構成やスケジュールを多様化し，経験者の能力を新しいグループで共有することができれば，問題のいくつかを軽減する．可能であれば，新しいスタッフはなるべく小さな集団で働くようにすれば，より大きな集団に容易にとけこむことができる．

　これらの要素に上手く対処し，時間内に望ましい結果を出すには，綿密な計画が必要である．研修期間は，全ての優先事項をカバーするには不十分であろうし，数年に渡ってスタッフ・トレーニングをしてきた経験あるディレクターでさえ結果には満足できない．

　新カウンセラーを参加者として，キャンプ期間中にトレーニング期間をある程度組みたてるのがよいというディレクターもいる．これはカウンセラーを小生活グループに分けて，それぞれのグループに管理スタッフや経験あるカウンセラーを進行促進役として配置して監督させる．このグループの中でシーズン中に参加者が行うであろうことを実際に行ってみる．まず，キャンプ開始時にチェックインを済ませ，健康診断

10. スタッフのオリエンテーションとトレーニング　　115

表を健康医療サービスに提出し，キャンプ地を見回り，食堂で食べ，キャビンの掃除もする．この計画は，カウンセラーたちが経験あるスタッフの指示のもとで，より早く適応できる可能性を持ち，また，小生活グループが新人カウンセラーにとって楽になれる．この形式はトレーニング期間中継続し，できるだけ理想的な形でキャンプ経験の詳細に関連づける．

　トレーニング期間に，習慣が身につき，パターンができ，態度が決まり，仲間やスーパーバイザーとの関係が始まる．参加者にとってよい経験を創り出すことが一番大切な関心事ではあるが，それには関係なくスタッフは，彼ら自身の成長や成熟，そして潜在能力の開発を取得できる．当然スタッフの個人的発達が，ともに生活し働く参加者にとっても非常に有効な結果となる．

　プレキャンプトレーニングにあてられる時間は，プログラムやスタッフの人数によって，3，4日から2週間までいろいろである．期間はキャンプによってさまざまであるが，通常4日から10日で十分である．少なくとも，一週間あることが好ましい．それはキャンプコミュニティにおいて大切な仲間意識を培うためには，それより短い期間では十分ではないからである．一般的に，スタッフはこの期間に到着するよう，契約が成され，この期間は有給である．

　ディレクターが，時間計画表を作成する前に，過去のトレーニングプログラムの中味を見るとよい．また，それを経験したスタッフと話し合いをすれば，その形式の特徴や効果を考察しやすい．トレーニングの終わりに行う評価が来年への情報になる．

　まず，時期と期間を決め，ディレクターはトレーニング中に達成したい課題や活動の選択をその意図やねらいに従い，優先順位を決める．

　実践面において，トレーニング期間中に到達すべきいくつかの基本的な目標とねらいは以下の通りである．

● 基本的なキャンプの哲学やねらいを浸透させ，運営や展開にそれがどのように影響するかを明確にする．
● 仕事に誇りを持てるよう育成し，スタッフ間の協調性を育てる．
● 必要なプログラムスキルの実践を指導し，練習させる．
● さまざまな年齢グループの特性をよりよく理解できるように促し，参加者といかに関わっていくかを示唆する．
● スタッフが全体の仕事の方針や手順を理解し，個々の役割との関連を知るための機会を提供する．
● 人々とともに活動する際の，個々のスキルおよびグループにおけるスキルを教え込む．

　もう少し個人的レベルでは，その他のねらいが存在する．トレーニング期間中，仲間やスーパーバイザー，および運営スタッフとの個人的関係が築きやすいので交流の機会を作りやすい．人間関係トレーニングを取り入れると，スタッフが自分の資質・能力などの自己認識を高め，自分自身を理解するのに有効である．

児童虐待

　トレーニングで扱われるべきトピックの一つは，児童虐待である．それは，ディレクターとスタッフの間に不信感を生み出すようなやり方ではなく，協力関係を強化するような方法で取り上げられるべきである．キャンプ生活で疲れきった状況では，児童虐待について話し合うことにより，参加者に対するカウンセラーの何気ないいじめの可能性（燃え尽き症候群の一つ）について話す機会を与えることにもなる．トレーニングにこのトピックを入れる事は，ディレクターとして，スタッフに参加者に対する質の高い心遣いを保証する仕事に関わっているというはっきりとしたメッセージを送ることが大切である．

　この話し合いには，基本的な定義について明確かつ率直で詳細な説明や，スタッフが自分自身の疲労度を測るヒント，児童虐待あるいは虐待の告発の可能性にどう対処するかの指針等も含むべきである．虐待の可能性がある場合は，その報告をする必要のあるディレクターと，その虐待に巻き込まれる可能性のあるスタッフの双方に対して，法的な結末がどうなるかは，はっきりと指摘されるべきである．すでに，申し立てられた違反者を雇用した場合に関する基本原則は簡潔に記述する．

　さらに，子どもの参加者がキャンプに到着する前にすでに経験したかもしれない，身体的または性的虐待に，スタッフは十分注意すべきである．7章で述べた兆候について，カウンセラーと討論し，適切な管理者に届け出る方針について述べておく．キャンプ運営陣は，虐待がキャンプで観察されたなら，そのような申し立てがあった場合それを報告する義務がある．疑わしい児童虐待を報告する法的責任は州によって異なる．自分の州の法律や報告手続きをしっかり確認しておかなければならない．（カリフォルニア州の場合，子どもと接触のあるスタッフ全員が，児童虐待またはその疑いのある事実を報告することを義務付けている州法を認知しているという書類に署名することを義務付けている．）

　ベッカ・コーワン・ジョンソン博士によって書かれた，『彼らのために』の中で，トレーニングでこのトピックを扱うために利用できる2種類の書式が提案されている．その他の章では，スタッフの討論に非常に役立つ豊富な参考資料や最新の情報を提供している[2]．

多様なトレーニング・セッション

　実際のトレーニング・セッションは，多様でバランスがとれたものであるべきである．例えば，体を動かす必要のあるものと静かに座って聞くようなものを交互に行うというように．最大限の注意力や理解力を得られるような多様な教育法，ゲストスピーカー，実演，ビデオ，図表，討論，パネル，そして人間関係ゲームや活動などを駆使するべきであろう．多様な方法は目先が変わって参加者を刺激できる．全員が参加

するグループ・セッションであれば小グループ単位にすることもできる.
　小グループに特定の仕事を課すセッションであれば，キャンプ前に必要な仕事を一緒にすることにより，小グループ担当スタッフたちは共同作業の経験をもつことができる．しかし，ディレクターはキャンプのために必要な物理的作業に，トレーニングの時間を半分以上費やすことは避けるべきである．塗装，清掃，修理などは，スタッフが到着する前に作業員によって完了すべきであり，トレーニングの時間は主としてねらいのために使うことができる．
　ねらいを達成するための方法を探すにあたって，ディレクターは，各スタッフの要求や感情をよく知るべきである．トレーニング期間の早い時期に時間を制限しない自由討論の機会を設けることで，スタッフの要求を明らかにすることができる．キャンプでの初期の人間関係においては言葉で表現するのに抵抗のあるスタッフもいるので，ディレクターによっては書面での要求で判断することもある．スタッフの規模や経験によって，ディレクターがどんな方法でスタッフの要求や目的を理解しようとするかが決まってくる．特殊な領域で専門的技術を持つ個々のスタッフ向けにセッションやトピックを設ければ，スタッフの参加は増える．
　大学の人材以外に，郡の保健省，米国森林サービス，州の保護局は，専門的な活動をしてくれる人材を供給してくれる．そのような人々の参加は，地域での関係を築くことにもなる．しかし，グループ精神が育つことやトレーニングの全般的なねらいの妨げにならぬよう，そのような人材の選択や配置は上手にスケジュールに組み込まれなければならない．
　トレーニング期間には，その他にも種々の大切な事柄がある．部の責任者は，自分の直接の監督下に入るスタッフと話し合う機会も持たねばならないし，実際の運営が始まる前にそれぞれのスタッフの仕事の進め方や責任を明確にする．また，キャンプ地を見て回りながら，キャンプが位置している地域についてのオリエンテーションを行い，食堂や水周り，キャンプの売店についての規則を確認する．また，健康的で安全な手続きを細かく説明する．リラックスし，楽しんだり，またおしゃべりをしたりというような機会もあるべきである．
　泊りがけのキャンプ旅行は，トレーニングの成果が上がる部分かもしれない．そうした機会は形式ばらない状況でともに働き，リラックスしながらキャンプの実地訓練や野外での生活技法を学ぶ時間である．そうした機会は，うちとけあう時間があまり取れない昼間だけのトレーニングのような場合には，より重要である．
　トレーニング期間のスケジュールを設定する時，ディレクターはトレーニングの終わる日と参加者の到着までの間に，一日休みを入れるべきである．スタッフは熱心にトレーニングを受け疲労しているであろうし，リラックスしたり，キャンプから一旦離れて見ることが必要である．

スーパーバイザー・トレーニング

　スーパーバイザーには，その他のスタッフには興味もなく，役に立たないようなトレーニングを必要とする特別な領域がある．スーパーバイザーは，参加者とじかに接し，キャンプの目的を実行するスタッフに対して責任があるので，そのニーズを満たすことが重要である．よくできたスーパーバイザー・プログラムを受けていれば，参加者がよりよい経験ができるようにスタッフが動き，スタッフ自身がより成長することができ，来年もスタッフとして働きたいと考える．

　100のキャンプの研究結果や，スーパーバイザーをいかにトレーニングするかについて，ベッカーとシェファードは次のように述べている「多くの場合，新しいスーパーバイザーには，トレーニングがまったくない．キャンプの管理者たちは，必ず広範囲に渡る総合的なプレキャンプ・トレーニングで夏が始まる．それなのに，なぜ多くのキャンプはカウンセラーのリーダーであるスーパーバイザーのトレーニングやオリエンテーションの手を抜くのであろうか[3)]」．

　スーパーバイザーに対するトレーニングで取り扱うべき仕事は以下の通りである．
- スタッフをいかに監督するか．
- スタッフを個人として扱う．監督される者を一個人として扱うことやその人格を尊重することの重要性を，スーパーバイザーが早い時期に学ぶことは大切．始めに自分のスタッフについて詳しく知るべきである．好きなもの嫌いなもの，才能，技能，動機づけ，そしてさまざまな状況に対して，またスーパーバイザーに対してどのような反応をするか等．
- スタッフを誉める．仕事を認めることは，スタッフのやる気を起こさせる重要な要素としてよく知られている．この評価は，個人的に，スタッフミーティング，あるいはスーパーバイザーの会議の場でできるであろう．社会的に認められたり，仲間の前で評価されることはやる気を起こさせる上で非常に効果的である．
- スタッフの意欲をかきたてる．それぞれのスタッフが仕事をする能力を持っていると信じるだけで，スーパーバイザーは，スタッフが与えられた仕事を達成しようという気にさせることができる．スーパーバイザーは，常に，今なされている仕事を見るだけでなく，その人間が持っている能力を見ることを忘れてはならない．
- 問題のあるスタッフをどう扱うか．問題のあるスタッフは，他のスタッフや参加者にすぐにマイナスの影響を及ぼすので，彼らをどう扱うかは，特にキャンプの環境においては，スーパーバイザーの重要な職務である．最大の障害は，スタッフ自身に問題をわからせる事である．これができれば解決する方法はある．この時点で問題のあるスタッフを咎めるのではなく，励ますことを忘れないこと．

- スーパーバイザーの会議をどのように運営するか．評価の会議はスーパーバイザーにとっても不慣れな仕事であり，特に問題のある場合は難しい．スーパーバイザーがそのような会議を支持したり，誉めたり，また，建設的な批評などの適切なバランスを持って，いかに運営したらよいかを学ぶことは必要不可欠である．スーパーバイザーはどうしたら否定的な反省点をより肯定的な経験にできるかを十分に理解し，評価される者が行動を改善して行けるような方法を提案して行く必要がある．そして，最も重要なことは，スタッフに対する評価が，その問題のために変わることはないことをはっきりと伝える必要がある．
- ディレクターとどのように仕事をするか．優秀なスーパーバイザーは，参加者やスタッフの日常的な問題を，上司に頼ることなく解決できる．しかし，中には十分話し合わなければならない問題もある．そのどちらに当てはまるかを見極めるのが大変である．ディレクターは，日常的な運営からは少し離れたところにいるので，状況が把握できるようにしておく必要がある．しかし，すべてに渡って詳細な意見を持つ必要もない．
- スーパーバイザー集団をいかに動かすか．スーパーバイザー集団と部下のスタッフの評価法は，必ずプレキャンプトレーニング中に，十分に話し合われるべきである．スーパーバイザーが，プログラムの根底にある哲学や目標の解釈をしっかり説明していれば，なぜ，何のためにどうするのかを十分理解し，働くことができる．
- スーパーバイザーの役割をどのようにこなすか．新しくスーパーバイザーになって他のスタッフの監督をする立場になった時に自分の役割がどれだけ変わったかを理解するのは難しいものである．この役割に備えるためには，部下のスタッフに見られているという点が違うと認識しなければならない．監督される者の行動に対する最終責任者として，スタッフが取り組んでいない目標やねらいに向かってスタッフを動機づけすることが大切である．
- 実際の仕事を進めながらトレーニングを行う．プレキャンプトレーニングが終わって，参加者が到着しても，スタッフのトレーニングは続いている．シーズン中だけのスタッフにとって，トレーニングはそのシーズン中続けられなければならない．第一に，参加者が質の高い経験ができるよう保証し続けるため，そして第二に，ほとんどのスタッフが次のシーズンも戻ってきて，トレーニングがさらなる実を結ぶからである．

スーパーバイザーやコーチのトレーニングは，非常に実践的なものである．一対一をベースに行われるが，スタッフに共通の仕事上の問題や，急にできた時間の埋め方など，特殊な問題に対処することを意図したトレーニングとしてスタッフミーティングを行う事がある．時間は貴重であるし，スタッフも多忙なので慎重に計画し，簡潔で実践的なものであるべきだ．

このトレーニング内容は，シーズンを通して定期的に行われる運営会議とは異なる．

定期的な運営会議の目的は，プログラム行事や運営上の詳細や個人的な問題の調整である．すべてのスタッフが心配事を共有したり，詳細を解決する機会が必要である．そのような会議で話し合われたことが，参加者に関わっている担当者や，その他運営上の仕事で会議に出席できなかった人たちに伝えることが重要である．参加者の行動の問題が，そのような会議で解決されることもある．スタッフは，ディレクターやその他の管理者を手本にしてリーダーとしてのあり方を学ぶ．これらのことは，ある意味でトレーニングとみなすことができる．

　トレーニングに関する問題やコンセプトについてだけのための会議は，スタッフの注意をトレーニングに集中させ，定期的なスタッフ・ミーティングにしわ寄せを与えることになる．しかし，定期的なスタッフミーティングやスーパーバイザーの観察や会議に中からこそ，トレーニングセッションに必要なトピックがでてくるのである．

　プレキャンプトレーニング中は，スタッフはつっこんだ討論をする時間が取りにくいが，その時にでてきたトピックは，仕事をしながらのトレーニングに入っても続いていくだろう．事実，多くのトレーニング項目はスタッフがプログラムの中で，あるいは参加者とともに過ごした後，より大きな意味を持つようになる．この時点で，経験があるからこそ，トレーニング期間の中に，グループのメンバー間での話し合いや分かちあいの時間を設けることが極めて重要となる．

　トピックが何らかの専門性，あるいは関係機関を必要とする場合，インサービストレーニングを行う場合に外部の人材の起用は最も効果的である．例えば，虐待がトピックであるなら，心理学者や実際に経験を積んでいるソーシャルワーカーに頼むと問題に対して説得力をもつことができる．また，地域特有の植物相や動物相の知識を持った動物・植物学者であれば，自然の中での散歩や話しをすることで専門的知識をもたらすことができる．

　インサービストレーニングを行うために選ばれたトピックが，その季節の時期にスタッフにとってタイムリーで実用的であることは重要である．このセッションがスタッフにとって有用なものでなければ，ただでさえ彼らはプログラムや人間関係でイライラしており，集中できないであろう．

チェックポイント

1. プレキャンプトレーニングの日程は，雇用契約の段階でスタッフにはっきりと確認されているか？
2. プレキャンプトレーニング期間に達成すべき具体的なねらいは何か？
3. スタッフの願書やインタビューの記録は，彼らが特別な援助や指示を必要とする分野が何であるかを個々を検討したか？
4. スタッフトレーニングで，グループリーダー，発表者，あるいは講師として活用できるような専門的知識を持つスタッフは誰か？

10. スタッフのオリエンテーションとトレーニング　121

5．キャンプ場から80km以内に有用な人材がいるか？
6．あなたはディレクターとして，スタッフ・トレーニングの期間，ひとりで指揮をとるつもりか，それともその他のスタッフと協力して行うつもりか？　その役割はどのように分担するのか？
7．トレーニングに対して，個々のスタッフの希望を取り込むための査定評価にスタッフを参加させたか？

参考文献
1) Hammet, Catherine T. n.d. A Camp Director Trains His Own Staff. Martinsville, IN: American Camping Association. p. 7.
2) Johnson, Becca Cowan. 1992. For Their Sake. Martinsvillle, IN: American Camping Association. p. 121-128.
3) Becker, W.A. and Shepherd, Tony. "Study Suggestions to Improve Camp Supervisory Training" Camping Magazine 61:1 January, 1989. Pp.32-35.

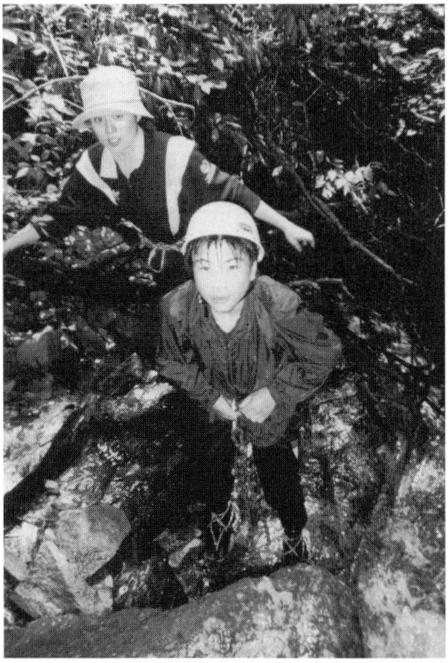

最新刊 野外教育書

http://www1.sphere.ne.jp/kyorin/

キャンプマネジメントの基礎

Armand and Beverly Ball 著
佐藤 初雄
田中 祥子 監訳

キャンプディレクター必携

最新刊 野外教育書

Basic Camp Management 4th Edition

キャンプ・自然学校経営の入門書

Armand and Beverly Ball 著
佐藤 初雄
田中 祥子 監訳

ご注文用紙

http://www1.sphere.ne.jp/kyorin/ の一覧表に掲載している書籍を御購入頂く際は、以下2通りのお申しこみの方法がございます。
- お近くの書店にご注文ください（ご注文されて日から1週間ぐらいで書店に到着いたします）。
- 宅急便の代金引換（下記のFAX注文書をご利用下さい。何冊ご注文でも送料380円です）をご利用下さい。下記の欄に書名と冊数、お送り先（お電話番号とご住所）、配達ご希望の日時をご記入の上、杏林書院までお送り下さい。本州はご注文日から2日、北海道、四国、九州、沖縄はご注文から3日後にお届けにあがります。ご注文の受付は午前9時から午後5時までです。それ以後のご注文は翌日の受付けとなります。ご了承下さいませ。

書名 / 定価 / ご注文冊数

書名	定価	ご注文冊数
□新しい軽スポーツのすすめ	定価（本体2,300円＋税）	冊
□キャンプ・テキスト	定価（本体2,600円＋税）	冊
□キャンププログラム1	定価（本体1,748円＋税）	冊
□キャンププログラム2	定価（本体1,748円＋税）	冊
□キャンプマネジメントの基礎 new	定価（本体2,500円＋税）	冊
□自然体験活動の報告書・レポート・論文のまとめ方	定価（本体2,200円＋税）	冊
□水泳の指導	定価（本体2,330円＋税）	冊
□スキー教本	定価（本体2,400円＋税）	冊
□スキーテキスト	定価（本体1,100円＋税）	冊
□スキーの指導	定価（本体1,650円＋税）	冊

□スポーツの経済学	定価（本体2,500円＋税）	冊
□スポーツの社会学	定価（本体2,500円＋税）	冊
□スポーツの政治学	定価（本体2,500円＋税）	冊
□野外活動指導者養成専門共通科目テキスト	定価（本体2,800円＋税）	冊
□登山の医学ハンドブック	定価（本体2,350円＋税）	冊
□21世紀と体育・スポーツ科学の発展 1巻	定価（本体5,000円＋税）	冊
□21世紀と体育・スポーツ科学の発展 2巻	定価（本体5,000円＋税）	冊
□21世紀と体育・スポーツ科学の発展 3巻	定価（本体5,000円＋税）	冊
□PA系ゲーム109	定価（本体1,200円＋税）	冊
□野外活動テキスト	定価（本体1,500円＋税）	冊
□野外教育の理論と実際	定価（本体2,000円＋税）	冊
□レクリエーションの基礎理論	定価（本体2,320円＋税）	冊

お送り先　お名前

ご住所

TEL　（　　）

お届けご希望の日　　　　月　　　日

ご希望の時間　　希望なし・午前中・12時〜14時・14時〜16時・16時〜18時・18時〜20時・20時〜21時

書籍一覧は http://www1.sphere.ne.jp/kyorin/
ご注文は 杏林書院　東京都文京区湯島4-2-1　FAX03-3811-9148 まで

Basic Camp Managementの邦訳です。

野外活動指導書の定番

PA系ゲーム
128頁
定価（本体1,200＋税）

"いつでもどこでも"の
体験教育ゲーム集

改訂キャンプテキスト
209頁
定価（本体2,600＋税）

株式会社 **杏林書院** 東京都文京区湯島4-2-1　TEL03-3811-4887　FAX03-3811-9148

ご注文は裏にあるご注文書をご利用ください。

11章 スタッフの監督指導

監督とは，最初から最後まで続く人間関係である．それは質の高い心と理性と精神を必要とし，要求される能力や技術を身につけるためには，たゆまぬ努力と，つらい単純作業をも引き受ける素養が問われる．

マーガレット・ウィリアムソン[1]

おそらく一般キャンプ運営上最も見落としてしまいがちなものは，監督，評価そしてスタッフへのフィードバックを定期的に行うシステムを確立しておくことである．キャンプ開始前に計画しておかない限り，サマーシーズンが始まってからでは監督機能に十分な時間を割り当てるのは困難である．定期的に行う監督者会議では，個人の成長を刺激したり，監督者とスタッフの関係を深めたり，そして最終的には，よりレベルの高い業務の達成をめざすための機会を提供する．

この監督方法が，相互信頼・尊敬関係のもとで実行されたなら，スタッフは安易にこの仕事を辞めないであろう．監督業務を通して自分の人間的成長を意識するようになれば，仕事上の満足感となり，またこうした経験をしたいと願うことになる．今や若者にとって，このように興味ある，実り多い監督職を提供してくれる職場はあまりない．

ディレクターという仕事ほど，やりがいのあるものはない．人格への理解が深まり，スタッフとの関係のなかでよい面，悪い面を含めて業務の評価を得る機会もある．またディレクターは，あらゆる個性を持つ人や広範囲な問題に直面することで，幅広い柔軟性をも身につけることになる．このような人と人との関係の相互作用は，ディレクターに，キャンプとプログラムという人間主体の環境のなかに身を置いた種々多様な人たちと人生を共有する機会をもたらす．

監督のガイドライン

人を指導した経験があまりない監督者に，役立ついくつかの原則がある．
- **信頼**．これは，業務達成という意味でも個人的な人間関係という意味でも，有意義な関係を確立する基本である．監督者はどんな問題や議論が発生しても，客観的，理知的に対処してくれるとスタッフから信頼されていなければならな

い．また，監督者は個人的な問題や悩みをいろいろな角度から理解して対処できなければならない．スタッフの業務達成については，監督者とスタッフで話し合うが，その内容は秘密扱いであり，キャンプ内でそれを公表してはならない．スタッフとの信頼関係を保つには，監督者は業務達成がよくても悪くても，どのスタッフも同等に扱い，敬意をはらわなければならない．そのような態度を維持するのは，場合によっては困難であろうが，これは一人一人に対して心から尊重し，その違いや人間同士の摩擦を超えた敬意をはらわなければならない．

● **調和的関係**．互いにまだ慣れていなかったり，監督体制に不安を抱いているスタッフ同士が，短時間に連絡体制を整え，くつろいだ人間関係を築く能力が，監督者にはもっとも重要である．一人一人を尊重し，どんな人をも心から好きになり，人間関係を築くことのできることが理想的な雰囲気を作ることに役立つ．

● **共有精神**．監督者は，個人的にも集合的にも，業務達成に対する感謝の気持ちを，従業員とともに分かちあう習慣を養うべきである．うまくいった仕事についていつも賞賛の言葉を述べておくことで，スタッフは必要なときには批判を受け入れるようになる．また，時々監督者がグループや仕事場に立ち寄って，状況を観察することも大切である．スタッフがそれを好意的に感じれば，監督者の観察を意識することもだんだん薄れていく．監督者の支持と感謝の気持ちというのは，言葉や好意的な態度で示していないと，他人には伝わらないものである．

前もってスタッフを監督する方法が確立していない場合は，スタッフのトレーニング期間にその方法について掘り下げて話し合うとよい．また，どんな事が期待されているのかや，どんなことを評価されるのかを伝えておくのも役に立つ．監督者会議での記録や観察報告を人事ファイルに追加する場合は，その旨スタッフ本人にも伝える．

どのように始めるか

スタッフ監督プログラムを始めるに当たって，前にも同じキャンプで働いていたことがあって，今シーズンも戻ってくるスタッフの人事ファイルや，新しいスタッフの応募書類，面接記録などに十分目を通しておくとよい．個人の経歴や実際の姿に関する事前知識があると，実際にその人に会った時によく覚えておくことができる．

キャンプシーズンの開始前に，監督者はまだよく知らない新しい地元スタッフや再起用スタッフとおしゃべりをしたり，個人的に親しくなる機会をつくることも考えられる．地元出身以外のスタッフとの関係づくりに関してはおそらく手紙に限られるだろうが，いずれにしてもそうした関係づくりは大切である．

キャンプが始まりスタッフトレーニングを開始すると，討議セッションや小グルー

プ活動，人間関係トレーニング，親睦の機会，グループ作業プロジェクト，宿泊や外出時の気軽なやり取りなどを通して，個人的に接触する機会が広がる．監督者とスタッフの関係を強化するどんな個人的なやり取りも，監督関係がはじまる時には重要になる．

監督の方法：カウンセラーの場合

　スタッフのほとんどがカウンセラーなので，カウンセラーの監督についてとその監督者，この場合宿泊ディレクターか，カウンセラーのリーダー，またはディレクターの監督について概説する．これは，他のスタッフや部署の監督用にも広く適用できる．
　各会議での記録は，監督者が関連報告書や評価とともに，各個人の人事ファイルに保管しておく．こうしておくことで各スタッフがキャンプで働いている間の実際の仕事の記録がずっと保管される．この記録は，そのカウンセラーの再度雇用を決定する際や，外部からそのカウンセラーについての照会を求められた際に，とても貴重な情報源となる．

スタッフトレーニング後の評価面接

　監督者はスタッフ・トレーニングの終了時と，参加者の到着前に，各カウンセラーと20〜30分程度の面接を行うと効果的である．監督者がスタッフに関する知識を深めるのに有益な，いくつかの具体的な質問をするとよい．トレーニング期間についての意見を聞いたり，スタッフが団結するのを促したり，それと同時に個人的反応を表現させるような質問もある．評価質問としては以下のようなものがある．
- 今の時点で，どの分野の仕事に自信をもっているか．
- 自分には自信がないと感じている分野があるか．
- 技能的に，自信のない分野があるか（技能を指導する時に，どのように教えたらよいか，どのような教材を準備したらよいかがわからないといった困難を感じている部分があるか）．
- どんな年齢層の参加者を対象にしたいという希望があるか．
- 他のスタッフとの関係に関してどう思うか（カウンセラーの解答も重要であるが，この問題に関する監督者の観察や情報も全体像をつかむのに必要である）．
- スタッフトレーニングのどの分野が一番意義深かったか．
- あまり興味がない，もしくは，まったく興味のなかったトレーニング・セッションがあったか．
- この夏のあなたの目標は何か（ここで挙げる目標は適度に達成できるもので，後でその目標を達成するためのねらいを組み立てて，それにより測定できるものであるべきであり，個人の成長目標とともにカウンセラーの仕事上の目標も

挙げさせる).

児童虐待が起こりやすい環境を回避するのにとても効果的なのは、スタッフ個人の目標を設定するよう刺激することである。もう一つの方法として、各スタッフが任務を怠らない程度にしっかり充電して気分爽快に一日を過ごすような計画を立てて実行することを奨励するとよい。

観 察

気軽に観察をすることは、監督者がカウンセラーの生活状態、技能指導、プログラム活動を参加者や他のスタッフと行っている様子など、仕事の中でさまざまな活動に参加する様子を観察するチャンスである。基本に基づいた形式ばらない観察は、カウンセラーの能力や可能性に関する情報を得るのに役立つ。くつろいだ状況で参加者とできるだけ多く接触する努力をすべきである。というのも、このように接触してみるとカウンセラーのしている仕事がよく見えるからである。日常の活動の中で監督者が頻繁に現れることにより、自由な交流の場ができるのである。初めはこのような予告無しの監督者の登場に不安を感じても、しだいにスタッフも参加者も日課として受け止めるようになる。

カウンセラーの仕事についてのフィードバックは、観察直後にカウンセラーへ伝えるのが最良である。しかし、他の人がいる場ではできないので、機会はあまりないかもしれない。いずれにせよ、観察した時にすぐに観察を記録しておく必要がある。記録はカウンセラーの人事ファイルに入れておき、次回の監督評価の時に参考にする。記録には、改善を要することばかりでなく、よくやっているからその調子でやってほしいこともあるのが望ましい。それぞれに日付、場所、観察した活動状況（例えば、カウンセラーがグループにカヌーを教えている時など）を記しておく。このような記録は、児童虐待を申し立てられた場合や、業務上過失を主張する訴訟などの場合に、カウンセラーやキャンプを保護する情報源になる。

キャンプ終了後の評価面接

キャンプ期間の長さにもよるが、作業が一巡したころ（目安として2週間以内）に、各カウンセラーとの監督面接を一度行うよう計画するとよい。2週間より長いキャンプの場合は、初めの3週間以内でサイクルが落ちついたころに会議を開いて仕事を確認することが望ましい。長い時間が経過してしまう前に、間違いを直したり、好ましくない習慣を変えたりすることができるからである。以下のような点がその評価時に話し合われる。

● グループの各参加者と、全体的に見た各参加者とグループの関係について。話し合うのには二つの目的がある。まず、次回のグループ分けや、それぞれの参加者の情報（問題が起きたときに良好と思われる個人的対処方法など）を監督者が得ることにある。次に、参加者に関して観察したり、また、個人や団体生

ソシオグラム

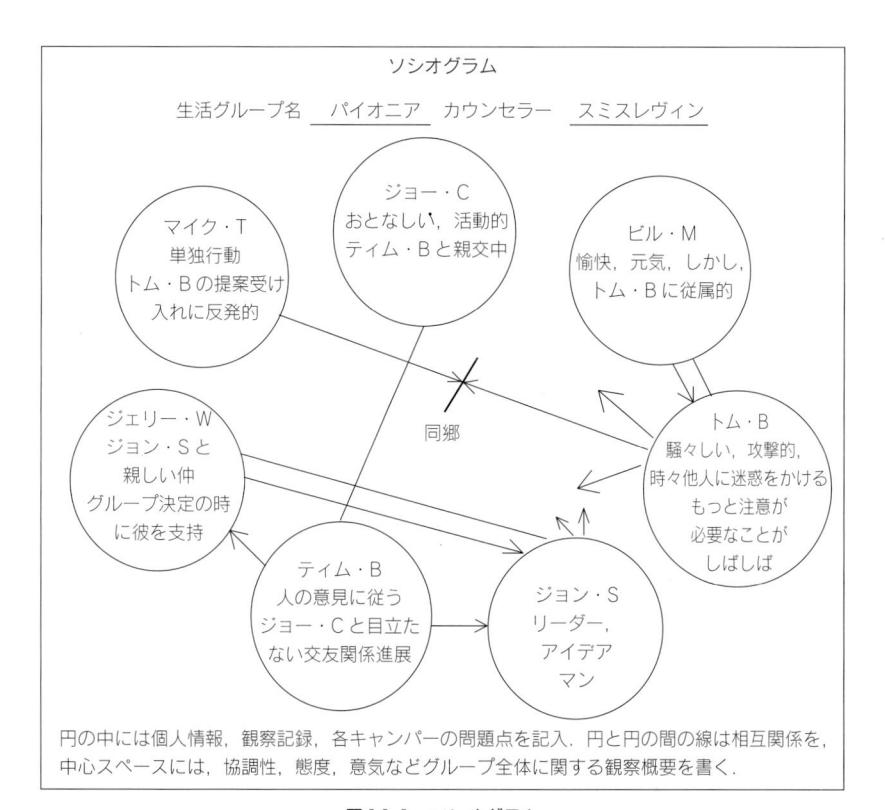

生活グループ名　パイオニア　カウンセラー　スミスレヴィン

- マイク・T
  単独行動
  トム・Bの提案受け入れに反発的

- ジョー・C
  おとなしい、活動的
  ティム・Bと親交中

- ビル・M
  愉快、元気、しかし、トム・Bに従属的

- ジェリー・W
  ジョン・Sと親しい仲
  グループ決定の時に彼を支持

- 同郷

- トム・B
  騒々しい、攻撃的、時々他人に迷惑をかける
  もっと注意が必要なことがしばしば

- ティム・B
  人の意見に従う
  ジョー・Cと目立たない交友関係進展

- ジョン・S
  リーダー、アイデアマン

円の中には個人情報、観察記録、各キャンパーの問題点を記入。円と円の間の線は相互関係を、中心スペースには、協調性、態度、意気などグループ全体に関する観察概要を書く。

図11.1　ソシオグラム

活についての解釈を表現するためのカウンセラーの能力を監督者が確認できることにある.

- 当然最初の話題として取り上げる事柄であろうが，すでに発生した，または現在存在する問題や摩擦，対処方法について，カウンセラーがどのように伝達し合い，どのように参加者について決定を下すかの判断材料が得られるのでぜひこれを取り上げるとよい.
- もう一度やり直せるとしたら，どのような方法で事柄を対処するかの質問についてのカウンセラーが出した結論.
- カウンセラー自身の自分の仕事の達成度についての評価．もしあれば，失敗談や成功談について．
- 目標の達成についてのカウンセラーの再評価と，次の評価期間に向けての目標の再設定.
- カウンセラーの行動についての監督者の観察の見直し：まずはよい点を誉め，

スタッフ評価シートのサンプル

説明

1. 評価をする人は各項目を見て、適切なレベルを表わす番号（1～10の中から）を一つ○で囲み、改善の必要性があることを示す。いろいろな人の評価が中央のシートに記録され、評価の平均値が分かるようにシートの中に線を引く。（下記太線を参照）
2. 成長手段としての重要性を監督が指摘しているように、自分の評価対象従業員は、自分の評価を監督するように指示される。
3. 従業員の評価は、中央のシートに違う色で記入される（下記点線を参照）。太線と点線の比較が監督会議の基盤となる。評価プロセスの中で、自己認識の重要性がここでもう一度強調される。

スタッフ評価シート

各項目におけるスタッフのレベルを示す適切な番号を○で囲んでください。あてはまらない言葉には×をつけて下さい。

＿＿＿＿＿＿＿＿＿による＿＿＿＿＿＿＿＿＿の評価（内部資料）

	1	2	3	4	5	6	7	8	9	10
参加者に対する理解度	● グループ/個人に対する名前の理解のみ ● 基本的コミュニケーションのみ ● 参加者との親しい関係はない		● グループ/個人に対する名前の理解 ● コミュニケーションをとり始めている段階 ● 時には参加者と親しい関係に発展		● グループダイナミクス/個人成長についての基本的理解 ● コミュニケーションをとっているが、限られた範囲のみ ● 参加者との交友関係を図る ● 参加者とともに参加		● グループに対する理解があり、すぐに親しくなる ● 個人能力に対する認識において参加者と何かしら親しい関係		● グループ/個人に対する理解の深い キャンパーとの深い親交、敬意が見られる ● コミュニケーション能力がある ● グループ/個人能力を認識/発展させている ● 多くの人と親しい関係	
精神的目標達成度	● 個人目標/指導に関して不確か ● グループ討議について話し合おうとしない ● 参加者の対応がさっぱつらぼう ● 他人の意見に水を差す		● 自分に確信がない ● 不安定 ● グループ討議の議を遮述してしまう ● 参加者の生活認識を促進できない		● 参加者をうまくやっている ● 討議より生活を通じて個人の精神的評価を示している ● 討議で積極的に発言したりアイディアを展開 ● 良い自己像を持っている		● 自己表現が上手 ● 討議でのアイディア展開 ● 自ら態度/目標に関し討議を始める		● 良い自己概念を持っている ● グループ討議への機会活用 ● 生活目標/目標に関し人成長を奨励 ● 参加者との対応に対し意やる気遣う態度が見られる	
マナー/反応	● 内気 ● 高慢 ● 引っ込み思案 ● 生意気 ● 討議を支配		● 短気 ● いらいら ● 無関心 ● 情報提供しない ● 回避的		● バランスがとれている ● 人の意見を聞く ● 反応が良い ● 分別のある（偏り）		● とても信頼がある ● 機敏 ● 自信がある ● 気配りがある ● 自発的		● 熱意があり、暖かい ● 理解力に富む ● 創作力がある ● 大変冷静	

	1	2	3	4	5	6	7	8	9	10
マナー/反応					がない		安定している			
動機	● ただ仕事が欲しかった ● 関心がない		● 初めは参加者ではなく、キャンプ生活に関心があった ● 自己中心的		● 働く意志がある ● 参加者に関心がある ● 思慮深い		● 参加者に関して真の関心/好意が見られる ● 熱心		● 第一の関心が参加者との活動にある ● 思慮深い/他人への思いやりがある	
みだしなみ	● きちんとしていない ● だらしがない ● しばしば汚い ● 乱れている		● 服装/清潔さにかまわない		● 体裁がよい ● 全体的にきれいに整っている		● とてもきちんとしている/服装/清潔さに注意を払っている		● 常に清潔さに思慮/注意を払っていることがはっきりとわかる	
キャンプ運営に関する態度	● 特定のキャンプ活動に参加するのを避けている ● 任務について不平を言う ● キャンプ全体の業務のうちすすむかなごとだけが重要と思っていない		● 参加はするが活動のリーダーシップを積極的にとろうとしない ● 参加者を落胆させるような態度をする ● グループの前で落ち着かない/腰痛、たゆらいがち ● グループを安心させる信頼性に欠ける		● いくらか活動を指揮する ● ほとんどの任務に不平なく臨む ● 態度に熟意を得るることができる ● 通してプログラムを後援する		● 落ち着いた/自信のあるリーダーシップ ● 聴衆から熱意のもった反応を得ることができる ● グループ指導中どんな状況をも対処できる ● 準備/構成力に優れている ● 指揮したどんな活動をも楽しくする		● 活動/グループを参加し、楽しむ	
特定技能の教授	● 構成力がない ● 言葉数が多い ● 自分に確信がない ● 技能力に欠ける		● 落ち着きがない ● 基礎技能はある ● 教授法での構成力/自信力に欠ける		● 快適である ● 個人にうまく伝授できる ● 技能に熟練している		● 構成力に優れている ● とても落ち着いている ● グループ全体の参加させる ● 個人に技能を試すよう仕向ける		● ひときわ優れた構成力 ● キャンプ専門用語を話す ● 容易に個人を参加させてしまう ● 優れた技能を持つ	

注目すべき長所：_____
注目すべき短所：_____
あなたがディレクターだとしたら、この人を来年もまた雇用しますか。_____

図11.2 スタッフ評価シートのサンプル

後で問題点やより改善するための提案をしたかどうかの見直し．この点については期間内における監督者としての自分をカウンセラーに評価してもらい，よかった点・悪かった点を指摘してもらうのもよい方法である．そうすることで話題が前向きな方向に広がり，時には監督者がちょうど話し合いたかった話題にまで発展することもある．

このような会議では，特にキャンプのプログラムが小グループの生活や参加者間の関係に焦点を当てている場合，図11.1に示すような図式がよく使われる．この図式は，評価会議であれば質問されるであろうことがらを視覚に訴えるイメージにまとめたものである．

この種の面接は，参加者の入れ替わりがある各キャンプ・セッションの最後に，または，キャンプが長期間にわたる場合は，定期的に繰り返し行うとよい．後者の場合，問題点をより具体的に取り上げたり，前回の評価会議以降よくなった点を具体的に取り上げるとよい．

シーズン終了後の評価面接

ここまでは，カウンセラーと直属の監督者の視点からの評価について指摘してきたが，これではカウンセラーの仕事を部分的にしか見ていないことになる．また，シーズン中に接触のあったキャンプ内の他の部署の監督者に，カウンセラーの評価体制を工夫するべきである．その場合に評価をする監督者としては，スタッフの組織図にもよるが，看護婦，プログラム責任者や宿泊施設責任者，アシスタント・ディレクター，事務責任者，外出プログラム責任者，食事サービス責任者，水泳ディレクターなどが挙げられる．また，さまざまな懸念分野における各監督者の評価の合計から平均値を出し，直ちにカウンセラーに伝達するなどの工夫がされると有用である．（図11.2参照）

シーズン終了時になって監督評価を受けるカウンセラーを，あまり驚かすようなことはしない方がよい．シーズン中の主な業務上の問題は，問題が起こった時に対処されることが望ましい．シーズンの最終会議は，夏の最後のキャンプの期末評価から始め，続いて監督者は以下のことをする．

- カウンセラーの仕事の評価についてカウンセラー本人と話し合いを持つ．他のスタッフからそのカウンセラーについてどんな意見や評価があったかなども交えるとよい．
- カウンセラーがキャンプについて，キャンプでの体験について，自分の果たした仕事についてどんな感想を持ったかを聞く．
- （その夏の）仕事上の目標や個人的目標の達成度について，カウンセラーとして，どう評価するかを聞く．

この終了時会議によって監督者はカウンセラーに，成長や発達の段階を必要に応じて自己評価することが大切であると理解するよう導くことが大切である．またこの会

議では，監督者がカウンセラーの行ってきた仕事に対する感謝を伝え，カウンセラーの支えがあったからこそ自分の仕事がうまくいったと，仕事の成果を分かち合う機会でもある．

監督の方法：カウンセラー以外のスタッフの場合

　カウンセラー以外のスタッフや運営スタッフにも，カウンセラーに対する時と同様な監督方法が応用できる．監督者は以下の原則と方法に従う．
- トレーニング期間の最後に行われるキャンプ開始にあたっての評価面接で，各スタッフと職務の責任と達成目標についての当初の基本的な原則と理解を確立する．
- 仕事中のスタッフを観察し，記録を取る．
- スタッフの不安や悩み，職務の達成状況，個人の達成目標，職務説明書の正確さ等に関して話し合う評価時間を設定する．
- シーズンの終了時に評価の時間を取り，そこで反省事項を検討し，シーズンを通して改善した点を誉めたり，スタッフ個人の目標が達成されたかどうかを一緒に検討する．この話し合いはスタッフからの発言やスタッフ自身による業務達成評価を自由に行えるものとする．

　運営スタッフに関しては，カウンセラーにはどう評価されているか，一緒に働いている他のスタッフにはどう評価されているかを判断できる手配がされなければならない．そうした評価の概要は，シーズン最後の監督者会議の資料として配布するのがよい．図11.3の書式は，運営スタッフの評価書式の一例である．

　多数の監督者がいるキャンプでは，ディレクターは，従業員の人事ファイルに，各評価面接での簡単な記録情報を保管しておくとよい．そうすることでディレクターは，運営スタッフ会議からだけでなく，総合的に各個人が何を必要とし，仕事をどのように行っているか，直接観察することができなくても，ファイルの記録から情報を得ることができる．

　フルタイムで一年を通して働いているスタッフの監督プログラムは，夏の運営スタッフと同じ枠組みを活用する．監督評価は，シーズン中は夏の運営スタッフの監督評価と並行して行い，シーズン以外はもっと間隔を長くし，年度末に評価の総括を行う．もしくは，シーズン中もフルタイムスタッフの職務内容が普段と変わらない場合，夏の運営スタッフとは別に，評価を普段通り一定期間ごとに行うとより効果的なこともある．

監督プログラムの開始

　監督プログラムを初めて整備しようとしているディレクターにとっては，ここで説

```
┌─────────────────────────────────────────────────────────────────┐
│             カウンセラーによる運営スタッフ評価                  │
│  □ 男子プログラムディレクター  □ ナチュラリスト   □ 旅行カウンセラー     │
│  □ 女子プログラムディレクター  □ 看護婦       □ ウォーターフロント・ディレクター │
│  □ 事務員           □ ホステス(世話人) □ 芸術/手工芸カウンセラー    │
│  □ ディレクター        □ コック長     □ ユニット・ディレクター シニア  │
│  □ トラック・運転手      □ 副コック長    □ ユニット・ディレクター ジュニア │
└─────────────────────────────────────────────────────────────────┘
```

上記スタッフに関する，カウンセラーからのフィードバックはとても役立ちます．上記の適切な□をチェックして，このシートを完成させてください．良い点，悪い点，両方を書いて頂くと助かります．

コメント

1. （上記リストにある）任務能力

2. カウンセラーとしてより効率の良い仕事をするのに役立つこと

3. 適性

4. 効率

5. 各個人(参加者/カウンセラー)に対する態度

6. キャンププログラム全体に対する関心

7. 他のコメント，観察意見

図11.3　カウンセラーによる運営スタッフの評価

明されている方法はあまり能率よい方法ではないかもしれない．まずは，カウンセラーだけを対象にして，会議の回数を少なくし，内容についても，選択して話し合うとよい．もしくは，最初は運営や部の管理者を対象とする監督プログラムを行い，それから全スタッフにまで拡大させていくほうが効果的かもしれない．スタッフの人数や組織構成，スタッフの経験によって，新しい監督プログラムを実施するためにどのくらいの時間をかけなければならないかが決まってくる．

ストレスとキャンプ・スタッフ

キャンプでどんな監督プログラムを行っていても，ディレクターやほかのスーパー

バイザーは，ストレスが引き起こす問題を認識している必要がある．キャンプ共同体の中で生活することは，ストレスを引き起こしやすい状態をつくりだす．ディレクターがストレスやその症状，影響，それらを緩和するにはどうしたらよいか，等のある程度の専門知識を持っていることが必要である．スタッフのストレス管理は，危機管理の対象のひとつとして前の章で取り挙げた．ストレス症状に注意を向けることで，大多数の事故を未然に防ぐことができることが証明されている．

ストレスの定義

ストレスとは，身体や精神の緊張をもたらす肉体的，化学的，または，心理的反応である．ストレスは，現在保たれている平衡を変えようとする要素に起因する．このようなストレスの要因は，生活の外的要求であったり，内的態度や思考であったりして，私達に順応するよう働きかける．ストレスは，自立神経系と呼ばれる私達の脳や体の複雑な部分から反応を引き起こす．自立神経系は攻撃逃避反応を創り出す．攻撃逃避反応というのは，生存するために肉体的危険と戦ったり，回避しようとしたりする身体的変化をもたらすことである．すなわち，

- 血液が筋肉や脳にいくよう促され，消化が遅くなる．
  ──「ソワソワドキドキする」時．
- 酸素を必要な筋肉にいき渡らせようとして呼吸が早くなる．
  ──うまく息を吸うことができない時．
- 血液を必要な場所にいき渡らせようとして動悸が早まり，血圧が上がる．
  ──心臓がドキドキする時．
- エネルギーを燃焼させて体温を下げようと発汗量が増える．
  ──汗がたくさん出る．
- 重要な動きの準備として筋肉が緊張する．
  ──背中や首の凝り．
- 血液を素早く凝固させるために化学物質が放出される．
- 瞬間エネルギーの燃料を供給するために糖質，脂質が血液中に流れる．
  ──緊急時に驚くほど増している抵抗力，持久力．

ストレスの反応

現代人は危機に直面し，なんとか生き延びるための身体的反応を必要とすることなど滅多にない．その代わりに，過去のことを思ったり，未来のことを想像したりする能力があり，そんな中でこのような反応が引き起こされる．現代人の日常生活は，ストレス反応がより頻繁に引き起こされるのではなく，過剰に生産された化学エネルギーのはけ口がない．人間は何が起こったのか，どんなことが起こるのかについて考える時，不安から逃げだすこともできず，具体的にその恐怖に立ち向かうこともできない場合，結果的に感情的ストレスとなってしまう．感情的ストレスから生まれた化学

物質が安全に燃焼されたとしても，混乱状態の心理的苦痛は生産性や習得能力を低下させ，人間関係に支障をきたす．ストレス反応が増してくると，人間はたいしたことのないストレスまでも対処できなくなっていく．

短期ストレス．短期的な（肉体的生存のための攻撃・逃避反応から起こる）ストレス反応は，次に示すような症状が現れる．神経性の腹痛，喉が詰まる，締め付けられるような胸の痛み，動悸，緊張からくる首や肩の痛み，すぐにカッとなる．

長期ストレス．長期的なストレス反応は，慢性で継続的なものとなり，スタッフにも幅広く影響する．スタッフに次のような症状が現れたら，この時点でスーパーバイザーはいち早くストレスの存在を知ることができる．

- 生産性が落ちる．
- 余裕がない．
- 孤立気味で元気がない．
- 喫煙量，飲酒量が増える．
- 関節炎や頭痛などの慢性病関連の痛みが頻繁になる．
- 前より食べる量が増え，体重が増える．または，前より食べる量が減り，体重が減る．
- ボーっとしがちになり，集中力が衰える．
- 不眠，または，眠気に悩まされる．
- 無価値感，無力感，拒否感を示す．
- 参加者や他のスタッフとうまくやっていけない．
- 人やスケジュールに対してがまんができないことが多くなる．

ストレス管理

ストレスのあるスタッフが状況にうまく対処できるようにするには，スーパーバイザーがストレス要因に関連する生物学上のシステムの基本知識を理解している必要がある．主なシステムである自立神経系は，二つの部分から構成されている．一つは交感神経系と呼ばれ，危険に対して攻撃・逃避反応を引き起こす機能がある．もう一つは，副交感神経系と呼ばれ，交感神経系とは逆の作用をする．後者の方がエネルギーの保存・補給を担い，交感神経反応を修正する．副交感神経系はリラックスすることにより活性化され，結果的に交感神経系の肉体的反応を最小限にしたり，無効にすることが立証されている．

スーパーバイザーは，スタッフのストレス症状に気がついたら，そのスタッフがストレス管理に向けて実践的に何か手を打つようにカウンセリングすることができる．ほとんどのストレスは，自分の置かれた状況からのストレス，精神的ストレス，身体的ストレスの三つのいずれかに分けられる．ストレスの種類がわかれば，スタッフがどのように対処すればよいかを習得させることができる．

状況によるストレスの解消
- 思っていることをはっきりいう．はっきり「ノー」というか，どうすることをしてほしいのかを正確に要求する．
- 問題を解決するか，それから脱出させる．
- これから先は具体的にどのようにしてそのような問題から回避できるか，最小限にすることができるか，なおすことができるか具体的な方法を考える．
- 自分のペースを整え，リラックスする時間を取る．

精神的ストレスの解消
- 結論を急いだり，物事を自分へのあてつけだと思ったり，つまらぬことにこだわったりするのをやめる．
- 心の中で「やめろ」と叫ぶ．
- 前向きな考え方，一番幸せな思い出等に置き換える．
- 心の目で，リラックスしながら自信を持って責務をこなしている自分を想像する．

身体的ストレスの解消
- 5まで数えながら深呼吸をする．
- 息を吐きながら5から1まで数え，すべての筋肉を緩める．
- 頭から足の指先までリラックスしている自分を思い浮かべる．
- カフェイン，ニコチンなど，ストレスを引き起こす化学物質を避け，代りに簡単なストレッチや散歩をする．

しかしながら，以上の解消法は，一時的な間に合わせの予防手段でしかない．短期的ストレスの場合には効果的で問題を軽減するが，症状がひどかったり，スタッフの日常業務に差し障りがある場合には，医学，精神医学の助けが必要となる．

バーンアウト（燃えつき症候群）

ある程度のストレスなら健全で，日常生活におけるその人の生産性や競争心を促進してくれる．しかし，長期ストレスになってしまうとバーンアウト状態になる．バーンアウトとは，プレッシャーやストレスが高じて起こる身体的，精神的虚脱の状態のことをいう．特に宿泊キャンプの場合，スタッフはたいてい24時間毎日参加者と一緒に過ごすので，休みがあっても第5，6週目の終わりになると，カウンセラー自身がバーンアウト状態になっているのに気づくことがある．

スーパーバイザーの注意を喚起するような，バーンアウトになりやすいスタッフの徴候をいくつか挙げる．
- 過剰に熱心な人はバーンアウトになりやすい．すべてが素晴らしいと感じ，仕事や状況に没頭してしまい，他の人や皆に自分の感じ方を押しつける．

- 風邪，首の痛み，背中の痛み，発疹，他の類似症状で頻繁に保健室に通う人は，バーンアウトの初期症状の現れである．この時点で，時々他者に対する敵意が起こり，あまり熱心でない同僚や自分の熱心さにうんざりしている同僚と距離を置くようになる．
- 自分の職務遂行レベルが落ちている，割り当てられている仕事が何かおかしいと感じ始める．以前ほど今の仕事を楽しく行うことができず，もっとやりがいのある仕事が必要だと感じるようになる．また，新しいものの見方をするために休憩を多く要求する．このような感情や緊張をほぐすために，休日ははげしい活動をして過ごす．しかし，休みを気分転換に費やしても解放感はあまり続かず，1日か2日ほどでまた前の症状が現れ始める．
- この時点で，以前ほど能率よく働くのが困難になり，能率の悪さや失敗を弁解やうそで隠そうとすることが多くなる．人間関係は悪化し，喜んで助けようとしてくれたり，支えようとしてくれる同僚もいなくなる．いらだちやすく，忘れっぽく，取り乱しやすくなる．
- この辺りからバーンアウトは進行し，必死の努力で挫折感と戦おうとし，うつ病によく似た状態になる．日常業務も困難になり，嘘や誤魔化しで問題を隠そうとする．

監督するということは，バーンアウトになりかかっている人自身にその問題や症状を気付かせ，自由時間や休日をはげしい活動ではなく，リラックスするために使えるように手助けをすることである．スーパーバイザーや他のスタッフはその人の支えとなり，はぐくんでいくような関係を作っていくようにする．同時に，スーパーバイザーは，支えようとする人達に対して心を開くことの大切さをその人に気付かせる．

すべてのスタッフに十分な休み時間や休日を与えているかどうかに注意をはらうことは，スタッフのバーンアウト予防やストレス解消のためには大切なことである．他の人よりもバーンアウトになりやすい性格はあるが，キャンプ生活という環境のプレッシャーが，性格的にはなり得ない人をもバーンアウトにしてしまうこともある．したがって，シーズンが過ぎ，スタッフも疲れやすくなったら，リラックス目的のスタッフのためのイベントを用意したり，慎重な個人指導などをして，バーンアウトを防ぐとよい．

チェックポイント

1. 誰が誰を監督するのかをはっきり示す．
2. ディレクターとして監督するにあたり，スタッフの監督プランは何か．
    - 会議は？
    - 観察は？
    - グループ会議は？

参考文献
1) Williamson, Margaret. 1950. Superuvision-Principles and Methods. New York : Women's Press. P4.

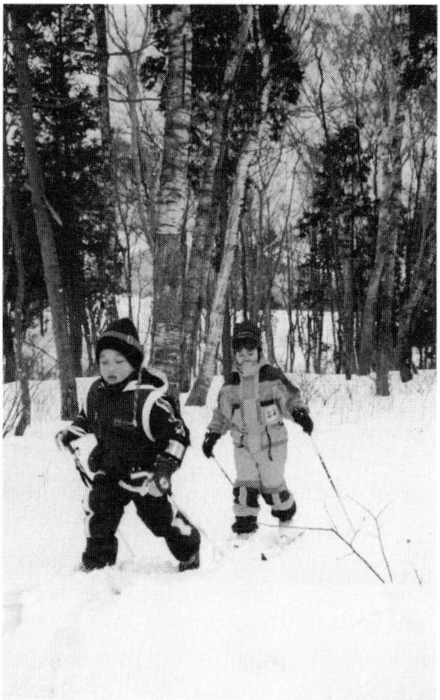

12章 プログラムの運営と監督

　子ども達にはいつも1日の終わりに必ず，小さな焚き火を囲む．焚き火の近くに座り，火を慈しみ，火の暖かさと，自分のまわりにいる家族的で親密な小グループの暖かさを感じ，そして安心感を得させよ．暗い闇の中焚き火を囲む時と不思議な力がわき，自分が抱えている悩みを語ることができ，――自分の生き方を考え，人生の価値について考え，自分がどういう人間になるのかを模索し――健全な人間を目指して知識を集め始めることができるのだ．

ルイ・グッドリッチ[1]

　すでに述べたように，プログラムは，キャンプの目標とねらいを達成するためのツールである．目標やねらいを設定しないプログラムは，関連性のない活動の寄せ集めにすぎず，その多くはキャンプに参加しなくても家庭で簡単に経験できるものと何ら変わらない．プログラムは単なる活動ではない．プログラムとは，「参加者に影響を及ぼすことがらのすべての活動であり，状況である．計画された活動であり，計画外の活動でもある．微妙な捉えがたい参加者の周辺の状況であり，明白な状況でもある．他の参加者との関係であり，カウンセラーとの関係でもある．参加者に対するカウンセラーの態度であり，カウンセラーが用いる方法でもある[2]」．
　プログラムとはキャンプの中で起こることすべてであるから，ひとつの章ではとてもカバーできない．しかし，他の各章でさまざまな生活体験，たとえば食事，睡眠，保健，スタッフ，移動，環境，アクティビティの中でもすべてプログラムについて触れている．
　小規模なキャンプでは，ディレクターがプログラム活動の調整を直接監督できるが，参加者の数が増えると，ディレクターは，補助を確保するか，プログラムディレクター（P.D）かコーディネーターにこの一次責任を委任しなけらばならなくなる．進行中の責任は一人の人間が引き受けるようにすることが大切であり，そうすることによって，一人の人間がプログラム全体を評価できる．その人物は，キャンプの目標とねらい，参加者のバックグラウンド，キャンプでの年齢別グループのバックグラウンドについてはっきりと理解しており，また，スタッフとの労働関係を保持する能力も有していることが必要である．こうしたバックグラウンドを把握することによって，キャンプの進行が目標とねらいの達成に向かって進行しているかどうかチェックするこ

とができる.

　キャンプの規模にかかわらず，ディレクターがプログラムの監督指導を完全に委任すれば，運営全体の管理を放棄することになる．言い換えれば，キャンプの保健，食物，メンテナンスを一つの考え方で取り扱い，プログラムがそれと無関係に運営されることはない．プログラムディレクター（P.D）にプログラムを委任するということは，ディレクターがプログラムの監督から完全に降りてしまうことを意味するわけではない．ディレクターとプログラムディレクターは，キャンプ生活を実りある経験にするために，あらゆる側面から検討して，協力し合わなければならない．

　従来型の青少年向け夏季キャンプから，対象がすべての年齢層に広がり，年間を通してキャンプが運営されるようになるにしたがって，プログラムはさまざまなタイプのキャンプや会議などにおいていくぶん違った意味を持つようになってきた．したがって，本章では，従来的なアプローチのみならず，別のタイプのプログラムについても述べることにする．

プログラム作成の原則

1. プログラム作成の第1段階は，キャンプ哲学，目的，目標，ねらいに立ち戻ることである．このことをはっきりと心に留めておかないと，プログラム作成のプロセスを確実に進めることができない．プログラム作成の過程で得られた情報によっては，このプログラムの改訂が必要となることもあるが，それは，方向を意識的に改訂または変更することである．
2. 第2段階は，顧客の興味のある事柄や成長に必要な事柄の見直しである．そのキャンプが青少年のみを対象とするものであったとしても，すでに指摘したように，参加者とその父母は異なった視点をもった顧客であるので，多面的評価を行わなければならない．キャンプの多くは，青少年のみならず，成人，団体，学校，特定の年齢層を対象としており，顧客それぞれの期待とニーズをさらに調査することが必要になる．こうした評価は，アンケート，個人インタビュー，任意の少人数グループにインタビュー調査をするなどの形式で行うことができる．質問項目作成者やインタビュアーの先入観による回答方法を避け，求めるタイプの情報が得られるよう，慎重に設問を作成しなければならない．
3. 第3段階は，いったん評価をまとめた後，キャンプの目標とねらいの再検討である．つまり，潜在的顧客の関心とニーズを満たし，かつキャンプの目標とねらいに合うプログラムを本当に作成することができるか．できなければ，対象者を考え直すか，目標とねらいを練り直すことが必要になる．キャンプを経済的に実現可能なものにするためには，これら二つの要因を調整しなければなないし，またキャンプ共同体全体の支援も必要である．
4. 第4段階は，キャンプ資源の査定である．プログラムの実施予定場所の環境は

どのようなものか？ 施設のみならず，自然環境も注意深く観察すると，その環境にどのようなタイプのプログラムを計画すればよいのかを決定するのに役立つ．そのプログラムで行われる活動やプログラムに必要な施設が，自然環境にそぐわなかったり，損なうものではないか？ そのプログラムは周りの自然環境をうまく活用するものであるか？スタッフについてはどうか？ このプログラムに必要な専門知識やリーダーシップのある人物を見つけられるか？ このプログラムを始める資金源はあるか？ どんなプログラムでもキャンプ参加料金の入金前に，新設コストが必要であるが，新設コストの費用の回収は見込めるか？

5. 第5段階では，ディレクターが他の主要スタッフとともに，具体的なプログラムのねらいと活動内容の練り上げを行わなければならない．このプロセスでは，小規模のグループでの活動と全体グループでの活動，活動的な時間と静かな時間，組織化された時間とくつろぐ時間をバランスよく配分する必要がある．
6. プログラムが明確に定義され，大筋が整い，必要な資金が割り当てられて初めて，第6段階を始める準備が整ったことになる．第6段階は，顧客となる見込みのある人々に対する売り込みである．プログラムを広範に売り込む前に，参加の可能性の高い人々を対象にテストをしてみるとよい．
7. プログラムの実施中と終了時に，第7段階として評価が必要である．評価を行えば，もう一度そのプログラムを行う前に，そのプログラムの改良ができる．評価については後の章で詳述する．

夏季キャンプでのプログラムの特別化

多くのキャンプが，全体プログラムあるいは特定のプログラム活動を絞り込む傾向があり，こうした特別化が参加者獲得手段となっている．この特別化は，スポーツ全般から，バスケットボール，ゴルフ，テニス，体操など特定のスポーツ，外国語から音楽，スクーバからカヌーとさまざまである．こうした特別化は，学校スポーツや商業スポーツに刺激を受けた人々の関心や，自分自身やわが子の特定のスキルを伸ばしたいという願いに向けたものであることが多い．

一方，大部分のキャンプでは，参加者がさまざまなプログラム活動から選択できるような一般的なプログラムや，キャンプ全体あるいは施設全体で行う活動が依然として提供されている．どんな一般的プログラム・キャンプでも，ある特定の活動について他の活動よりもより多くの専門知識や経験を提供することができたり，若年の参加者向けに一般的なプログラムを提供したり，青年の参加者に対してはより専門的なプログラムを提供したりしている．キャンプの地理的状況，たとえば山，海，湖，川などの環境を利用した特別化を行うことがよくある．特別プログラムと一般プログラムのどちらが良いか，悪いかという議論は実際的ではない．というのは，キャンプ経験

の価値は，特定のプログラム活動がどうであるというよりも，キャンプの指導力やキャンプ運営に関わる人，参加者に支持されているか，参加者の目的，人間関係などによるところが大きいからである．

　特別プログラムを行うキャンプや施設のスタッフは，年少児に特定のスポーツのテクニックばかりを強調しすぎないように注意する必要がある．そうしないと子どもの経験が狭くなりすぎてしまうであろう．ある分野を専門とするキャンプであっても，それ以外の活動や経験の機会を提供するべきであろう．一方，一般的なプログラムを行うキャンプでも青年参加者にとっては，より専門的なスキルを身につけるための挑戦の機会や冒険的な活動が必要であることを認識しなければならない．同様に，特別プログラムを行うキャンプでは，より専門的な経験や専門性を身につけさせることに夢中になることによって全体カウンセリングの役割を怠るようではいけない．どのキャンプでもスタッフのすべてが生活ユニットのカウンセラーである必要はないが，どのスタッフも参加者を気遣い，個々の参加者が必要とすることに自発的に対応しなければならない．

段階的なプログラムの作成

　どんなプログラムでも，年齢別グループ分けについて調べる必要がある．これは，どの程度の発達段階であってどんな経験に対する準備が整っている発達段階であるかを把握するのに役立つ．まったく同じプログラムの進めかたで活動を行っても，参加者が8歳の場合と17歳の場合では，どちらのニーズも満たせるわけではない．仮にこのようなプログラムが提供されても，参加者の年齢の分布は最年少と最年長の参加者の割合が非常に低くなるだろう．

　青少年キャンプは，より年少の参加者に向けたものが増加してきている．それと同時に，参加者獲得手段として，キャンプはプログラム活動の多様性を高める傾向がある．プログラムの開発は慎重に計画し多様化しておかないと，年少の参加者が11歳か12歳までに自分はキャンプから得られるものはすべて経験したと感じてしまうことになりかねない．

　成長のニーズとどんな経験に対する準備が整っている発達段階であるかに応じた年齢層別のプログラムのねらいを作成すれば，年少の子どもから高校生までの幅広い年齢層の参加者に，毎年キャンプで違った経験を提供することができる．こうするためには，人間の発達について十分研究し，それぞれの年齢層の子どもの社会性や組織調整能力がどのくらい身についているかを理解することが必要である．ディレクターは，キャンプ・マニュアルに人間の成長段階の特性と各年齢層のニーズの概説をする意図を盛り込まねばならない．各年齢層の特性とニーズに応じたそれぞれのプログラム活動を計画し各年齢層の特徴やニーズに対応していることを強調する必要がある．スタッフ研修では，プログラムの段階的な違いとその考え方を強調するべきだろう．

団体生活

　毎日の生活経験は，毎日一定の時間に提供されるプログラム活動のひとつとして慎重に考えなければならない．生活環境での参加者とスタッフの相互作用，参加者どうしの交流も，どちらも活動のスキルと同様，特定の年齢層の成長の特性とニーズに直接に関係する．特にレジデントキャンプでは1日の時間の多くが，プログラム活動より，むしろ食事，睡眠，宿泊場所での集まりなどの活動で過ごすことになる．デイキャンプでは，確実に1日のかなりの時間がキャンプに到着するまでとキャンプから帰宅するまでの移動，活動場所から活動場所までの移動，昼食や休憩時の集合に使われている．

　こうした時間に生活グループの監督を担当するリーダーは，プログラム活動時と同様，よく気がつき，分別を持っていることが必要である．これは，適切な言葉や声の調子で，世話をやく，干渉しない，ほほえむ，肩に手をまわす，といったことで個人やグループの雰囲気を見違えるようにすることができるという学習の場である．こうした時間についてはプログラムとして計画することはできないが，スタッフ研修の中で，また監督する機会を逃さないことによって学習することができ，敏感になることができる．

　食事の時間はキャンプのねらいを強化するために工夫されるべきであり，一緒に食事をすることによって参加者が学習できたり，社会的な経験ができたりするようにするべきである．このような機会にするためには，テーブルの大きさ，食事のだし方，食卓でのスタッフの役割，食事の前後の予定について考える必要がある．こうした計画づくりは，弁当を持参するデイキャンプの場合でも，複数の食堂があるような大規模なレジデントキャンプの場合でもとても重要である．考え方と行い方は同じである．このことは，参加者が年少の子どもでも年長者の場合でもまったく同じである．

　子ども達にとって，トイレや浴場を団体で使う初めての経験であることもある．どんな時にも，これは生活グループのリーダーがただ監督するだけではなく，態度や言葉，感受性の点でもリーダーシップを示す場である．身の回りのことに対する責任は，こうした施設の利用の仕方の中で教えることができるし，またレジデントキャンプの場合であれば寝所ででも教えることができる．

夏季以外のプログラムの特別化

　夏季以外の活動プログラムを提供するキャンプがますます増えている．青少年向けのこうしたキャンプでは，平日には学校があるため，週末や休日中に行われることになる．こうしたプログラムは自ずから短期間になるが，プログラム作成，計画づくり，スタッフの配置などの準備が少なくなるわけではない．場合によっては，さらに注意を払わねばならないこともある．というのは，短期間にキャンプのねらいを達成する

ためである．プログラム作成の原則を計画づくりの過程にも適用しなければならない．

確かに，短期間のキャンプでの基本的ねらいは，期間内に到達できるものでなければならない．したがって，こうしたねらいは簡潔であり，同時に参加者とスタッフにはっきりと伝えられるものでなければならない．友好な人間関係，食事時間，計画外の活動から得られる生活経験は，夏季の長期キャンプと同様に大切なものである．

成人の夏季以外の利用は幅が広く，週末プログラムから，フルタイムで働いていない人向けの1週間のプログラムまでさまざまある．成人向けプログラム作成の際の注意事項は，青少年向けのものより少ないということはない．スタッフの人数は少なくても良い場合もあるかもしれないが，対象とする年齢層別の発達段階の特性とニーズに基づいたねらいの設定と，計画作りは同じように必要である．事実，ディレクターやスタッフは子どもたちの扱いには経験があっても，最初の準備と計画づくりにはさらに時間が必要な場合もある．

学校向けの野外活動教育プログラムあるいは環境教育プログラムを提供する場合，関係する学校の先生との協力，調整が必要である．プログラムの作成は協力して行うが，その際キャンプのスタッフと資源の強みは発揮すべきである．というのは，キャンプのスタッフにはキャンプの環境資源を最大限に利用するノウハウがありながら施設だけを提供することは資源を有効に利用しないことになり，利用する学校に対しても不親切である．

そのため，多くのキャンプが学校と連携してアドベンチャーコースやチャレンジコースを作成しており，キャンプ環境に刺激に満ちた新たな教育的側面を付加している．しかし，こういったコースは外部の専門家と協議して，慎重に構成する必要があり，また，そのプログラムに必要なスキルと安全性を十分指導することのできる慎重に訓練されたリーダーも必要である．難易度の低いコースだからといって，難易度の高いコースや懸垂下降コースに比べて，能力の低いリーダーでよいとか，安全に関する注意が少なくてよいというわけではない．多くのキャンプでこうしたコースに，問題を抱えた青少年や犯罪を犯した青少年が参加する機会を与えられることが多い．このように利用が拡大され，キャンプの経験から多大な恩恵を受ける人々にサービスを提供することになる．しかし，効果を発揮するためには，慎重な計画と熟練した経験豊かなスタッフが必要である．

多くのキャンプが施設の団体利用を主要なプログラムにしている．キャンプは，年間を通じて地元団体が利用したり，夏季以外の季節にはさまざまな団体が利用するように設計されている．こうした利用がキャンプの主要な目標のひとつであるならば，その目標を達成するためのねらいはプログラム作成過程の後で設定されるべきである．この過程で，キャンプは利用団体が目標を達成するのを助けることになる．こうしたサービスには，サービス志向型のスタッフとプログラム哲学が必要である．単なる一つの収入源とみなしてはいけない．

このタイプのプログラムは，施設が中心となり，利用団体のニーズを満たすことが

できるように開発されなければならない．施設の改善や開発にかなりの額を投資する時にはその前に，その評価を行うことが重要である．

特別なニーズのある対象者

　一定のシーズンのみを特別なニーズのある人々が利用するキャンプもあるが，最初から特別なニーズを満たすように設計されているキャンプも多い．こうした対象者には，身体的に特別なニーズがあったり，プログラムそのもののニーズがあることが多く，そのような人ばかりをグループとしてまとめると彼らの初めてのキャンプ経験をいっそう快適な環境で提供することができる．こうした団体として，高齢者，大都市のスラム地区の青少年，同じ身体的条件を持つ人々（喘息，糖尿病，ガンなど）や，行動が制限されている人々（車椅子使用者や視力障害者など）がある．

　ここ数年，キャンプの活動への参加の妨げにならないかぎり，あるいは，設備が整っていて必要とされるスタッフが利用できる場合には，特別なニーズのある人々を健常者のキャンプ共同体に参加させようと多くのキャンプが努力してきた．1990年に制定されたアメリカ障害者法の規定により，障害者を受け入れるためにより大きな義務がキャンプに課せられた．同法によれば，宗教団体に奉仕する宗教的キャンプを除くすべてのキャンプは，障害のみを理由として障害者をキャンプ・プログラムから排除してはならない（注意：学校，ボーイスカウト，ガールスカウト，その他の公共に奉仕する宗教団体は，アメリカ障害者法が適用される）．

　参加者の側に受け入れの気持ちと慎重な計画があれば，障害者と健常者を統合することで，キャンプ共同体全体がより深い思いやりと学習の機会を得ることができる．ベディニ，ビアレスキ，ヘンダーソンは『キャンピング・マガジン』で次のように述べている．「障害を持つ人々は社会から過剰に保護され，社会から隔絶され，社会参加する選択肢がほとんどない．キャンプは障害者が共同体の中で役割を果たす一員になりうる場である．キャンププログラムを統合することにより，多様性を享受し，障害があってもなくても，各個人が野外での集団生活体験に何かしら貢献できることを示す機会がキャンプにはある[3]」．

　障害者をキャンプに参加させるためにキャンプの全体としての活動を何ひとつ排除する必要はない，という原則は，キャンプという環境の中で可能なすべての活動を利用してきた創造的でやる気のある人々によって繰り返し証明されてきている．

　特別な人々のニーズを満たす際に重要なのは，キャンプ管理者がプログラムを実行する前に，特別な人々のニーズと特徴を調査しておくことである．『キャンプディレクターの入門書』を引用すると「レジデントキャンプであれ，デイキャンプであれ，プログラムに参加しやすいかどうかは，キャンプ場を利用しやすいかどうかと同じ，あるいはそれ以上に大きな問題である．障害のある参加者を統合プログラムにうまく参加させるためには，キャンプ運営のすべての面において慎重な計画づくりが必要で

ある[4]」.

　スタッフには，奉仕することになる特別なニーズのある人々についての学習と理解がさらに必要である．医療スタッフの追加，特別のメニューに対する配慮，設備の改造が必要なこともある．特別の人々のニーズを満たそうとしているキャンプのディレクターは，あることがらをしてはいけないと決め込まないように注意し，プログラムが行えるという姿勢で取り組み，従来型のやり方が機能しない場合には，どうすれば可能になるか代替案を考えださなければならない．

　『キャンプディレクターの入門書』には，障害をもった参加者をプログラムに参加させるため計画を作る際に留意するべきガイドラインがいくつか示されている．第一に，個人を基本として調整を行うこと．プログラムの目標は，参加者の経験ができるだけ自然体に保たれることである．一定の身体的条件が活動の妨げになると一概に決め込まないのがベストである．参加者と協議して，彼または彼女が参加できるために具体的にどんな問題を克服しなければならないかを明らかにする．第二に，必要な部分だけを調整すること．障害を持つキャンプ参加者に便宜をはかるために活動に不必要な変更を加えると，障害者が目立ってしまう．

　どのような調整をすべきかを考えるにあたり，特に考慮すべき3点がある．

● 材料または装置の調整．障害をもつ参加者がある活動に本格的に参加するために特別な装置や臨時の調整が必要なことがある．上半身の力があまりない参加者はソフトボールでバットを振るのは困難だろう（そういう場合は，軽い柔らかいボールとバットを利用するとよい）．また，下半身にマヒのある子どもは，プールの底で足をすりむかないよう靴下を履きたいと思うこともある．

● 手続きとルールの調整．障害者も参加できるようにルールを若干調整すれば，全員参加することが可能になる．たとえば，アーチェリーの一般ルールでは，参加者は各自の矢を回収しなければならないが，車椅子使用者の場合は他の参加者に矢の回収を頼めるようにする，などである．

● スキルの教え方の調整．あるスキルを教える場合に，そのスキルを小さな段階に分け，スキルの各段階を教えるように調整するのは簡単である．

　やるべき調整の多くはたいしたことのないものであり，おもいやりと少しばかりの工夫で簡単に行うことができるものばかりである．もともと共同体で一般的に設定される目標は参加者一人一人のニーズを満たすことなので，その目標を拡大して障害のある子ども達のニーズをも満たすことで，より達成するかいのある目標になると考えればよい[5]．

特別プログラム活動

　キャンプ環境で行われる活動は多様化し続けている．特別なキャンプ哲学で行う場合や，参加者の通常の生活環境では簡単にできないがキャンプ環境だからこそできる

ことを考慮する場合を除いて，活動の多様化には，事実上限界はない．ほとんどの場合，自然資源や環境資源に恵まれた環境にキャンプがあるため，可能なかぎりこうした資源を使ってプログラムを組み立てていくことに利点がある．

ここでは，キャンプできわめてよく行われる活動の一般的な分野について述べたい．

陸上スポーツとゲーム
- 団体スポーツ：ソフトボール，野球，バスケットボール，アメリカンフットボール，サッカー，ラクロス，バレーボール
- 個人スポーツ：テニス，バドミントン，アーチェリー，ライフル射撃，乗馬，蹄鉄投げ，卓球
- 体を動かすゲーム：テザーボール（柱からひもで吊り下げられた球をラケットで打ち合う2人用のゲーム），いろいろなキャンプで開発されている追いかけっこの類すべて

ウォータースポーツとゲーム
- 水泳：水あそび，水泳指導，シンクロ，競泳
- 活動：水球，釣り，水中バレー
- 操船技術：カヌー，ヨット，ボート，カヤック，水上スキー，ウィンドサーフィン
- すべり台

芸術
- パフォーマンス芸術体験：音楽，ダンス，演劇，創作文
- 美術工芸：絵画，陶芸，皮革工芸，金属工芸，織物，木工，宝飾，ネイチャークラフト，写真

アウトドア活動
- 野外生活スキル：野外キャンプ，斧の使い方，火おこし，野外料理，小屋づくり，テント張り，オリエンテーリング，ロープ結び
- 身体活動：ハイキング，登山，バックパッキング，カヌー，スキー，クロスカントリースキー，かんじき歩き，ロープコース
- 自然志向：ネイチャー・ハイク，水上生活，バードウォッチング，ロック・クライミング，自然保護活動，天体観測，動物の話，蝶の話，園芸

乗り物
- ゴーカート，自転車，飛行すること

特別行事
- キャンプではあるテーマでキャンプ全体のイベントをすることがよくある．7月のクリスマス，レガッタ，ポール・バニヤン(米国中西部の民話で怪力無双のきこり)の日，サーカスやカーニバル，いろいろなスポーツの競技会，仮装行列等である．一般的にこうしたイベントの場合，スタッフは，企画の段階から準備，衣装，パフォーマンスに参加する．イベントがビジターの日や家族のための週末行事として行われることもある．

親睦レクリエーション

こうしたイベントは，生活エリアで行う静かなゲームからキャンプ全体での野外料理や宴会まで多岐にわたる．ジェスチャー遊びや寸劇などの装置のいらないゲームは，キャンプファイヤーや夕方の親睦レクリエーションプログラムの定番である．歌もこうしたイベントでは重要な要素であることが多く，よくキャンプファイヤーや夕方のプログラムの一部とされている．食事の時間は，グループで歌ったり，キャンプの雰囲気づくりをして，1日の楽しみとなるようなイベントを行うよい機会である．

精神志向型活動

精神志向型活動は，無宗派の夕拝，チャペルでの礼拝，就寝時の座談から，もともと宗教的な重点事項がプログラムの焦点であるような宗教関連のキャンプまでさまざまある．宗教関連のキャンプでは，聖書研究グループや宗教的な日々の礼拝のほか，集団生活経験のすべての面において宗教的な原理が重視される場合もある．ほとんどすべてのキャンプでは，参加者の人格形成，人生における精神面の認識と，精神の身体的・心的・情緒的・社会的要素への統合を助けるために用いる独自の方法を開発している．クラリス・M．バウマンは次のように語っている．「精神の価値は，単に求めた結果の一つではない．むしろ，他の価値すべての集合の核を形成するものであり，プログラムの心臓部である．言葉で精神的な価値が語られることはほとんどないかもしれない．しかし，リーダーの精神が伝わり，キャンプに参加している動機が伝わり，達成しようとする目標を理解し，参加者が楽しい活動に参加することによって得られる参加者自身の価値ある目標をみつけるのを助けようとする思いやりの中にこうした精神的価値が存在するならば，必ず伝えられるものである[6]」．

プログラム・イベントの基準

活動でもプログラム・イベントでも，そうした行事の準備段階に適用しなければならない固有の基準がある．リスクマネジメントに関連する部分は9章に述べたが，全体としてはキャンプの運営の品質に関するキャンプの本質から生じるものである．

リーダーシップ

　リーダーシップはどんなプログラム活動においても重要であり，スタッフに能力があるかどうか，また十分なスタッフがいるかどうかをまず最初に考慮しなければならない．その活動を参加者にとって充実した経験にするためにはどんなスキルが必要か．その活動を行うためには資格の証明（赤十字の証明書など）や規定の研修を受けていることが必要かどうか，スキルを教えることがその活動に含まれている場合，そのスタッフに教える能力があるかどうかが求められる．というのは，スキルを持っていることと，そのスキルを他人に教えることはかなり違うからである．

　活動に関連するスキルのほかに，活動を指導するスタッフは，その活動を行うにあたってキャンプが設定した安全規定にしたがったトレーニングを受けなければならない．また，活動の環境に存在するかもしれない危険や起こり得るいかなる状況を，認識できる分別を備えているべきである．活動を行う際に遵守しなければならない安全手順はどのようなものか．どのような緊急事態が起こり得るか．そのときどのような手順をとるべきか．スタッフやその場にいる者は，救命救急訓練や活動中の事故や身体状況から起こり得る状況についての研修を受けておく必要がある．

適切な用具

　活動を行うためには適切な用具が必要であり，また十分な数のストックがあれば参加者を長く待たせたり，危険を生じさせるようなことはない．「適切な」とは，用具が参加者の年齢と体格に応じた大きさであることを必要とする場合をいう．ボートを使った活動の際に，成人サイズの水中救命胴着を9歳の子どもに使わせることは，不適切かつ危険である．ライフル射撃やアーチェリーなどのように，リーダーがいる時以外は自由に使用できないように用具を保管しなければならないこともある．いかなる場合にも，用具は定期的にチェックし，きちんと保守点検しなければならない．

適切なスキルレベル

　ある活動をどのレベルで行うかは，参加者の年齢とスキルで決まる．年齢とスキルについての適格要件の目安を最初に設定しておくとよいだろう．活動を監督し，指導できるスタッフの数が限られている場合，参加人数を制限する必要がある．その場合も，参加者一人一人が安全で充実した時間を確保できるように，スタッフの人数に対する参加者の割合を前もって設定しなければならないだろう．

　多くの場合，いろいろな国家機関によって作成された指導教材や資格認定プログラムに，必要な指導の手引きや指導方法が示されている．しかしながら，国家的な資格認定プログラムのない活動も多い．しかし，ほとんどの活動については，ディレクターやプログラムディレクターが検討できる指導教材があり，指導・監督の仕方を文書にまとめることをサポートできる専門家も存在する．

　利用できる多様なプログラムを検討すると，リスクとスキルにはさまざまなレベル

があるのは明らかである．これらの要因は，各人にとっても各プログラムにとっても考慮されるべきであり，キャンプのリスクマネジメントの一部になるが，当然，懸垂下降にはキャンプ全体でのキャンプファイアーよりもはるかに詳細な検討が必要である．

構成要素

　プログラム活動のスケジュールづくりと利用方法は，4章で述べたようにキャンプがどの程度中央集中型であるか，あるいはどの程度分散型であるかによって違ってくるが，プログラムに対するどんなアプローチでも考慮すべき要素がいくつかある．キャンプが中央集中型であれ，分散型であれ，折衷型であれ，さまざまな構成要素が用いられるのが普通である．

生活グループ

　分散型プログラムでは，生活グループがプログラム達成のための主要な構成要素である．しかし，どんなプログラムでも，生活グループには単なる食事や，キャビンの掃除や，就寝前の会話，あるいは毎日割り当てられた時間など，一緒に何かをする時間がある．スポーツや遊び的なコンテストをして，他のグループと競争させるキャンプもある．しかし，こうしたことで過剰に競争させることは，グループ生活の真実の目標達成に対して逆効果である場合もある．

個　人

　多くのキャンプでは，個人は午前と午後に設定された時間に活動を選択できるようになっており，プログラムは個人の興味，スキル・レベル，表明されたニーズに合わせてある．活動を選択する場合，一定の活動には参加資格に制限があるのが普通で，最低でも1日に一つの活動を行うことを条件にすることもある．

　いかなるキャンプ環境でも，個人が自由な時間を持ち，自分で何かをすることができる機会が必要である．何かの工芸を行ったり，湖畔で釣りをしたり，単に丘で寝そべって雲を見つめたり，別のユニットにいる友人を訪問したいかもしれない．スタッフを適宜配置して，問題が起こったときに地理的に手の届くところにいるようにすべきである．こうした時間帯は，食事の後や参加している活動の後に設けておく．そうすれば，カウンセラーが人数の確認をしやすく，迷子がいないかチェックできる．

趣　味

　いくつかの生活グループから共通の趣味を持つ者を集めて時間を過ごさせるのはメリットがある．趣味だけでなく，特殊技能を持つ者を集めて，たとえば，カヌー旅行に行ったりする．時には，遺跡の発掘や小川に小さな橋をかけたりすることに興味の

ある者をあつめるようなプロジェクトも考えられる．キャンプは柔軟に対応できて必要なスタッフのサポートを提供できると，キャンプ生活をわくわくするようなものにできるのである．

指　導
　キャンプにスキル別のクラスがあって，参加者が一定のレベルに達したら，上のクラスに移動することはよくある．水泳指導などはこのやり方で行われるのが普通である．

ユニット
　いくつかの生活グループがまとまり，ユニットまたはセクションになっているのが普通である．青少年の場合，このユニットには2～3歳の幅があってよい．ユニットごとに夕方のプログラムを計画したり，1日1食を屋外で調理したりすることがよく行われる．この作業はユニットの宿泊グループが同年代で成熟度が同じ場合にもっともうまくいく．

キャンプ全体
　うまく計画されたキャンプ全体のイベントに参加して熱中できることは，他のどんな種類の活動にも比較できるものではない．この種のプログラムはグループ単位のものよりも人を惹きつけるし，面白いものになり得る．この種のイベントで参加者が人前で演劇を行ったり，生活グループで寸劇を行ったりする機会が与えられることが多い．
　長期のキャンプでは，その期間の終了近くに2～3日にわたって，あるテーマを取り上げてキャンプ全体の活動を行なう場合がある．生活グループやユニットでイベントに関わったり，個人で参加することもある．

バスでの移動
　デイキャンプでは，参加者はキャンプ地までバスで移動することが多い．バスの中の時間はプログラム構成要素の一部として利用すべきである．運転手以外のスタッフが指導と監督を行うために乗車する．新たにキャンプに参加する者たちの不安が生まれたり，興奮して騒ぎだし手におえなくなることもある．レクリエーション活動の中には本質的に個人で行うものもあれば，バスの中でグループ分けを行うものもある．歌を歌うことは気分の発散になり，グループ精神を形成するチャンスにもなりえる．運転手の邪魔にならないように，飽きないように楽しい雰囲気を持続させるのはなかなか難しいことがわかる．

1日の時間配分

　1日の活動の時間配分は，活動内容やその行い方と同様に重要である．多くの子ども達のエネルギーと活動のニーズを満たすため，たくさんの体を動かす活動が必要である．一方，静かな時間，安らぎ，休憩，個人の自主的な時間も必要である．日中の休憩は，参加者とスタッフがベッドや木の下に横になったり座ったり，あるいは手紙を読んだり書いたりできる時間として組み込まれなければならない．参加者の年齢によってはこの休憩時間をとらせるためにわかりやすく説明したり監督することが必要である．年少の子ども達を就寝させるには厳しく言い聞かせたり，型にはまったやり方を決めておく必要があるだろうが，午前中活動的に過ごしていれば，いったん横になればすぐに寝入ってしまうものである．十代の場合はもっと柔軟なアプローチでよいだろう．もちろん，成人の場合でもこの種の休息の時間が必要である．

　予定されている活動を参加者の選択によって変更できるようにしたり，生活グループの活動に教育的な活動を取り入れたりすると，参加者にとって多様性と関心事が増えることになる．

　レジデントキャンプでは，夕方は日中とは違ったペースで活動ができるチャンスでもある．日中の活動が小規模グループまたは生活グループで行われるのに対して，ユニット単位とかグループを大きくして夕方の活動を行うことができる．日常の活動が一般的なものであっても，特別のものであっても，キャンプでの夕方は生活ユニットの活動のよい機会である．スタッフや参加者からプログラムのアイデアが豊富に出てくるなら，キャンプ運営の手順を替えていい場合もある．しかし，スタッフがスタッフ研修中や夏の間にさまざまなプログラムの資料を熟読しておくと，スタッフと参加者がアイデアのバリエーションや新しいアイデアを生み出す刺激となることが多い．また，夕方の早い時間に体を動かす活動や騒々しい活動を行って，活動の時間配分をすべきである．レジデントキャンプでは，就寝時間が近づくにつれて，活動のペースを落とし，喧騒のレベルを下げると，カウンセラーが生活グループを就寝のため静かにさせるのに役立つ．

チェックポイント

1. あなたのキャンプで昨年の夏行われたプログラム活動を箇条書きしなさい．
2. それらの活動に対してプログラム作成基準を充たしているかどうかテストして他のプログラムの方向性が考えられるかどうか考えてみなさい．
3. 修正したプログラム活動のリストを用いて一つ一つの活動が次の項目を充たすかどうかテストしなさい．
   - 実績と資格のあるスタッフがいるかどうか．
   - 施設，器具が必要を充たしているかどうか．
   - 安全対策，非常時対策があるかどうか．

- 参加者の適正人数.
4. キャンプでの一日の流れを見なおして次の項目のための時間があるかどうか考えなさい.
   - 激しい肉体的な活動.
   - 静かな, 思索にふけることのできるくつろいだ時間.
   - 参加者が自分で選んだ活動をする時間.
   - 新しいスキルを学習する時間.
   - 参加者が他の生活グループの参加者と交流する時間.
5. 特別なニーズのある人を対象にキャンプを行いますか. 行うとすれば, その特別なニーズとは何ですか.

参考文献
1) Goodrich Lois, "Time for Discovery." Camping Magazine 52:1 September, 1979. P.16
2) Dimock, Hedley S. 1948. Administration of the Modern Camp. New York; Association Press. P.123
3) Bendini, Leandra A; Bialeschki, M.Deborah; Henderson, Karia A. "The Americans With Disabilities Act: Implications for Camp Programing," Camping Magazine.60:4 March/April, 1992, P.53.
4) National Camp Executives Group. 1992. Camp Director˼s Primer to the Americans With Disablities Act of 1990. Monticello, NY: Markel Rhulen Underwriters and Brokers. P.17.
5) 前掲 pp.17-20
6) Bowman, Clarice M.1954. Spiritual Value in Camping. New York: Association Press. P.39-40.

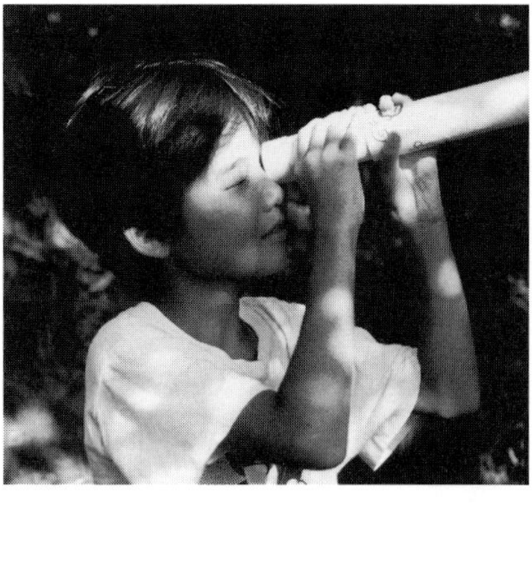

13章 運営と監督：組織サポート体制

　しっかりとした管理体制があれば，あとの問題を回避できる．プログラムを最大限に経済的にかつ効果的に運営するためにはわかりやすい記録を残さねばならぬ．プログラム上，健康・安全・衛生面の管理は，食事・居住環境・交通手段とおなじように重要視すべきだ．事実，責任ということを考える場合，キャンプの中でどこまでが管理体制でどこからがプログラム活動なのかその線引きは難しい．

ジェラルド・P．バーンズ[1)]

　あらゆる作業がキャンプ生活の一環であるが，ある種の作業は，キャンプ生活における実際のプログラム運営にくらべると軽視されがちである．危機管理にかかわるだけでなく，こうした作業は実際のプログラム活動を補足するものであり，その重要性はいくら説明しても説明しつくすことはできない．

健康管理

人　事

　適切な健康管理責任者を前もって決め，医療に関する規則と健康管理方法をしっかり確認しておくと，ディレクターのシーズン中の負担を大きく削減することができる．ディレクター自身が医療分野の専門家であることはまれだが，健康管理責任者の役割を熟知しておく必要がある．

　キャンプの担当医師は慎重に選ばなければならない．というのも，ディレクターは，小児治療やキャンプ生活の特性についての知識がある医師からのアドバイスを必要とするからである．委員会制度をもったキャンプ組織ならば，医師または看護婦が在籍する健康管理委員会があるかもしれないが，その場合でも，そのキャンプと契約している医師がキャンプにいることになるわけではない．契約書を作成する，もしくは医師がキャンプに奉仕する意志を記述した文書を用意するべきだろう．ディレクターはキャンプ医師と相談し，次の事柄について決めておく必要がある．

● スタッフ，キャンプ参加者の健康診断にかける時間．
● 健康管理責任者に必要な資格と担うべき責任．
● キャンプへの到着時，および終了時出発前に注意しておくべきスタッフ，参加

者の健康状態判断の手順.
● キャンプ期間中の健康管理プラン.
　スタッフのなかに医師か看護婦が常駐していれば理想的であるが，特殊な場合をのぞき，短期間のキャンプにこれを望むことは現実的ではない．長期間にわたるキャンプでは，医師と看護婦をスタッフとして迎えたり，キャンプによっては参加者の親やキャンプ経験のある医師を夏の間，数週間交代でキャンプに参加してもらうこともある．
　健康管理責任者にふさわしい医師がスタッフのなかにいない場合，正看護婦を迎えることが理想的である．それも無理ならば，その他の手段を講じなくてはならない．デイキャンプでは，救急医療士や救急救命士の資格をもつ健康管理責任者や，アメリカ赤十字救急療法や救急看護兵資格などの応急治療の知識をもつスタッフがいれば健康管理責任を遂行することができる．ただしその場合，その健康管理者がキャンプにくわしい医師・正看護婦と日常的に交流しているか，あるいは医療施設がキャンプ地から1.5km以内にある場合にかぎられる．図13.1に健康管理に関するさまざまな資格を一覧表にしている[2]．どんな場合でも，健康管理責任者とキャンプ地周辺の医療施設との取り決めを文書にしておく必要がある．特殊な医療を必要とする参加者を対象とするキャンプでは，医師または正看護婦は当然常駐していなければならない．
　看護婦の人選にあたって，キャンプにとっても看護婦にとってもよい経験とするためには，看護婦としてどのような経験をもっているかを慎重に判断することが大切である．キャンプ医療では医師からの指示がないので，病院勤務の経験しかない看護婦には向いていない．緊急医療室や小児科での勤務経験，または学校の保健室勤務の経験のある看護婦が適切であろう．応急治療の経験も必要である．というのも，キャンプにおいて頻繁に発生する軽傷に対する医療業務は，診察や長期治療よりも応急処置を必要とするからである．
　健康管理責任者，あるいは看護婦が応急治療の資格をもっていない場合は，アメリカ赤十字，またはナショナル・セーフティ・カウンシルの応急治療資格をもった人や，さらには救急医療士（EMT）研修をうけた人をスタッフに採用する必要がある．レスキュー隊員として，アメリカ赤十字の心肺蘇生法を習得したスタッフがいることも必要である．このコースでは，患者の年齢に応じた心肺蘇生技術，2人がかりで行う心配蘇生術，呼吸器の使用の仕方も身につけることができる（ナショナル・セーフティ・カウンシル，アメリカン・ハート・アソシエーションでもこの技術の研修を行っている）．こうしたスタッフは他のスタッフとはまったくことなった役割を果たすが，トレーニングの補助をしたり，必要な時には応急治療を行ったりできる．レジデントキャンプの場合，上記の資格をもっていれば健康管理責任者となることもできるが，医師または正看護婦が毎日キャンプを訪れ，一定レベルの健康医療の実践を保証するためのきめ細かな指導が行われる場合に限られる．
　「新しく看護婦を迎えるとき，とくにキャンプの経験のない看護婦の場合は，うま

く皆に溶け込めるよう，キャンプ責任者は十分に気をくばる必要がある．彼らが"助けを必要とする"ことも少なくない．とくに経験の浅い看護婦からよく聞かれる不満の一つは，自分達にキャンプ運営に関わる一員であるという意識を持たせてくれようとしない，というものである．病院では同僚との助けあいがあるが，キャンプではそれがないため，初めてキャンプで働く看護婦は人里離れたキャンプ共同体の中で孤独になりがちで，環境になじみにくい[3]」．これは，キャンプ看護婦のルイーズ・クズプリナの指摘である．ディレクターは，人間性を追求する仕事に従事する者として，この特殊な環境の中でそれぞれのスタッフの事情を考慮し，こまやかな配慮をする必要があることを理解するべきだろう．

健康管理プラン

　スタッフ・トレーニングに先だって，健康管理責任者とキャンプ管理者は，キャンプ医師と入念な打ち合わせをし，キャンプにおける医療規則（155ページ参照）の見直しとあらかじめ文書で用意した健康管理プランを確認しておく必要がある．健康管理プランには，次の事柄が含まれる．

- 健康管理責任者が取り仕切る医療実施要綱および作業規準を確認する．作業規準とは，トレーニングによって正看護婦も医療にあたれるよう，さまざまな医療行為を規定するものである．医療実施要綱には，キャンプに随行する正看護婦の有無にかかわらず，応急治療，緊急処置，健康診断，日々の健康管理，専門的治療の手順やそれに伴う責任の所在が含まれる．入念に検討し，必要があれば修正を加えて，医師の承認を得た上で，健康管理責任者・キャンプ責任者・医師は，それぞれコピーしたものを所持しておく．検討する際，前年の作業標準があれば医師の参考になるだろう．医師が作業標準を承認することを嫌う場合，健康管理責任者とディレクターで文書にした健康管理手順を作成したものを，医師に見直してもらい，修正してもらった個所にイニシャルのサインをもらうのがよい．
- 前年に使用された医薬品・応急治療用品リストを検討し，医師のすすめにしたがって修正を加える．
- 前年において，医師・ディレクター・健康管理責任者が直面したさまざまな問題の検討．
- 入院治療・緊急時に最初にどこに知らせるか，その後でどこに知らせるかといった取り決めについて明確にしておく．ディレクターは，医師指定の病院，および他の救急外来受付可能の病院などの緊急サービスに患者を受け入れてもらえる旨の取り決めを行った文書を準備しておく．
- 保険・医療費請求の手続きの確認．
- 健康管理責任者および有資格健康管理スタッフがプログラム活動中で不在の場合の応急治療の取り決め．

健康管理資格の比較
注：以下は目安であり、州の現行法の規定が優先する

資格	実践能力の条件	教育に基づく主技能	診断、薬の処方能力	応急処置能力	健康管理ニーズに対するスキル	必要とする設備
医師(MD)	州で医師の資格をもち、医療に自律的に従事する。	病気、ケガの診断と治療。	診断、病気の治療に関する技能。	経験による。救急治療室能力は専門分野にもよるが信頼できる。	ケガ、病気に関する個々の需要に応じる事ができる。心理社会的、共同体での健康領域は広範囲におよぶ。	ラボやX線室その他医療機器。病状判断スキル。
医師の助手(PA)	医師の監督下で、従事しなければならない。州によりにより仕事の範囲が異なる。	医師の診断の助手として働く。ケガや病気によっては監督下で治療を行う。	一般的なケガや病気に限り、医師の監督下で行うことのできる能力。	経験による。	ケガや病気に応じて治療する事もできる。共同体での健康管理能力は広い。病状判断スキルについては経験によって異なる。	ラボやX線室の利用もできることもある。病状判断スキルについては経験によって異なる。
正規の看護婦(RN)	州の登録免許を持つ。看護婦として実際の、または可能性としての診断、治療を行う。自律的に仕事をする事ができる。	病状の説明によって実際の、または可能性としての診断、治療を行う。	看護診断。薬の処方はしない。医師の指導により薬を使う事ができる。治療を処方することもある。	経験によって異なる。	BSNレベルで教育を受けていれば心理社会的、共同体の健康管理ニーズに対応できる。	最低限かつ一般的な器具。病状判断経験、受スキルは経験、受けた教育により異なる。

看護実習生 (NP, ARNP)	州によってはこの資格を認めていない。州の規定を確認の必要あり。	健康の問題に対してのアドバイスやケガ、病気に対する処方や治療を行う。	一般的なケガや病気に対して診断。州によって異なる。処方については承認を受ける必要がある。	経験によって異なる。	実習生教育のなかで強調されたことに基づいて心理面も含め健康管理ニーズに対応できるか。	経験によりちがうが、X線室、病状判断スキルは異なる。
正式看護実習生 (LPN、またはLVN)	州で実習することができる免許を持つ。監督を要する。	ケガや病気の治療を手伝う。	正看護婦や医師の監督のもとで治療を行う。	正看護婦や医師の指導の元で働く。	個々のニーズにはこたえるが、心理面は限られる。共同体の健康管理ニーズに対する教育は受けていない。	最低限の器具。最低限の判断スキル。
救急医療技術士	州により異なる。	救急状況により反応する。	救急事態である事を判断する。処方はしない。	救急事態対処が主なスキルであり、キャンプ環境の中での仕事には研修の必要がある。	緊急事態に対する個々のニーズに焦点を合わせる。健康管理トレーニングは受けていない。	一般的な救急の器具を使う事ができる。(例：救急車の器具)
応急治療士		生命が危ない状態に反応する。	生命が危ないことに気づく。処方はしない。	トレーニング、経験により限られる。	共同体の健康管理トレーニングなし。	そこにあるものを使ってなんとかする。

図13.1 健康管理に関するさまざまな資格

- 特殊な治療を必要とするキャンプ参加者団体の利用があるかどうかの検討とその場合の取り決め．
- シーズン中にキャンプ地を訪問してもらう医師の手配．
  さらに，ディレクターと健康管理責任者は，その他予想される事態への対応を検討し，健康管理プランに付加しておく必要がある．
- キャンプ到着時の健康状態判断手順と，どんな記録を保管するかについて：デイキャンプでは必ずしも必要ではないが，健康状態判断は毎日行う体制を整えておくのがよい．疑わしい徴候が見つかった場合の連絡方法も検討しておく．
- 健康管理責任者が保管すべき記録類について：健康診断記録，健康状態判断記録，参加者およびスタッフに対する応急治療処置や症状を記録する日誌，ケガ・事故の記録など．
- キャンプ本部・病院・医師のサインが必要な保険の申請手つづきについて．
- キャンプにおける健康・衛生管理体制の取り決めについて．カウンセラー，キッチンスタッフ，維持管理スタッフの役割を明確にしておく．
  - キャンプ全体の定期的な健康調査プラン（誰が健康管理責任者に付き添って宿泊所の健康調査を行うか）
  - 医療に使用されたリネンの洗濯・ゴミ処理・医療品廃棄処理の手順
  - カウンセラーによる日常的な参加者の健康面全体の管理上の手順（医療センターの利用のしかたを含む）
  - キャンプ全体から出るゴミの保管，収集，処理の方法
  などもこれに含まれる．
- ドライバー，自動車のキーの場所，ガソリンなど，緊急時の輸送についての取り決め．
- 医療センターに保護されている参加者の食事について．食事内容，調理場からの食事の受け取り方など．
- キャンプ医師のもとへの患者輸送，処方箋の確保，医師・病院・緊急サービス施設・参加者の家族，キャンプスタッフへの電話連絡の手順について．
- 医療物資の補給・保管のしかた．麻酔薬・医師の処方箋を必要とする薬品の保管場所（鍵付きのキャビネットや冷蔵庫など）の検討．
- 応急治療・心肺蘇生術に対応できるスタッフを必要とする活動，配置の特定．
- 医療資格をもたないスタッフにも行える医療処置，医療資格のあるスタッフ以外は行ってはいけない医療処置，医療品廃棄物，血液，体液などの衛生的処理について．
- 医療資格をもったスタッフの不在時，外出プログラム，外出キャンプ，カヌー活動などで，生命にかかわる緊急事態が発生した場合の対応策を含む通常の健康管理手順について．
- 健康管理責任者が，予防的，かつ総合的立場でキャンプ全体の健康管理を行え

るための手順．居住区画，調理場，食事場，水場など目の届かないところについて，健康管理責任者がキャンプ全体の健康面を管理することができるように各担当者との連帯を確認しておく．

こうした健康管理プランは，医療センターに保管するだけでなくキャンプの危機管理プランの一環として取り扱わなくてはならない．健康管理プランのなかには，調理スタッフなど非医療スタッフがその責任を負う部分もあるが，プラン全体の責任は健康管理責任者にある．

スタッフ・トレーニング

キャンプに先立つトレーニング期間では，健康管理責任者とキャンプ医師は，健康管理プラン上，各スタッフがどのような役割を担うかを理解してもらわなければならない．緊急事態への対応を記した文書を用意し，項目によっては模擬練習をしておく必要がある．応急治療の基礎訓練はすべてのスタッフが行わなければならない．緊急事態に備え，応急治療・心肺蘇生術の資格をもつ人のリストを作成しておくとよい．血液が感染源となる病原菌，B型肝炎の危険性を明らかにし，直接手を触れないように警告し，どうしたらよいかを明らかにしておかなければならない．

スタッフには，医療センターは重大なケガや疾患の治療を行うだけでなく，キャンプ生活のさまざまな必要に日常的に奉仕する場であり，親しみやすく，誰もが利用できるキャンプ生活における必要不可欠な場であるという認識が必要である．健康管理責任者は，ホームシックや精神不安，その他の精神疾患に対応しなくてはならないことも少なくない．水場やクラフトショップでの活動，キャンプファイヤーなど，さまざまな娯楽活動に医療スタッフを参加させれば，医療スタッフもキャンプの一員として親しみを持たれるだろう．適切な態度で接していれば医療にはほとんど縁のない参加者やスタッフが抱えるさまざまな悩みにも看護婦が耳を傾けることになるだろう．

参加者達の健康を管理する日常的任務への理解を深めるうえで，カウンセラーは健康管理責任者と密接な関わりをもつ必要がある．参加者の健康状態に特殊な問題が起きた場合，カウンセラーはどのように報告しなければならないか，医療センターにはどのタイミングで収容すべきか，日々の生活において，着替え，清潔状態，食事，睡眠時にどのような徴候や問題に目を配るべきか，理解しておくべきである．宿泊施設の衛生状況が参加者やスタッフの健康状態にもたらす影響を強調しておくことはとても大切である．

健康管理においては，調理場，修理修繕施設，活動エリア・居住施設などの定期的な点検確認だけでなく，毎日の観察が重要である．他のスタッフから「偵察している」と思われてはならないが，健康管理責任者は，あらゆる不慮の事態を想定して行動する必要がある．なにか問題が発覚したら，すぐにその場の責任者かキャンプ責任者に報告することである．生命に関わる事態でないかぎり，当事者であるカウンセラーや手近にいるスタッフに直接問題を指摘することは賢明ではない．それよりもその場を

キャンプ参加者用の健康診断書 アメリカキャンプ協会(ACA)作成 この書類に書かれた事柄は，必要な留意事項を把握するためのものであり，これによって参加条件が変わることはありません．	＿＿月＿＿日までに以下に郵送願います

氏名＿＿＿＿＿＿＿＿＿＿＿　誕生日＿＿＿＿＿　性別＿＿＿＿　年齢＿＿＿＿
保護者(配偶者)＿＿＿＿＿＿＿＿＿＿＿
住所＿＿＿＿＿＿＿＿＿＿＿＿＿＿＿＿＿＿＿＿　電話番号＿＿＿＿＿＿＿
勤務先住所＿＿＿＿＿＿＿＿＿＿＿＿＿＿＿＿＿　電話番号＿＿＿＿＿＿＿
保護者以外の緊急時連絡先
住所＿＿＿＿＿＿＿＿＿＿＿＿＿＿＿＿＿＿＿＿　電話番号＿＿＿＿＿＿＿
勤務先住所＿＿＿＿＿＿＿＿＿＿＿＿＿＿＿＿＿　電話番号＿＿＿＿＿＿＿
上記以外の緊急時連絡先
氏名＿＿＿＿＿＿＿＿＿＿＿＿＿＿
住所＿＿＿＿＿＿＿＿＿＿＿＿＿＿＿＿＿＿＿＿　電話番号＿＿＿＿＿＿＿
医師より，健康管理上の留意事項
過去2年以内に上記キャンプ参加希望者の健康診断を行いました．　診断日＿＿＿＿＿＿＿
私の所見としては上記参加希望者の健康状態は活動的なキャンププログラムに参加するのに
　何の問題もありません□　　　　　　　　　　　問題があります□
上記参加希望者は次のような状態で医者の治療中です
＿＿＿＿＿＿＿＿＿＿＿＿＿＿＿＿＿＿＿＿＿＿＿＿＿＿＿＿＿＿＿＿＿＿＿＿＿
＿＿＿＿＿＿＿＿＿＿＿＿＿＿＿＿＿＿＿＿＿＿＿＿＿＿＿＿＿＿＿＿＿＿＿＿＿
現在治療を行っている場合，その治療の内容(現在服用している薬を含む)＿＿＿＿＿＿＿
＿＿＿＿＿＿＿＿＿＿＿＿＿＿＿＿＿＿＿＿＿＿＿＿＿＿＿＿＿＿＿＿＿＿＿＿＿
けいれん，ひきつけ，意識不明になったことがありますか．あればどんな症状であったかの説明
＿＿＿＿＿＿＿＿＿＿＿＿＿＿＿＿＿＿＿＿＿＿＿＿＿＿＿＿＿＿＿＿＿＿＿＿＿
てんかんの経験はありますか　□はい　□いいえ　　糖尿病はありますか　□はい□いいえ
キャンプでの留意事項，制限事項
キャンプで継続の必要な治療があればお書きください＿＿＿＿＿＿＿＿＿＿＿＿＿＿
＿＿＿＿＿＿＿＿＿＿＿＿＿＿＿＿＿＿＿＿＿＿＿＿＿＿＿＿＿＿＿＿＿＿＿＿＿
キャンプで服用する薬がありましたらお書きください(具体的に服用の注意事項)
＿＿＿＿＿＿＿＿＿＿＿＿＿＿＿＿＿＿＿＿＿＿＿＿＿＿＿＿＿＿＿＿＿＿＿＿＿
特に食事療法，食事制限がありましたらお書き下さい＿＿＿＿＿＿＿＿＿＿＿＿＿＿
＿＿＿＿＿＿＿＿＿＿＿＿＿＿＿＿＿＿＿＿＿＿＿＿＿＿＿＿＿＿＿＿＿＿＿＿＿
アレルギーがありましたらお書き下さい(食物，薬，植物，昆虫など)
＿＿＿＿＿＿＿＿＿＿＿＿＿＿＿＿＿＿＿＿＿＿＿＿＿＿＿＿＿＿＿＿＿＿＿＿＿
特にさせたい活動，または活動の制限があればお書きください
その他の健康管理についての留意事項　＿＿＿＿＿＿＿＿＿＿＿＿＿＿＿＿＿＿＿
医師の署名＿＿＿＿＿＿＿＿＿＿＿＿＿＿＿＿＿＿＿＿＿＿＿
住所＿＿＿＿＿＿＿＿＿＿＿＿＿＿＿＿＿＿＿　電話番号＿＿＿＿＿＿＿
日付＿＿＿＿＿＿＿
医師以外の人が記入した場合の署名＿＿＿＿＿＿＿＿＿＿

図13.2　健康診断書

キャンプ健康管理記録 個人用 アメリカキャンプ協会(ACA)作成		キャンプ名		キャンプ参加者氏名
氏名			年齢　　　　　性別	
キャンプ開始日			終了日	
検診	到着時	出発時	キャンプでの要留意事項	宿泊部屋番号
身長				
体重				
体温				
視力				
聴力				
咽喉				
歯				
姿勢				
皮膚				
脚				

図 13.3　キャンプにおける健康管理記録（裏面も健康管理記録用に使用）

管轄する責任者の注意を喚起するべきである．
　参加者に応急治療や事故防止対策の指導を行う際は，キャンプ地の特徴を考慮して行わなければならない．スタッフが遠方から採用されている場合は，とくにこの点が大切である．つまり，ここでは地域特有の有毒植物や，その類の健康を害する要因，例えばライム病（ダニが運ぶバクテリアが原因の伝染病）のような疾患について知っておくことである．
　病気の伝染のしかた，手を洗うなど，伝染病の予防知識も教えなくてはならない．キャンプでは，血液が感染源となる病原体を含む病気の伝染についてや，その伝染を防ぐための普遍的な予防措置についての指導を行うことが義務づけられている．血液が感染源となる病原体としてのエイズに関する予防知識なども必要である．スタッフが性行為可能な年齢であることを考慮すれば，性行為によって伝染する疾患の予防知識の伝授を決して省略してはならない．

記　録

　健康管理，危機管理においては，記録しておくことが大切である．記録文書には，次のようなものが含まれる．
　●レジデントキャンプ参加者の健康診断書．キャンプ到着時よりすくなくとも2

キャンプ参加者用の病歴記録書	___月___日までに以下に郵送願います
アメリカキャンプ協会(ACA),小児科学会作成	

この書類に書かれた事柄は，必要な留意事項を把握するためのものであり，これによって参加条件が変わることはありません．

氏名＿＿＿＿＿＿＿＿＿＿＿＿＿＿＿ 誕生日＿＿＿＿＿＿ 性別＿＿＿ 年齢＿＿＿
保護者(配偶者)＿＿＿＿＿＿＿＿＿＿＿＿＿＿＿＿＿＿
住所＿＿＿＿＿＿＿＿＿＿＿＿＿＿＿＿＿＿ 電話番号＿＿＿＿＿＿＿＿＿＿
勤務先住所＿＿＿＿＿＿＿＿＿＿＿＿＿＿＿ 電話番号＿＿＿＿＿＿＿＿＿＿
保護者以外の緊急時連絡先
住所＿＿＿＿＿＿＿＿＿＿＿＿＿＿＿＿＿＿ 電話番号＿＿＿＿＿＿＿＿＿＿
勤務先住所＿＿＿＿＿＿＿＿＿＿＿＿＿＿＿ 電話番号＿＿＿＿＿＿＿＿＿＿
上記以外の緊急時連絡先
氏名＿＿＿＿＿＿＿＿＿＿＿＿＿＿＿＿＿＿
住所＿＿＿＿＿＿＿＿＿＿＿＿＿＿＿＿＿＿ 電話番号＿＿＿＿＿＿＿＿＿＿

病歴
＿＿＿＿ 耳の感染症
＿＿＿＿ 心臓障害／心臓病
＿＿＿＿ けいれん，ひきつけ
＿＿＿＿ 糖尿病
＿＿＿＿ 出血／凝固障害
＿＿＿＿ 高血圧
＿＿＿＿ 単核白血球増加症

疾病
＿＿＿＿ 水疱瘡
＿＿＿＿ はしか，麻疹
＿＿＿＿ 風疹
＿＿＿＿ おたふくかぜ

アレルギー
＿＿＿＿ 花粉症
＿＿＿＿ ツタ，ウルシ
＿＿＿＿ 昆虫
＿＿＿＿ ペニシリン
＿＿＿＿ その他の薬
＿＿＿＿ 喘息
＿＿＿＿ その他(具体的に)

手術またはケガ(日付)＿＿＿＿＿＿＿＿＿＿
慢性の，またはよくかかる病気と使用する薬＿＿＿＿＿＿
医師に勧められている活動と制限されている活動＿＿＿＿
食事制限
現在使用している薬(用い方を含む)＿＿＿＿＿＿＿＿＿
その他の病気＿＿＿＿＿＿＿＿＿＿＿＿＿
かかりつけの歯科医＿＿＿＿＿ 電話番号＿＿＿＿＿
家族の主治医＿＿＿＿＿＿＿＿ 電話番号＿＿＿＿＿
家族の医療保険，病院保険に加入していますか□はい□いいえ
加入している場合：保険会社＿＿＿＿ 保険番号＿＿＿＿
名義＿＿＿＿＿＿＿＿＿＿＿＿＿＿＿＿

女性の場合
初潮はありましたか？＿＿＿＿＿＿＿＿＿
まだの場合，説明を受けていますか？＿＿＿＿＿＿
すでに迎えている場合，周期は普通ですか＿＿＿＿＿
特別に留意するべきことがら＿＿＿＿＿＿＿

重要—以下はそれぞれ本人が署名を行うこと

以上の健康記録は私の知る限り正確に記したものであり，注記した以外のすべてのキャンプ活動に参加することを許可する者である．
保護者または本人(成人の場合)の署名＿＿＿＿＿＿＿＿＿ 日付＿＿＿＿＿＿＿

治療の権限付与：キャンプが指定する医療担当者が保険を受けるために必要な記録を提出するためのX線，通常の検査，治療を行うこと，必要があれば本人と保護者の輸送手段を手配することを一任致します．
保護者または本人(成人の場合)の署名＿＿＿＿＿＿＿＿＿ 日付＿＿＿＿＿＿＿

本人のキャンプ活動の制限事項を理解し，遵守します．
本人(未成年者を含む)の署名＿＿＿＿＿＿＿＿＿＿＿＿ 日付＿＿＿＿＿＿＿

図13.4.1　病歴記録書見本

予防接種の記録		
必要とされる予防接種は地域によって異なります．基本的な予防接種を受けた日付と量を記入してください		
ワクチン	予防接種の日付	最近の予防接種
ジフテリア ⎫ 百日ぜき ⎬ 三種混合 破傷風 ⎭	1 2 3	1 2
破傷風　 ⎫ ジフテリア ⎬ 二種混合		
破傷風		
ポリオ	1 2 3	
はしか，麻疹		
おたふくかぜ		
風疹		
その他		
ツベルクリン反応□陽性□陰性		
インフルエンザ		
肝炎		

健康管理留意事項(医師が記入)
上記キャンプ参加希望者を私が診断いたしました．_____ 日付_____
私の所見では上記被験者は活動的なキャンププログラムへの参加を認める□認めない□
身長_____ 体重_____ 血圧_____
上記キャンプ参加希望者は以下の症状により，医師の保護下にあります．
_____
　現在以下の治療中です．(服用している薬，外用している薬を含む)_____

　意識不明，けいれん，ひきつけ，脳しんとうの報告を受けている場合，ご記入ください．

　てんかんはありますか　□はい□いいえ　　　糖尿病はありますか　□はい□いいえ
　キャンプ中に積極的に参加したほうがよい活動と制限事項
　キャンプで受けさせるべき治療_____
_____
　キャンプ投薬するべき薬(具体的な投薬量)_____

　医療的に留意するべき食事制限_____

　アレルギー(食物，薬，植物，昆虫など)があればご記入ください_____

　積極的に参加したほうがよい活動と制限事項_____

　その他の健康管理事項_____

　医師の署名_____
　　住所_____電話番号_____
　　記入日_____(医師以外の人が記入した場合記入した人の署名)_____

図13.4.2　病歴記録書見本

														キャンプ健康記録
検査者														
治療の内容														
症状														
部屋番号														
氏名														
時刻														

図13.5：病歴記録書の見本

年以内（州によっては1年以内）に行われた診断結果，医師の署名，診断が行われた日付，現在の疾患，キャンプに参加するために必要な健康上の注意，などが記されている．図13.2に健康診断書の見本を示す．
- 健康状態判断記録．レジデントキャンプの場合，集合から24時間以内に行われる（図13.3：身体検査書の見本）．
- 病歴記録書．緊急時の連絡先（氏名，電話番号，住所）が記されている（図13.4：病歴記録書の見本）．
- 健康日誌．日付，時間，患者の氏名，ケガ・疾患名，行われた治療，治療に使われた薬物，治療にあたった者の署名が記される．時間軸にそった医療記録を保管しておくとよい（図13.5：病歴記録書の見本）．各参加者の健康診断書や病歴記録書に記す治療記録と記述が重なるが，双方への記述を怠らないこと．
- ケガ報告書（図9.2：事故／偶発事件報告書の見本）．
- キャンプ開始時，終了時の医薬品一覧．
- 緊急治療に関する未成年者の参加者，スタッフの同意書．署名をもらっておく．
- 健康管理に関するその他の記録．医療トレーニングを受けたスタッフの氏名，キャンプ中に行われた医療処置，労働安全衛生局が定める血液が感染源となる病原体にさらされた事例，など．

医薬品一覧表を除き，これらの記録はひとまとめにし，参加者の最年少者が，キャンプ地およびキャンプ本部のある州が成年と定める年齢から6カ月以上に達するまでは，きちんと保管しておかなくてはならない．キャンプ終了から1年以内はすぐに参照できるよう，耐火収納に大切に保管しなくてはならない．

食 事

デイキャンプ

デイキャンプでは，食事に関する制度上の問題に悩まされることはない．屋外調理する場合をのぞき，たいていは参加者が自分で弁当を用意するが，それでも次の点に注意する必要がある．
- 牛乳・ジュース，ポンチなど，昼食時の飲み物の冷蔵と配布方法
- 飲料水の確保
- 昼食時に出るゴミの始末
- 昼食時，消化を促すためのリラックスした雰囲気づくり
- 昼食の保管，冷蔵方法
- 参加者が調理を行う屋外調理の計画，その管理と衛生

あたたかい昼食を出すデイキャンプもあるので，これから述べることは，レジデントキャンプだけでなくデイキャンプにも参考になるだろう．

食事責任者

　レジデントキャンプでは，軍隊と同様，食事はとても大切である．ディレクターは，前もって十分に食事計画を練っておかなくてはならない．適切な食事責任者を選ぶことは，キャンプ全体を左右する重要なポイントである．

　食事責任者は，キャンプの規模と食事内容を考慮して選ばなければならない．25〜100人の小さなキャンプでは，食事責任者にプロの栄養士を雇うことはむずかしいだろう．学校食堂，学生寮の食堂などでの勤務経験がある調理士ならば，食事責任者をつとめることができるだろうが，栄養士の助言を得てあらかじめ食事メニューを定めておかなければならない．150人以上のキャンプでは，メニューづくりやスタッフ管理の経験豊富な人材が必要である．規模のおおきなキャンプの食事責任者には，実際の調理よりも，食材の確保，メニューづくり，スタッフ管理における能力が要求される．味についての責任は，第一または第二調理士が請け負う．最近のデータによると，レジデントキャンプの場合，予算の15〜25％が食事関係に使われており，その25〜31％が人件費である[4]．食事責任者の待遇費用を切り詰めても，コスト削減にはならない．州法に違反したり，食事サービス基準以下の実践を行っていると，健康面においても，法的にも，深刻な問題を引き起こすことになる．

　夏キャンプの場合，最初にメニューを決定する．参加者やスタッフたちの意見を参考にし，ディレクターと食事責任者とで，前年のメニューを検討する．食事責任者は，物価，生鮮食品に割り当てられた予算，参加者の嗜好，キャンプ期間などを考慮し，前年のメニューの見直しをはかる．キャンプが州や国からの食料の供給や補助金を受ける資格を得ている場合にはその具体的な内容や，条件があれば，メニューの決定・食材の確保に先立って，食事責任者はこうした情報を知っておかなければならない．

　メニューが決定したら，ディレクターは入念にチェックし，気になる点や疑問を解決しておく．食事責任者が栄養士でない場合は，栄養面を考えて専門家に検討してもらい，栄養バランスが万全であることを確認しておく．最後に，栄養士に署名を求め，ディレクターまたは食事責任者に対して留意する点についての説明をしてもらうとよい．

　ここまでの作業を早くに終えておくと，時間のゆとりをもって食材を購入することができる．食事責任者が前年も経験がある場合や，キャンプが行われる地域の住人であれば，その土地で食材をどこから仕入れたらよいか知っているだろうが，そうでない場合はディレクターが最善の購入先を調べておかなければならない．

食材の購入

　週ごとに配達してもらうより，まとめ買いをしたほうが食材は安く購入することができる．缶詰や乾燥食品のリストを作成し，配達してもらう食材をシーズンのはじめに注文しておくとよい．早期に注文すれば，たいていの業者は値引きしてくれる．

　マーク・J.ブロストフは，食材の購入先を選ぶにあたって，次の7点に留意する

ことが大切だと述べている．
- 価格．
- 商品の配達．
- サービス．
- 技術的アドバイス．
- 食材の品質．
- その商店との個人的な付き合い．
- その商店の業績[5]．

　食材を注文するまえに，ディレクターは注文する食料がいつからいつまでの分で，その間，何食分の食材が必要なのか，しっかりと把握しておかなくてはならない．シーズン中に想定される最大の食事数は，宿泊可能な参加者の最大人数（スタッフを含む）×3食×キャンプ期間の日数（トレーニング期間を含む）と計算する．合計÷日数が「1日あたりの平均食事数」となる．

　キャンプ参加申し込み状況が思わしくなく，シーズンにより利用状況にムラがある場合，ディレクターはシーズンが終わってしまってからも多くの食材を持ち越すようなことがないよう注意することが必要である．毎年の参加者が募集人数の75％程度だとすると，それを超える参加者があることを見込むことができる根拠がないのに募集人数分を注文するのは無謀である．同様のことは夏以外の利用団体の場合にもいえる．たとえば，夏以外の利用でも，週末利用の場合，とくに生鮮食品の注文には十分に注意して，その廃棄のために食費が高くつかないようにしなければならない．

　乾燥，冷蔵，冷凍食材保管庫があれば，値頃な時期にあらかじめ購入しておけば，農作物の不作による価格変動の影響を受けずにすませることができる．たとえば，ある夏の乾燥気候によって果物が不作だった場合，秋のはじめに，前年の収穫分の缶詰を入手する．そうすれば，翌年のキャンプシーズンに缶詰の価格が上昇しても，その影響を受けることはない．

　食材の購入に入札制度を利用すると，安くすませることができるかもしれない．しかし，それ以前にも入札によって食材を購入した経験がある場合をのぞいては，キャンプ責任者の負担が増えるだけとなるだろう．入札では，作物の品質や種類，容器の大きさ等を具体的に指定しないと，価格を比較することは難しい．入札制度の利用は，牛乳・パン・肉・果物の缶詰，野菜といった大量に消費する主要食材にかぎり，複数の業者から適正な価格で購入するとよいだろう．

　アメリカ合衆国では，非営利キャンプが食材を購入する場合，食材に政府の資金援助があったり，参加者が低所得者である場合，彼らの食事費用を政府が負担することがある．こうした基準は，州・国単位で頻繁に変化している．本書には，巻末に出版時点での情報を参考資料としてのせている．

食事スタッフ

　食事責任者をサポートする食事スタッフの雇用は，ディレクターと食事責任者との合意のもとに行われる．食事責任者が人選する場合，ディレクターは待遇や雇用条件を食事責任者に明確に伝えておく．1年を通して働く任務であり，ディレクターが人選を行う場合，食事責任者は採用したい各スタッフに要求する能力など，さまざまな必要条件を提示するべきだろう．採用を決定するまえに一度食事責任者が面接を行うとよいだろう．

　食事スタッフが厨房の外でどのくらいキャンプ生活にかかわるかについては，キャンプによって異なる．しかし，食事スタッフがキャンプの一員であることを自覚できるように，キャンプ行事に参加できるような体制があるに越したことはない．食事スタッフはキャンプを作り上げているスタッフの一部であり，キャンプが成功するためには彼らの協力が必要不可欠である．

　たいていのキャンプでは，食事スタッフは早朝から作業にかからなくてはならず，早くに就寝する．キャンプ地が自然に囲まれた不便な土地の場合，キャンプ責任者は食事スタッフに十分に気をくばらなくてはならない．たとえば，参加者たちは利用しない電気・水道などの便利な生活道具は，食事スタッフには必要だろう．

食事形態

　食事の形態により，食事スタッフの数，タイプ，調理量が変わってくる．基本的にはカフェテリア形式と食卓形式の二つに分けられるが，行事扱いでビュッフェ形式をとったり，サラダ・バーを設けたりすることもある．どちらの形式にもそれぞれ長所と短所がある．

カフェテリア形式

　［長所］
- 盛り付けが自在にできる．
- 料理の量の管理，必要食材費の管理が行いやすい．
- テーブルセッティングのためのスタッフが不要である．

　［短所］
- ある人は盛り付けも完了していないのにある人は食事を終えてしまうので食事時間が統一できない（規模の大きなキャンプの場合）．
- 食事時間中に報告，連絡，歌（シンギング）といった活動が行えない．

食卓形式

　［長所］
- 参加者が何をどのくらい食べたかといった食事状態を把握しやすい．
- 家族的な雰囲気のため，集団意識が生まれる．

- 食事時間を統一できる（食事後に報告，連絡，歌を行う場合にはこの条件が必要となる）．

[短所]
- 食事スタッフやカウンセラーによって綿密な管理が行われないかぎり，料理の無駄が多くなる．
- テーブルセッティングを行うスタッフが必要となる．
- 配膳に時間がかかる．

カウンセラーと参加者たちとのコミュニケーションや，親密で家族的な雰囲気を重視する場合には，食卓形式がよいだろう．その他，次の点を考慮する必要がある．

- 給仕，テーブルの片付け，食事後のテーブル，床掃除を誰が担当するか．こうした作業は，参加者が順番に受け持つことが多いが，テーブルセッティングや給仕，配膳を行う専門のスタッフを雇用する場合もある．
- 食事の配膳方法について．料理皿をテーブルに座るメンバーにまわし，各自が好きなだけ取り分けるか，またはカウンセラーが料理を取り分ける．後者は，参加者たちの好みを正確に把握しなければならない．年少の参加者がいる場合，これはとくに重要となる．
- あらかじめ取り分けて配膳する料理，（必要があれば）おかわりを許す料理について．予算，栄養面を考えること．とくに価格の高い牛乳・肉・デザートなどには慎重な考慮が必要である．
- 食器類の返却，洗浄について．キャンプによっては，テーブルごとに各自で食器を洗う．この場合，州条例に基づいた滅菌処理を行わなくてはならない（すすぎには65℃以上の湯をつかう）ので，再び調理場で洗浄される場合が多いだろう．残飯をへらでこすり落した皿を積み重ねてキッチンにもどす場合は，あらかじめその片付け方法を明確にして，スタッフトレーニング時に指導を行っておくとよい．

野外調理

参加者たちが調理場を離れて外出，外泊プログラムに出かけるなど，野外調理を必要とするプログラムでは，キャンプ責任者は調理場に食事回数の変更を前もって伝え，野外調理のための食材を確保しておかなければならない．外出するグループの参加者に食事責任者への連絡をさせてしまおうと考えがちだが，これは不満や問題を引き起こす恐れがある．野外調理による食事の回数がわずかであれば，野外調理を行うグループがメニューを決めたり，厨房で，過去2，3日の献立とダブらないように決めるのがよいだろう．しかし，野外調理の回数が増えるにつれて，より緻密な計画が必要となる．次の事柄に留意しよう．

- 野外調理メニューの一覧表の作成．野外調理の目的によって，さまざまなメニューの組み立て方が考えられる．参加者に計画を立てさせ，栄養を考えたメニ

ューづくりを行わせたり，まったく自由にメニューをつくらせることが目的ならば，メニューの組み立てや必要量の調整が行いやすい一覧表がよいだろう．キャンプすること，調理すること，遠足すること自体に主眼をおく場合は，用意されたメニューリストのなかからメニューを選ぶか，あらかじめ決定しているメニューにするかを選ばせるのが適切である．

● 一人当たり，または１グループ当たりの食事量が決まっていることを参加者に知らせておく．
● 厨房では使わない，野外調理に向く食材，調理器具などを一ヵ所にまとめ，すぐにつかえる状態にしておく．この管理にあたるスタッフを決めておくこと．乾燥食品，フリーズドライ食品にはさまざまな種類があり，重量も軽い．
● 厨房から確保した食材の保管方法の確認（持ち運びのできる量は限られており，冷蔵保存庫の収納容量の問題もあるため）．
● 食材の点検時間を決めておく．食材リストを用意し，参加者自身に食材の準備とその確認を行わせる．あるいは，出発に先立ってスタッフが食材を用意しておく．

　参加者自身に買い物をさせ，メニューの組み立てだけではなく，予算をたてて食材の購入を体験させる場合もある．こうした体験訓練には，価格の下調べ，注文書の用意，スタッフの指導など，前もって準備が必要となる．こうしたプログラムを計画する場合，キャンプ責任者は，食事責任者の役割，食材の購入方法，食材の価格，栄養面など，さまざまな事柄を考慮しなければならない．

衛　生

　木・炭・ガスなどをつかった調理にも，なにもかもが完備されたキッチンセットでの調理にもそれぞれのよさがあり，どんな調理場もキャンプでは素晴らしいレストランになる．しかし，シンプルであれ完全装備であれ，食材の保管，食事の準備，配膳には，基本的な衛生管理が必要である．

　食材の保管は，ネズミや虫の被害を受けない場所を選ばなくてはならない．生鮮食品は6℃以下で保管する．大型保管庫・冷凍庫・冷蔵庫には安全管理基準と確認表（確認係の氏名を入れたチェック欄をつくる）を備えて，庫内の温度と確認時間を毎日記入するようにする．こうすれば，いつ庫内の温度に異変が起きても，迅速な対応をとることができる．

　食器類・調理器具類の洗浄と消毒は，州条例にしたがって行う必要がある．食器洗浄機を使用する場合，30℃以上の水で洗浄し，65℃以上の湯ですすがなければならない．あるいは，推奨された消毒剤を使用する．多くのキャンプでは手洗いするが，水の温度は守らなければならない．洗浄機，手洗いのどちらにおいても，洗い終わった食器類・調理器具類は自然乾燥させる必要がある．食材の保管庫と同様，洗い場所にも確認表をそなえ，少なくとも毎日1回は洗浄中に水温を確認して，その記録を記

入させるのがよいだろう.

　食材の腐敗・汚染にもっとも気をつけなくてはならないのは，病原体が繁殖しやすい冷凍食材の解凍時と，調理後の冷却時である．6℃以上に放置すると，病原体が発生する．したがって冷凍食材は，冷蔵庫の中か，あるいは流水にさらして解凍するのが最善策である．

　カフェテリア形式では，料理の温度を48℃以上に保つか，カウンターに出す前に，60℃以上に温めるのがよいだろう．6～48℃の状態で，肉，魚，卵，牛乳，サラダドレッシングなどの生鮮食材を使った料理を野外においておく場合は，2時間が限度である．

　生ゴミやその他のゴミは，すぐに調理場から運びだし，しっかりと蓋のできる密閉容器に捨てる．このゴミ箱の撤去と中身の処分は，毎日の維持管理作業の一環とする．中にプラスチック製のゴミ袋を備えつけた場合でも，ゴミ箱は定期的に洗浄する必要がある．

　調理場まわりの清潔，衛生はとても大切である．調理が終わったら，そのつどすぐに洗浄を行う．特にスライサーや缶切りなど，普段見過ごされがちな調理器具にも十分気をくばる．

　食事責任者と健康管理責任者は，食事スタッフと話し合いをもち，食材の保管・食事の給仕方法や，個々人の衛生管理で注意しなければならないことについて検討を行う必要がある．スタッフが伝染性の病原体に感染した場合は，すぐに食事責任者と健康管理責任者に報告し，任務をはなれなくてはならない．食事スタッフ用のトイレは調理場から行きやすい場所に設置し，使用後は石けんで手を洗うことを表示しておく．

契約サービス

　たいていのキャンプでは，食事に関する一切の業務を業者にまかせている．これにより，雇用スタッフの監督，食材の準備，帳簿管理といった作業を省略することができる．メニューの組み立てはキャンプ側が行うが，その他の管理はすべて業者が行う．こうした業者は大学と契約を結んでいる場合が多いため，大学が休みとなる期間中はキャンプの仕事を請け負うことができるのである．

　業者に委託するサービスやその予算はさまざまなので，依頼する場合は入念な下調べが必要である．実際にサービスを受けているところから話を聞くのがよい．可能ならば，契約を交すまえに，実際の食事サービスを視察するとよい．

交通手段

　交通手段の管理はとても重要な問題である．保険の適用範囲や事故防止対策を確認するなど，入念な危機管理が大切である．

　移動にはさまざまなケースが考えられる——キャンプ地へ来るとき，キャンプ地か

ら帰る時，参加者の保護者が引率するのかそれともキャンプで担当するのか．プログラムの一環として，参加者が集団でキャンプ地をはなれる場合はあるか．必需品や備品をキャンプ地に運びこむ輸送手段は．施設の維持管理上必要とするのはどんな車両か．非常時にケガ人を医療施設に運ぶのにどんな車両が必要か．キャンプ参加者はキャンプから最寄りの交通機関までの輸送が必要か．場合によっては，スタッフ所有の車を利用することもあるか．——こうしたさまざまなケースを考えなければならない．

　スタッフ所有の車を利用する際は，慎重に検討する必要がある．キャンプが所有する車両以外の車両を使用した場合の保険の適用範囲と，その場合でも適用されるための保険料を確認しておかなくてはならない．スタッフの所有する車両を使用した場合でも保険が適用されるならば，あらかじめキャンプと車両を所有するスタッフとの間には合意がなければならない．

チャーター／レンタル／キャンプ所有

　まず最初にキャンプが車両を購入して維持するべきかどうか決めておく必要がある．キャンプによって状況は異なるので，どの方法がいいと一概に言うことはできない．考えられる三つの場合について，それぞれ長所と短所をあげておこう．

チャーター（運転手つきの車両）

［長所］
- 保険がつき，「追加的被保険者」の契約を交すこともできる（ただし，保険証明書が必要）．
- ドライバーがつく．
- 整備をしなくてよい．
- 設備投資がいらない．
- 責任負担が減少する．

［短所］
- 経費がかかる．
- ドライバーを選ぶことができない．
- 自由がきかない．

リース／レンタル

［長所］
- ドライバーを選ぶことができる．
- スケジュール，スタッフ，車両などの自由がきく．
- 整備・修繕費用がかからない場合がある．
- 購入した車両にくらべ，常に新しい車種が期待できる．
- 設備投資がいらない．

[短所]
- 資格のあるドライバーを見つける手間がかかる．
- 保険の問題がある（免責条項があり，州ごとに定められた最低保証額を得るためにかなりの控除免責金額を負担しなければならない）．
- キャンプで修理修繕を行わなければならない．
- リース契約形態はさまざまであり，必ずしも条件がよいとは限らない．

所有

[長所]
- スケジュール，スタッフ，車両などの自由がきく．
- ドライバーを選ぶことができる．
- 費用が比較的安い．

[短所]
- 保険の問題がある．
- 資格のあるドライバーを見つける手間がかかる．
- キャンプで修理修繕，維持管理を行わなければならない．
- 維持，修理の経費がかかる．
- 購入には大金が必要である．

　状況によっては，長所が短所となることもあるので，コスト，資格のあるスタッフがいるかどうか，どのくらいの必要性があるかを入念に検討する必要がある．キャンプで必要とする車両の車種や台数によっては，車両を購入するよりもレンタルや年間契約のチャーターのほうが設備投資は安くすむ場合もある．
　チャーターするのが比較的簡単と言えるが，チャーター会社の提示している保険の内容，車両の整備状況や運転手の経歴などを前もって調べておく責任がある．また，規定と異なった事態がおきた場合は，すぐにチャーター会社に連絡しなければならない．

ドライバー

　ドライバーを選ぶ場合は，安全面だけでなく人に与える印象も考慮する．ドライバーは車両の整備を行うだけでなく，参加者やその保護者達や出入りの業者と友好的に付き合い，安全に気をくばらなければならない．参加者を集合場所から目的地へと運び，キャンプ終了後に送りとどけるデイキャンプの場合は，人にあたえる印象の重要性が大きい．
　キャンプ団体か保険会社のいずれかは，毎年各ドライバーの業務記録を確認する．どのような運転経験があって，どのような車両を運転しているかきちんと確認しておく．不慣れな車両を運転する場合はトレーニングが必要である．
　運転免許に関する法律は，州によって異なる．乗客人数によっては別の免許が必要

とされる州もあれば，タクシー会社が子ども達の送迎を行う州もある．ドライバーを雇用する場合は，前もって州条例を調べ，必要な免許を確認しておく．

乗客を16人以上乗せることのできる車両，あるいは重量11,800kg以上の車両の運転には，合衆国が規定する法律では州で発行する商業運転免許を必要とする（注意：人数は目安である）．

参加者を輸送する車両には，必ずスタッフを同乗させる（ドライバーが兼任する場合もある）．そのスタッフは事故があった場合，ケガ人に適切な処置をほどこし，ケガ人以外の参加者を指図し，緊急事態である事を報告するべき人を特定でき，事故の状況を適切に把握できるという役割を担えるようにトレーニングを行った者でなければならない．16人以上を輸送する場合には，安全と集団行動の管理を行うスタッフがもう一人必要であろう．参加者が9歳以下の場合，あるいは精神障害，情緒障害，身体障害をもっている場合には，さらに多くの同乗スタッフが必要となる．

ドライバーには注意事項や責務を記述した文書を用意し，キャンプに先立って指導を行っておく．輸送が物資に限られる場合でも，次の事柄についての指導が必要である．

- 消火器および非常事態を知らせる反射板の使用について．
- 使用する可能性のある車両すべての点検方法について．
- 出発前の点検と，修理が必要な場合の報告体制について．
- 貨物輸送用車両（屋根なしトラック，トレーラー）に人間を乗せてはならないことの重要性ついて．

さらに，人間を輸送する場合にはつぎの指導が必要である．

- 車両に常備されている応急医療品の使い方について．
- 乗降時・移動中の乗車態度について．
- シートベルトの着用について（参加者が年少の場合の規制について）．
- 乗客の定員について．
- 医療知識の確認と，ドライバーが行える医療行為を記載した書式とその置き場所の確認．
- 乗客の乗降時，故障・給油時，乗客に病人がでた場合の行動について．
- 遠出する時の休憩のとりかたについて（いつ休憩が必要か，どこで休憩するか，休憩後の人数の確認）．
- 同乗スタッフとの責任分担について．
- 給油などの記録方法について（図13.6参照）．

スタッフに車両担当者を設け，車両の運転を行う場合は必ず事前に確認，認可された人間しか行わないものとする．このことは，スタッフトレーニング中に前もってしっかりと確認しておく必要がある．あわただしいキャンプ生活においては，ちょっとした用事や参加者の送り迎えにドライバー以外のスタッフが運転をしてしまうことがありがちである．予定外の運転の必要が生じた場合やドライバーの休暇にそなえて，

13. 運営と監督：組織サポート体制

運行記録							
日付	走行距離	場所	時間	食費			所見
				朝食	昼食	夕食	

給油，オイル交換記録							
日付	走行距離	給油量	価格	走行距離/ガソリン量		オイル量	価格

修理記録				
日付	走行距離	修理内容	修理料金	修理担当者

車両状況記録								
	OK	欠陥	欠陥の修理			OK	欠陥	欠陥の修理
エンジン				排出				
液体量				後尾排管				
オイル				マフラー				
水				システム				
パワーステアリング				ヒーティング				
トランスミッション				ベンチレイティング				
ファンベルト				タイヤ				
性能				前輪				
No Power				接地面				
Heats				溝				
Dies				空気圧				
Cuts Out				後輪				
Races				接地面				
Knocks				溝				
Rumes				空気圧				
Accelerator Sticks				バンパー				
警告器具				前				
ゲージ				後				
オイル圧				ライト				
空気圧				室内				
電流計				天井				
パイロットライト，ブザー				ダッシュボード				
ドア				…				
低オイル				…				
クラクション				…				
…								

図13.6　車両記録書式サンプル

予備ドライバーとなるスタッフをあらかじめ決めておくとよい．

車両の整備
　物資・人間の輸送時の危機管理においては，車両の定期整備が不可欠である．整備が行き届いていないと，熟練したドライバーでも事故を起こすことがある．車両の整備に責任をもつスタッフを用意し，定期的に確認を行う制度を確立しておく．次の事柄をふまえて整備の手順を決めておく．
- 走行距離，日付を入れたオイル交換，修理の記録．
- 応急医療品，照明装置，消火器，その他常備道具箱の定期的チェック．
- ライト，タイヤ，ワイパー，フロントガラス，非常警告装置，クラクション，ブレーキ，オイル，冷却剤の定期的チェック．
- 乗客用車両の場合，年4回の整備体制（使用する3ヵ月以内に整備が行われていること）．

キャンプ参加者への指導
　キャンプ参加者には，走行中の行動，安全基準，シートベルトの着用についての指導を行っておく．

デイキャンプの場合
　これまで述べてきた事柄はデイキャンプにも当てはまるが，デイキャンプでは，交通手段とその安全について，より細かな気くばりが必要である．参加者の輸送に複数の車両が使われることも多く，集合・出発の時間を入念に検討しなければならない．乗り降りをする場所，駐車場，待機場所，移動ルートなどを図で表して文書のかたちにまとめ，集合・出発時に確認を行うようにするべきである．
　参加者の保護者には，安全基準・注意事項，交通手段の責任をもつ部局の連絡先とともに，送り迎えの時間・場所をあらかじめ文書で通知しておかなければならない．入念に準備されていても，参加者の到着の遅れが，出発の遅れの原因にならないとも限らない．予定に遅れが生じた場合に，保護者に連絡できる体制をとっておくことがキャンプの評判を左右するだろう．

チェックポイント

健康管理
1. キャンプ医師が健康管理責任者のために定めた医療規則の確認．
2. 健康管理プランの把握．
3. どのような健康管理資格があるかを書き出し，スタッフに必要なトレーニングの内容の確認．

4. 健康管理の記録方法について．

食　事
1. メニュー一覧と，食材・調理器具類の一覧．
2. キャンプの目的にふさわしい食事形態（カフェテリア形式，食卓形式など）．
3. 参加者が食事の準備・あと片付けをどの程度行うことを望むか．
4. 参加者がキャンプ期間中にどの程度の食生活の計画と，準備に関わることを望むか．
5. 合衆国政府およびアメリカキャンプ協会（ACA）が定める衛生管理基準の確認．

交通手段
1. どんな目的で車両を必要とするか，必要とする車両の台数と種類について．
2. 車両をレンタルするか，リースするか，チャーターするか，所有するかの検討．
3. どの車両に参加者を乗せてもよいのか．
4. 車両の維持管理を担当するスタッフがいるか．
5. ドライバーの選択・管理を担当するスタッフがいるか．
6. 送り迎えのスケジュールと，予定に変更が生じた場合の保護者への連絡方法の確認（デイキャンプの場合）．
7. 緊急車両の手配．

参考文献
1) Burns, Gerald P.1954. Program of the Modern Camp. New York: Prentice-Hall. P. 59
2) Erceg, Linda Ebner. "Who is Your Camp Healthcare Provider?" CampLine 3:1 May 1994. Martinsville, IN: American Camping Association.
3) Czupryna, Louise. "Partners on the Health and Safety Team" Camping Magazine 61:5 April, 1989. p30
4) Ball, Armand. "Food Service Cost Survey." Trendiness May/June, 1990. P.1.
5) Brostoff, Mark J. "The Dynamics of Camp Food Purchasing." Camping Magazine 61:4 February, 1989. P. 28

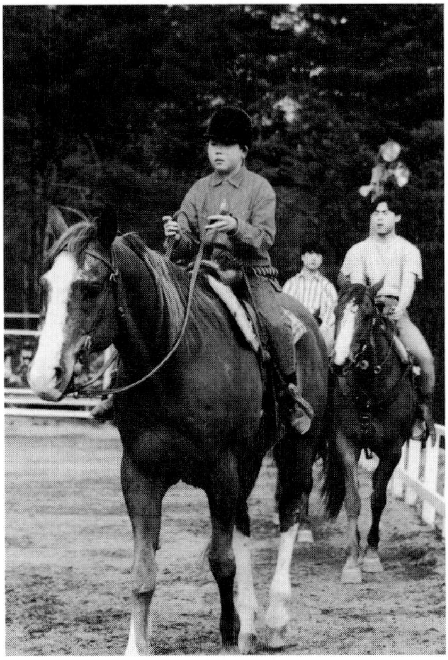

14章 活動の見直し（査定／評価）と報告

　人間関係を築き，訓練をし，プログラムを進めていく，その最後にくるのが「見直し」である．しかし一方で「見直し」は，新しい人間関係，より進んだ訓練，そしてさらに楽しく有意義なプログラムの始まりであるともいえる．戦略的プランニングは，「見直し」に始まり「見直し」に終わるといえるのだ．

アーマンド・ボール

　消費者が，払った金額に対してより多くの価値を求めるこの時代，レクリエーションならびに教育の分野でのサービス競争も激化する一方である．親達は，子ども達がキャンプを通じて意義深い経験を積むことを望んでいる．台頭してくる競合相手に対抗するため，ディレクターはキャンプ活動展開のあらゆる点を見直すための方法を決めておく必要がある．それには何十もの問いかけがなされなければならない．今シーズンのキャンプは成功だったか．今年のスタッフは去年のスタッフよりいい仕事をしたか．コストをおさえたままで食事事情を改良する方法があるか．どのプログラムが一番人気があったか．今シーズンの収支は合ったのか．今年の参加者登録は，前年に比べてどうだったか．来季も引き続き雇うべきスタッフは誰と誰か．などである．

　見直しとは，キャンプ運営全体を，定めた目標を達成するための基準値に照らして，各部門が順調にいったかどうか査定することだといえる．ヘンダーソンとバイアレシュキーは，「査定とは，プログラムや設備，運営手続き，組織だったスタッフなどの価値を決定づけるために考慮されるすべての戦略・技術を含むものだ．査定を行う目的のうち，最も重要なのは，責任と方針の決定，この2点である[1]」と示唆している．

　キャンプ共同体のあらゆる区分を網羅する包括的な見直しプランは，管理者が方針を決定する上での参考となるであろう．

- 目標とねらいは達成できたか．
- 参加者達が楽しんだか．
- 活動での不具合．
- スタッフの仕事の有能さ．
- 運営における経済効率．
- さまざまなプログラムの価値．
- 管理者ならびに運営スタッフの有能さ．

見直しのための基準は，地域の条例や公共団体，そして，もしあるのなら後援組織の基準などとともに，活動の目標とねらいの中に見い出すことができる．活動の努力成果を確認し，必要とあれば活動を変えていくための手がかりを得るため，データを収集した後に，現在の活動をそれらの査定基準に照らして検討していくのである．
　活動のどの部分も見落とさずに見直すためには，管理者はまず最初に，キャンプ活動の各々の構成要素を綿密にリストアップすべきである．そのひとつの方法として，罫線のある紙を用意し，その左側の欄に各構成要素を挙げていく．その右側に縦の線を引き，参加者，運営スタッフ，カウンセラー，運営管理委員会，委員会など，見直しをしていくプロセスで関わりのあるグループを挙げ，欄を設けていく．こういった表を用意しておいて，左欄の構成要素それぞれを，キャンプ生活のさまざまな局面で関わりの出てくる右欄のグループについて検討していくのだ．これを参考にすることによって，管理者はそれぞれのグループの査定プランを始めることができるのである（図14.1参照）．

活動全般におけるスタッフの反省，評価

　評価とは必ずしも，アンケートによるものだけを意味するわけではない．一問一答というかたちの書き込み用紙で客観的な情報を得られる状況があるのも確かだが，多くの人と話し合う中で評価をしていく方が効果的なこともある．スタッフの話し合いの場では，客観的な立場を取れ，スタッフに信頼されている誰かが司会の役割を果たすことが必要となる．ディレクターがシーズンを通じて，皆からのアイデアや提案に対してオープンに接し，その姿勢がスタッフにも伝わっていたなら，活動に対する質問にも積極的に答えてくれるだろう．そういった雰囲気であれば，参加者が解散した後など，時間をとってグループ査定の場を設けることも自然にできるはずである．ディレクターはスタッフのメンバーたちに，キャンプの各エリアについての意見を出し合い，来シーズンに向けての提案をする機会を与えるべきである．ディレクターや他の管理スタッフが話し合いの間，攻撃にさらされ守勢に回るのでなく耳を傾けることができるなら，こういった話し合いは全員にとって有益なものとなる．
　スタッフの人数や他の要因などによって，上記のような方法が得策でない場合には，スタッフ査定のためのアンケート用紙を作成することになる．この質問表を最も効果的に使うためには，質問に対する答えに丸をつけるだけなど，直感的な答えを促すような質問を設定する必要がある．質問の最後などに自由な意見を促す欄を設けるのも，効果を上げる方法の一つだ．さらにこの質問表が，署名を義務づけない体裁をとっていれば，スタッフは来シーズンの再雇用のことを心配せずに正直に回答することができるであろう．

評価チェックリスト									
	評価対象グループ								
評価を要する項目	事務管理スタッフ	評議員	キャンプ参加者	CIT	委員会の委員	カウンセラー	キッチンスタッフ	保護者、キャンプ参加者	プログラムスタッフ
1. アーチェリー			■						
2. 芸術工芸									
3. キャビン掃除									
4. キャンプのプロモーション							■		
5. カヌー指導			■						
6. 夕方のプログラム(キャンプ全体)			■				■		
7. 夕方のプログラム(生活ユニット別)							■		
8. 保健サービス									
9. インディアンの話			■				■		
10. メンテナンス									
11. 食事時間									
12. ネイチャーハイク			■						
13. 登録事務							■		
14. 業務, 記録事務			■						
15. キャンプ地外旅行							■		
16. 宿泊旅行									
17. 射撃									
18. スタッフ研修			■					■	
19. 自由水泳			■						
20. 水泳指導									
21. 交通手段									
22. 水上スキー			■				■		

図14.1　評価チェックリスト

プログラムの見直し

　キャンププログラムというのは，さまざまな目標を実現していくための大切な「道筋」であるから，その目標は達成できたのか，どこを変えていくべきか，評価は慎重になされなければならない．シーズンの終わりに査定のためのデータを集める方法については，シーズンが始まる前にあらかじめ考え，プログラム一つ一つにつきスタッフの責任者を決めてシーズンを通じてデータ収集を任せるのが望ましい．その際，スタッフ各々が観察したこと，カウンセラーや参加した参加者たちと話合って気付いたことなどを記録していくため，チェック事項を検討しておくといいだろう．

参加者による評価

　その年齢や経験などによっては，参加者からのプログラムに対する評価は確かなものとして受け止められない場合がある．しかし，ある特定の体験（1泊体験やカヌー旅行，グループ活動など）に対しては，評価は自然なかたちで表現されることがあり，それは大変参考になるだろう．それらの評価とは，活動に対する期待，実体験に満足できたかどうかという「感想」になるはずであるが，キャンプの最後の日に評価のためのチェック表を配って回答してもらうというのは，キャンプ全体に対する印象を損なう恐れがある．そこで，参加者からの評価を引き出すために，実際に活動しているキャンプ内カウンセラーが最も力を発揮することになる．ただし，カウンセラー自身に対する評価についてはこの限りではない．活動に対する評価が自然発生的に現われた時，カウンセラーがその情報をディレクターへ取り次げるような環境が整っていることが理想的である．

　参加者が参加しての反省会を，ビデオカメラやテープレコーダーで記録するという方法も価値がある．ただし当然ながら，そういった器材を使用することについては，参加するグループにあらかじめ了解を得ておくことが必要である．さらに，録音・録画をしながらのセッションでは，参加者が自意識過剰にならずリラックスして臨むために，経験を積んだ司会者の存在が欠かせないだろう．

　参加者の中には，個人的な日誌のかたちで，各々の経験を詳しく残す者もいるだろう．日誌をつけるということは，毎日の自分の体験を振り返り，また自分がどう成長しているか認識する大きな手助けとなる．これはキャンプ自体の最終的な目標ともいうべき「自己評価」の手段となるだろう．その日誌をディレクターやカウンセラーに見せ，その体験を共有させてくれる参加者もいるかもしれない．参加者の同意を得て，日誌の抜粋を出版物に掲載することができたら，キャンプとしては非常な名誉だといえるだろう．

保護者による評価

　ディレクターは，参加者が帰宅した後で，その保護者にキャンプに対する評価をし

てもらうこともできるであろう．参加者自身の感想を的確に代弁でき，またその成長ぶりを認めることができるのは，誰よりもまず保護者だからである．確かに送り返してもらうためには，送付するアンケート用紙は必要な情報がちゃんと得られるのはもちろん，できるだけ簡潔なかたちをとるように考慮しなければならない．宛名を書き，切手を貼った返信用の封筒を同封する，またアンケート用紙に管理者が署名をしておくなどの気配りで，アンケートの回答率も高まることだろう．

スタッフによる評価

スタッフによって管理・運営されるプログラムや活動がある場合，その活動・プログラムについては，口頭であれアンケートによってであれ，担当スタッフにも見直してもらい，今後調整していくべき点，変えていくべき点などを提案してもらうとよいだろう．活動の手順や方法を具体的に評価することに関しては，実際に携わっているスタッフが誰よりも確かな目を持っているはずだからである．

活動やプログラムが効果的に進められているかどうかをスタッフに見直してもらう際，尋ねる一般的な質問事項には，以下のようなものがあるだろう．

そのプログラムあるいは活動は……
- 参加者の成長段階やニーズ・興味を十分考慮してあるか．
- 参加意識＜グループへの忠誠心，寛容性・他人への思いやり＞を強調することができたか．
- 参加者個々の技術や成長度の違いに応じて準備してあるか．
- 自己表現や創造性を発揮する余裕があるか．
- 参加した参加者たちに達成感を与えることができたか．
- リーダーシップを向上させることができたか．
- 技術を向上させてやることができたか．

プログラムや活動の構成を考える時，見直されるべき組織的要素も出てくる．プログラムのグループは，その人数や構成など，ちゃんと配慮がなされていたか．活動が行なわれた場所は適当だったか．設備は十分なものだったか．その管理は万全だったか．参加グループの人数は過不足なかったか．活動は安全ガイドラインの範疇で考慮されていたか．

管理・運営サービスの評価

管理・運営サービスについては，シーズンを通し検討されるべきである．それには，運営に直接携わる者だけでなく，その他のスタッフも加わるのが望ましい．キャンプ開催地，設備，器具などについては，安全面やメンテナンス面だけでなく，改良可能な点はないかどうかについても考えていかねばならない．参加者やその保護者，あるいはスタッフから出された改良案も考慮に入れるべきだろう．食事関係のサービスに

ついての検討点は，品質・1食あたりの費用・衛生面・運営と組織の効率・食事中，食堂に出入りする参加者とスタッフの関係などである．健康と安全に関わるプログラムは特に慎重な検討が必要となる．健康センター担当者の日々の作業は改良できるか．事故の起きる率が他より高い活動はないか．どうしたらケガを減らせるか．小旅行では，健康・安全面での予防措置が十分とられていたか．水泳の時，参加者に目が行き届くような態勢をより向上できないか．

研修センターの運営では，宿泊施設，備品・食事，スタッフ，待遇，サービス，健康・安全面での配慮，開催地，設備などについて，ゲストやグループのリーダー，スタッフなどからコメントをもらえるようにアンケートを工夫するとよいだろう．それらのコメントは，マーケティングをする際の貴重な資料になるとともに，サービスの向上にも役立つはずである．

スタッフの働きぶりの評価

キャンプを見直していく過程において最も重要な位置を占めるのは，雇われた，あるいはボランティアとして参加したスタッフの査定作業である．この過程については，11章で詳述した．

ディレクターの評価

ディレクターにとっては，自分自身の仕事ぶりを評価するのが，最も難しいことであるともいえる．ディレクターの仕事ぶりについて，スタッフの評価も反映されるような方法などを考えておくべきである．直接口頭で伝えてもらうことができることもあるだろうが，多くの場合においてはアンケート用紙（署名を求めないもの）をスタッフに配り，第三者に集めてもらう，というかたちにするのがよい．そういったアンケートでは，自由に記入できる欄を設けると，参考になる意見が引き出せることが多い．そのサンプルとして，図14.2を参照するといいだろう．こういったアンケート用紙は運営委員会の人事評議にも役立つはずだ．運営委員会は，ディレクターに年間査定や意見・提案をする義務があるからである．

参加者の評価

参加者に対する評価のあり方は，キャンプによって異なってくる．多くのキャンプでは，それぞれの子ども達の参加したプログラムや，仲間との関係などの記録を慎重に保管している．こういった情報は，来シーズンの初めにその参加者を班分けしたり参加させる活動の計画を立てたりする際に役立つことが多いのだ．さらにこの情報は，参加者個人や，参加者同士の関係などについて照会してくる代理店に回答するため，

14. 活動の見直し（査定／評価）と報告

ディレクター評価フォーム

ディレクターの名前＿＿＿＿＿＿＿＿＿＿＿＿＿＿＿＿日付＿＿＿＿＿＿＿

評価の段階
5—素晴らしい働きぶり；常に期待以上；目に見える向上ぶり.
4—常に期待通りの働き；個人的なイニシアティブを見せる；個人的成長・能力において進歩あり.
3—期待と比べてたいてい最小限の満足度；個人的イニシアティブや成長は少ない；能力に応じた，安定した働きぶり.
2—能力を発揮しない働きぶり；時折，最小限の期待にも応えられない；成長ぶりは見られない.
1—期待に応えられない；能力にまるで見合わない働きぶり；成長はまるで認められない；容認できない仕事ぶり.
0—知識がない.

	0	1	2	3	4	5

1. 参加者の目標や長期にわたる計画についてのビジョンを持っている.
2. 委員会やスタッフ，キャンパーのために，高い水準を定めている.
3. 以下の点で高い水準を保っている.
　・メンテナンスや外観の改善
　・スタッフの選出と訓練
　・参加者やスタッフの健康と安全性
4. 健康を保ち，スタミナもある.
5. 以下の点に個人的な興味を示した.
　・スタッフの各メンバー
　・参加者
　・委員会のメンバーやボランティア達
6. コミュニケーションがうまくとれていたか.
　・スタッフと
　・参加者と
　・委員会のメンバーやボランティアたちと
　・世間に対して
7. 人々と働く中で公平な態度だったか.
8. 運営のあらゆる局面において情報を把握していたか.
9. 責任をうまく委託し，権威と効率的に関わっていたか.
10. 以下の点の見直しのため，有効な手段を持っていたか.
　・プログラムについて
　・スタッフについて
　・参加者や保護者からの評価について
11. チームワークがうまくいくよう気を配っていたか.
12. 自信や信頼を築けるよう配慮していたか.
13. 人柄がよく，人々といい関係を築いていたか.
14. マーケティングの面で有能だったか.

その他に意見があればどうぞ．

署名＿＿＿＿＿＿＿＿＿＿＿＿＿＿＿＿＿＿＿＿＿＿

図14.2　管理者評価フォーム

必要となってくる場合もある．

　観念的には，参加者の評価はその年齢のグループが目指すべき発達程度へと到達したかどうかにつきるといえる．シーズンの終わりに，キャンプ体験がその目標をどれだけの割合で達成できたか，それこそがキャンプが本当に試しているものなのである．スタッフを訓練する中でこういった発達程度の目標に意識を向けさせ，後の監督会議の場で彼らに問い合わせていくには，達成レベルを判断・測定することが重要となってくる．これらの結果は，保護者へ報告する際や，来シーズンのプログラム運営の変更箇所などを検討するのに最も貴重な資料となるからである．

　参加者の進歩について保護者に報告するため，シーズンの終わりに決まった書式のレポートを渡すキャンプや，カウンセラーが定期的に保護者向けに報告書を書くようにしているキャンプもある．期間の短いキャンプでは，参加者が参加したセッションの終わり毎に報告書を作る必要があるであろう．書式や間隔がどうあれ，その評価は客観性やバランスを考慮に入れたものでなければならない．カウンセラーは，参加者達が普段から慣れ親しんでいる環境を離れているということを念頭に置いておくべきである．彼らの観察した姿は，ある側面しか捉えていない偏ったものかもしれないのだ．

　多くの例では，最も効果的な評価は，参加者とともに振り返っていくものである．他人の目を通して自分自身を認識させるということは，キャンプの最も重要な目標の一つである．それを実現するには，開かれた，信頼のおける状況を築いていかねばならない．参加者にポジティブな評価・認識体験をさせるためには，十分な訓練を積んだカウンセラーの心遣いが必要となる．そのプロセスとしては，まず参加者のグループ，あるいは個々の参加者とともに，各々のキャンプに対する目標について話し合うことから始めるとよいであろう．

　参加者との対話は，前向きな調子で始め，参加者の目標に対して成された努力を積極的に強調していく．しかし，参加者に努力の余地が残っている面においては率直に指摘し，話し合うべきである．

　参加者の評価で最高なのは，参加者自身が現実的な自己評価へとたどりつくことである．さまざまな会話や観察の中で，参加者が自分自身の努力・技術レベル・ふるまいや他人との関係などを認めることができたとしたら，それは彼らの貴重な人生体験となっていくはずである．

認　可

　アメリカキャンプ協会（ACA）が先鞭をつけた認可プログラムは，さまざまなエリアにおける運営基準のリストに照らして，キャンプや研修センターを評価するためのものである．このプログラムの特徴は，訓練を積んだプロが査察するという点にある．査察のための準備は数ヵ月に及ぶこともある．60年以上もの年月の中で開発さ

れてきたACA基準は，自己評価の手段として使うこともできる．管理者がキャンプを判断・評価するための規範が多く記されているからである．管理スタッフや運営委員会・評議会との関わり合いにおいても，非常に有効な手段となるであろう．

キャンプ評議会や委員会への報告

　たいていのキャンプは，キャンプシーズンの「まとめ」を何らかの団体などへ提出しなければならない．この報告書には，それぞれ書式があるだろうが，ほとんどの場合はディレクターの監督や後援委員会・評議会へ向けてのものとなる．したがって報告書の内容としては，キャンプのプログラムやキャンプ生活といった側面より，参加登録への戦略や経済収支を前の夏に比べて検討するといったものとなる傾向がある．しかし，監督やキャンプ評議会・委員会のメンバーに，プログラムの内容や体験の価値についての好印象を与えることも重要である．そのためには，参加者の日誌の抜粋や保護者からの手紙を使うことも有効だろう．一般的にこのような報告書には，来シーズンへ向けての勧告や改良案などをも含ませる．

保護者や同窓生への報告

　保護者や同窓生への報告は，参加者の活動やプロジェクトに関する記述を加えながらそのシーズンの概要を強調することが多い．写真や物語形式の読み物を添えれば，さらに興味深いものになり，多く読んでもらえるであろう．そのシーズンの出来事を写真とコメントで記した年報や年間カレンダーを出版するキャンプも多い．そんなキャンプレポートのサイズや体裁は，各キャンプの予算に負うところではあるが，レポートは人を魅きつけるように，また，キャンプの様子がよく伝わるように工夫を凝らすとよいであろう．

評議会による評価

　評議会や委員会を有するキャンプでは，管理者と選任役員の双方にとって，定期的にキャンプの有効性をチェックすることが重要である．またボランティア運営団体にとっても，その運営自体を評価していくことが欠かせない．こういった評価については，定例会議のように強制的な雰囲気ではなく，肩の力を抜いた非公式なかたちの会話の中で出されることも多い．公式な書式や証明が請求された時などには，図14.3のようなアンケート用紙から，さらに客観的な評価が得られるであろう．

| ボランティア評議会ならびに委員会のための評価フォーム |

これは、われわれの評議会（委員会）の有能さに対して評価をいただくためのものです。それぞれの質問に対して、我々の評価段階の数字に丸をつけてください。各々の記述を基点に、1は「不十分である」というレベル、5が「素晴らしい」というレベルです。

1. 役割分担と機能

…が欠けていた。われわれは何をすればいいのか、よく分からなかった　　1　2　3　4　5　　…はハッキリしていた。われわれは方針とマネジメント機能の別を認識し、求められているところを理解していた。

2. リーダーシップ

…は1人か数人の人物に限られ委員会の他の人々の力は使われることがなかった　　1　2　3　4　5　　…はメンバー各々の能力や識見に応じてて分担されていた。すべての人員の能力が発揮された。

3. 重要事項

…はちゃんと処理されることなく、曖昧に後回しにされた。あるいは評議会の外部で処理された。　　1　2　3　4　5　　…は常に協議事項として乗せられ、考慮、討論、決定が求められていた。

4. 準備

…が不足していた。われわれはしばしば適当な情報や事実関係、書類などを得られず対応に困った。　　1　2　3　4　5　　…は申し分なかった。委員会もスタッフも素晴らしい準備をしていた。メンバーはよく情報を得ており、あらゆる決定事項の賛否両論を理解していた。

5. 意見のコミュニケーション

…は少なかった。われわれは何も聞かなかったし、提案も無視された。　　1　2　3　4　5　　…はよかった。われわれは互いの意見を聞き合い、理解しようと努めた。提案は分かりやすく表明され、認識されていた。

6. 責任の分担

…は乏しかった。われわれは自分のことだけにかまけていた。各々が勝手に採決し、他の仕事は外野から眺めていた。　　1　2　3　4　5　　…が成されていた。われわれはキャンプに、そしてクライアントへの貢献の仕方についてよく考えており、全員が"参加意識"を持っていた。

7. 個人の自由時間

…は抑えられていた。他人との迎合が暗黙のうちに求められており、自由時間のとり方も操作されていた。　　1　2　3　4　5　　…は奨励されていた。個人の創造性や個性が尊重されていた。

図14.3 評議会ならびに委員会のための評価フォーム

項目	低評価側						高評価側
8. 人間関係の雰囲気	…は「厚遇」「疑心暗鬼」「慇懃無礼」「不安」のどれかだった.	1	2	3	4	5	…は，本物の相互信頼が築かれていた．雰囲気はリラックスし友好的だった．
9. 意思決定	…は表面的にすぎない．われわれには何の決定権もなく決定は上から押しつけられた．	1	2	3	4	5	…には皆が参加できた．関わりのある者にはすべて，データも意見も公表されていた．
10. 活動に関する同意	…には達してなかった．われわれは，続行すべき活動の日付や計画などをいつもハッキリ知らないままだった．	1	2	3	4	5	…に達していた．われわれは次にとるべきステップや日程を承知しており，前もって検討ができた．
11. 会計上の責任	…は欠けていた．活動に対してもそのコストについて前もって考えられていなかった．	1	2	3	4	5	…はしっかりしていた．あらゆる提案に対し，認可する前にあらかじめ経済的な検討がなされていた．
12. 継続性	…が不足していた．会議ではいつもゼロから始める感じだった．	1	2	3	4	5	…が感じられた．われわれはいつも前回の結果を有効に踏まえて作業を進めていった．
13. 生産性	…は低かった．われわれは尊大に楽しく，のんびり仕事をした．われわれの会議は的外れで，時間とお金のムダだった．	1	2	3	4	5	…は高かった．われわれは誠心誠意仕事や義務を追求していった．会議でも，いつも新しい意見を出し合い，努力していった．

この評議会（委員会）の能力を高めるための提案があれば，どうぞ示唆してください．
とくに，2や1のレベルだと評価された項目についてのご意見があればお願いします．

図14.3　評議会ならびに委員会のための評価フォーム（つづき）

チェックポイント

1. 前シーズンにもキャンプの見直しを行ったか．もし行ったのなら，その写しがファイルに保管してあるか．
2. 初めてのシーズンを迎えるのであれば，どのようなタイプの見直しプランが役に立つだろうか．
3. 図14.1を参考にして，キャンププログラムのエリアと，各エリアに関わってくる人々を限定する．

4. 2.のための情報を得るため，質問事項をリストアップする．
5. 関係組織の評議会や委員会は，シーズンの終わりにどのような情報を要求するだろうか．
6. その情報を得るための質問事項をリストアップする．
7. スタッフにとって，最も役に立つ見直し（評価）方法はどんなものだろうか．
8. 参加者達の自己評価をどのように手助けしてあげるか．
9. 参加者の各年齢層に応じた達成目標に対して，キャンププログラムを評価するシステムをうまく設けているか．もしまだなら，どのように対応するのか．

参考文献
1) Henderson, Karla A. and Bialeschki, M. Debora. "Camp Was Great, But the Water Was Too Cold." Camping magazine 65:5 May/June, 1993, pp.31-32.

15章 業務と財政

　キャンプが財政的に責任ある運営を行わないと1，2年は持ちこたえるが参加者に対しても社会に対しても最高のサービスを提供することができないし，継続して行くことはできない．非営利団体であれ，営利目的であれ，すべてのキャンプは財政的に安定した運営がなされなければならない．それは活動を継続するための責任である．

アーマンド・ボール

　キャンプの財務管理については，多くのディレクターは参加者とプログラムを優先して考えるので最後まで考えないことが多い．そうでないディレクターにとっては最終損益が出発点になり，プログラムを考慮し，財政的に管理する．事実，哲学，プログラム，マーケティング，財務は相互に依存しあっており，単独で効果が出るものではない．

　グループがキャンプ地にいる時に，ディレクターがキャンプのプログラムに夢中になっている場合には，キャンプの運営とか財務的な問題を監督する立場にいる支援体制が必要である．ディレクターはプログラムに関心があるため，業務管理者として奉仕するアシスタントを採用することが多い．業務管理者は通常，キャンプの運営体制，すなわち事務室，業務，給食，交通，資産，施設管理，保健サービスを監督する．その他の人員配置の取り決めは，ディレクターと他の人事の興味やスキルによって，また，キャンプの組織図によって違う機能を果たす．

会計業務

　具体的なキャンプの経理や予算業務は金銭出納業務の量，運営組織がどのくらい洗練されているかによって全く異なる．大組織の一部であるキャンプならばキャンプの業務処理の仕方も決まっているだろうから，それに従えばよい．そうでないキャンプの場合は自分達独自のシステムを作るチャンスがある．多くの場合，そうしたシステムはコンピュータプログラムに結びついている．今日ではどんなに小規模のキャンプでもコンピュータを利用しており，簡単な経理システムを利用している．しかしながら基本的な原理は同じであることを最初から理解している必要がある．

● 収支計画予算の編成．

● すべての収入が証拠書類で示され，照合される．
● すべての現金（現金収入，受領金，収入）は直ちに預金する．
● 内部管理システムの確立．
● 支払いは承認された請求書に対して行う．
● 財務報告の要約は定期的に，理想的には毎月行う．活動が活発な時期には週毎の要約を予定する．
● キャッシュフローの高低がわかるようなシステムを開発し，それが低い時はなんとか賄えるように準備する．
● 帳簿は毎年スタッフ以外の人による監査を受ける．

公認会計士やその他の有識者から，以下の事柄に関する助言を得られるようにしておく（場合によっては経理担当者があなたの質問に答えられるだろう）．

● 経理の現金システムと発生項目のシステムの選択（現金を受け取った時，清算した時の現金であることがわかるための現金システムと，実際に現金をいつ受領するとかいつ支払いがあるかにかかわらず，実際の収入や支出項目が発生したということがわかるための発生項目のシステム）．
● 地域，州政府，連邦政府に提出義務のある税金報告．
● 財務会計基準委員会（FASB[1)]）によって定義されている一般的に正当とされる会計学原理（GAAP）．
● 出納記録，受取勘定，支払勘定，給与支払いを含む保存するべき財務記録，保存期間の異なる記録，コンピュータ記録と紙の記録の価値．
● 毎年の帳簿の監査．

キャンプが大組織の一部であれば，組織にはすでに採用されている現金や発生項目の経理システムがあるであろう．単独キャンプではディレクターが会計士と相談してその選択をすることになる．現金システムは運営資金として会計年12ヵ月の間に受領したり支払うすべての金額を取り扱う．発生項目システムは実際の運営年に発生した収支を求める．それによって，発生して蓄積したものは，次年度の予算に対する次年度の収支に充当する．

予算を編成する

ウェブスターの辞書によれば，予算とは一定期間の支出の概算に基づいた一定期間の運営管理の財政状態を示す計算書であり，それを財政的に管理する提案書である[2)]．予算はキャンプの哲学を反映するものであり，運営のどこに資金を確保して使ったかによって運営が何を優先するかがわかる．

ほとんどの場合，会計年は必ずしも暦通りではないが，予算は12ヵ月/年を目途とする．キャンプによって会計年はオーナーの会計，予算活動に対応して設定し，プログラム運営はそれに従う．親組織がある場合，予算はその運営委員会なり，評議会

なり，政府機関なりの承認を必要とし，それは会計年度が始まるよりかなり前にプランニングや選択を必要とする．

予算はプランニング過程の一部であり，参加者数の見込みや，採用スタッフ数，運営できるプログラム活動の種類や数，最終目標とする貸借対照表といった目標の設定に反映する．予算がプランニングや目標の設定を反映するので時間が経過すれば実際の事業に従って修正される必要がある．参加者数や利用団体数が予算よりかなり少なくなりそうな場合は参加者からの収入見込みが減るだけでなく，支出も同じ割合で減額する必要がある．予算がオーナーやディレクター以外の団体や個人に承認されるように，修正案を作成して承認するシステムを作っておかなければならない．

予算プロセス

勘定項目を設定することが予算プロセスの出発点である．組織内であるなら，そうした勘定項目にしたがって，キャンプの収支をその項目に対応させなければならない．キャンプが独自の勘定項目を設定する機会がある場合は，あらゆる収入源と支出項目をリストにし，論理的な勘定項目にグループ分けするのがよいであろう．図15.1に勘定項目のリストのサンプルを示す．ほとんどの非営利団体を含む多くの団体はこの勘定項目のリストを，部署別に，収入と支出別にグループ分けする必要がある．

収支の算出

予算編成のための最も安全な方法は収入項目は保守的に，支出項目はより自由に予算化することである．理想的にはもちろんできるだけ現実的に算出するべきであるが，収入よりも支出を過剰に算出するほうがよい．

予算編成をする時にはディレクターは前年度の実際の参加者，利用者の数を上回る収入を見込むべきではない．ただし，確実な根拠があって参加者を見込むことができる場合，例えば地域の他の団体が今まで行っていたキャンプを止めた，あなたのキャンプがマーケティングを効果的に行えるようになったという場合は別である．料金を値上げする場合はその値上げによって参加者が減ることも考慮しなければならない．その他の収入項目は，関連活動やサービス（キャンプの売店，キャンプ場への交通費，特別活動）の支出と比較して，料金が各部署で支出を上回る収入の割合が見込めるかどうか判断する必要がある．この比較ではそうした活動の関連経費のすべてを考慮することが肝要である．例えばその活動の料金を設定する時に，その事業を行うための人件費関連の経費は材料や設備の経費に加えておくべきである．

支出を予算化する時は参加者やスタッフの人数に関係なく発生する固定経費を明らかにするべきである．例えば，固定資産税，基本的な光熱費，事務所家賃，フルタイム従業員の人件費関連は参加者やスタッフの増減に関係なく発生する．固定していない支出は変動経費と考える．（例えば50人の参加者の食費と100人の参加者の食費

```
勘定項目のリストのサンプル
収入
項目番号    勘定項目内容
110        授業料                          415     下水
111        参加者                          420     保守サプライ
112        環境教育                        430     備品の購入
                                          440     備品の修理
120        料金                            450     税金
121        乗馬                            460     財産保険
122        バス交通費                      470     建物の修繕
123        アートとクラフト                480     建築費

130        設備貸し出し                    500     交通費
131        夏季                            510     チャーター，レンタル／リース
132        秋季，冬季，春季                520     保険
                                          530     ガス／オイル
140        売上げ                          540     修理
141        参加者向け売店（雑貨，シャツ）   550     免許
142        来訪者の食事
                                          600     プログラム
150        その他                          610     設備
                                          620     サプライ
160        寄付金
161        個人                            700     教育
162        政府の助成金                    710     組織の義務
163        ユナイテッド・ウェイ            720     本，フィルム，教材
164        その他                          730     会議，研修
                                          740     出張研修
200        給与と手当
210        フルタイム従業員                800     事務費
220        パートタイム，季節従業員        810     郵便料
230        連邦社会保険（FICA）             820     印刷費
240        失業保険／税金                  830     事務用品
250        健康保険／事故保険              840     販促用印刷
                                          850     販促用広告
300        給食サービス                    860     販促のための出張
310        食材
320        サプライ（消耗品）              900     役員会評議会費
330        野外炊飯，弁当                  910     役員会会議費
                                          920     役員教育
400        施設                            930     ディレクター，管理職保険
411        ガス
412        電気                            1000    指名寄付
413        電話                            1010    参加者補助金
414        水道                            1020    特別プロジェクト
```

図15.1　勘定項目サンプル

部署別勘定項目
　＜事務管理*＞
　210　フルタイム従業員
　220　パートタイム／季節従業員
　230　連邦社会保険料
　240　失業保険
　250　健康保険労災保険
　420　サプライ
　710　組織費用
　730　会議研修
　810　郵便料
　820　印刷費，事務用品費
　830　オフィスサプライ

　＜給食サービス＞
　210　フルタイム従業員
　220　パートタイム／季節従業員
　230　連邦社会保険料
　240　失業保険
　250　健康保険労災保険
　310　食材
　420　サプライ
　320　野外炊飯，弁当

　＜プログラム＞
　210　フルタイム従業員
　220　パートタイム／季節従業員
　230　連邦社会保険料
　240　失業保険
　250　健康保険労災保険
　420　サプライ
　610　備品
　700　教育

　＜販売促進／マーケティング＞
　210　フルタイム従業員
　220　パートタイム／季節従業員
　230　連邦社会保険料
　240　失業保険
　250　健康保険労災保険
　413　長距離電話
　420　サプライ
　810　郵便料
　820　印刷費，事務用品費
　850　広告費
　860　出張費

　＜資金調達**＞
　210　フルタイム従業員
　220　パートタイム／季節従業員
　230　連邦社会保険料
　240　失業保険
　250　健康保険労災保険
　413　長距離電話
　420　サプライ
　810　郵便料
　820　印刷費，事務用品費
　910　参加者補助金
　920　回収不能担保引当金

　＜施設＞
　210　フルタイム従業員
　220　パートタイム／季節従業員
　230　連邦社会保険料
　240　失業保険
　250　健康保険労災保険
　411　ガス代
　412　電気代
　413　電話代
　414　水道料金
　415　下水道料金
　420　サプライ
　430　備品購入
　440　備品の修繕
　450　税金／許可
　460　保険（建物，財産）
　470　建物修繕
　480　建築
　510　チャーター，レンタル／リース車両
　520　保険―車両
　530　燃料―車両
　540　修繕―車両

　＜ボランティア指導＞
　910　会議費
　920　教育費
　930　ディレクター，管理職の保険

*どの項目にも特定できない項目があれば事務管理費と言う項目を追加する．これらの支出は合計して部署別に，所得，施設，スタッフの時間に基づいて割り振る．
キャンプがサマーキャンプ以外に野外教育，研修などの会議などの業務がある場合は上記以外の部署も存在するだろう．
**非営利組織のみ適用

図15.2　部署別勘定項目

など）変動経費に関しては参加者の見込み別に何種類か用意しておく必要がある．固定経費と変動経費を合計したものが収入予算に見合うかどうか，上回っていないかどうかが重要である．これが予算編成をすることとマーケティングを行うための基本的な目標である．ディレクターは常に最悪の事態が，例えば物価上昇，スタッフの急募の必要，設備の故障や交換などが発生する可能性を考慮しなければならない．膨大な支出項目は慎重に物証されなければならない．給料と食事は，わずかな変更で支出予算がかなり変わるので，キャンプ予算のせいぜい50～60％であるかどうか慎重に分析する必要がある．

建物と設備の減価償却

多くのキャンプはキャンプの建物と備品の減価償却費を予算化することに立ち遅れ気味である．キャンプの会計士とか役員会と協議した上で，耐久年数にしたがってそれぞれの建物や設備は減価償却，すなわち価値が減少させなければならない．非営利キャンプは慈善の寄付金を募って大規模建造物を建てるという方法に頼ってきたため，これまでこの問題は避けてきた．しかし，多くの後援組織が大金の資金を得ることが非常に難しくなっており，非営利組織の財政は逼迫している．についてはキャンプは必要な資本支出について組織の役員会の注意を引くことが肝心であろう．

最終予算設定

ディレクターが，期待できる現実的な収入と支出に最適条件である必要性を見出した時に初めて最終予算作成の段階になる．キャンプ運営に関わるあらゆる支出が予算に含まれていることが大切である．ことに，非営利団体においては特定の支出は他の予算に含まれていたり，引当金が減価償却分に計上されていなかったりして，予算そのものがキャンプの本当の経費を反映していない．例えば，組織によっては，キャンプに責任ある通年雇用の専門の従業員給与と手当が，組織全体の予算の方に反映されていたり，保険や経理事務費用がどこか他のところで予算に入っていたりする．そうした経費の正確な金額は，キャンプの仕事をした時間の割合に基づいて，本当の経費が反映されるためにキャンプの予算に組み込むべきである．こうした問題はすべて，マネジメントの目的のためにキャンプのありのままの状態を正確に把握するためにも，委員会や評議会に対しても，公に対してプレゼンテーションを行うためにも大切である．

支出の調整

予算プロセスの中でこの時点で，もし支出予算が収入予算を上回る場合はディレクターは各支出項目を見直して，キャンプのプログラムのねらいを崩すことなく参加者の健康と安全を冒すことなくどんな項目を漸減させることができるかを検討する．ディレクターがどうしても必要な経費を算出したら，過去の実績に基づいて予想できる

参加者収入，キャンプの売店から得る収入，プログラム参加料，交通費，その他外部からの資金（例えば助成金，社会事業団からの助成金，参加者からの基金，寄付金など）などを書き出して，料金の値上げをするか，プログラムまたはスタッフを減らして支出の縮小をするかを検討し，決定する．参加料金は次年度の広告に間に合うように初秋までに料金関係の諸々は決定していなければならない．

　参加料金を決めるにあたって，参加者によっては全額払っているが，割り引き額を払う者もいるし，無料で参加する者もいるので，損益計算書には参加者料金の助成金の収入源を示すことが重要である．ディレクターは一人の参加者あたり実際にどのくらいの経費がかかるかを，特に全額を払うことのできない参加者のための補助資金源を探す時には知っていなければならない．寄贈者は貧しい参加者がキャンプ経験をするという考えには共感するが，どのくらい経費がかかるかを示す書類の提示を必要とするかもしれない．外部の財政源であるユナイテッドウェイやほとんどの社会事業団もそのような書類を必要とする．

キャッシュフロー

　予算の計画通りであるか予算を上回っているかは，受取金額が一定の期間の支出を賄うのに必要な現金に足りているかと同じように大事である．会計年度が始まる前にキャッシュフローを示すチャートができていれば，ディレクターが現金の不足や過剰に備えて計画するのに役に立つ．表を作成して水平軸に左から収入勘定項目と項目番号，その右側に各項目にその月ごとに受領予定金額または支払い予定金額，そして年間の合計金額を入れる．図15.3にキャッシュフロー計画チャートの例を示す．収入金額と支出金額は各月別に合計を出し，現金の状態を示すようにする．もし，予想される収入よりも多い支出が見込まれる月が数ヵ月続く場合，引当金から現金を都合したり，銀行ローンで都合するなど計画しなければならない．同様に，現金が過剰になる月が数ヵ月続く場合，短期投資をしてその間の利息収入を得るために計画をするべきだろう．キャッシュフロー計画チャートは特定の柔軟性のある支出についてのタイムテーブルを調整するのにも役立つ．

財務報告書

　キャンプには3種類の重要な財務報告書がある．第一は活動報告書または収入一覧表であり，各月の収支活動を表す．各月毎に，運営管理目的に使われ，ディレクターはその月の収支金額と累積収支金額，予算額，前年同期の金額を示す表にする．ディレクター（または運営管理委員会，評議会などがある場合はそこで）は収入が予想を下回っていないかどうか，支出が予想を上回っていないかどうかから，支出項目を調整するための判断材料をこの表から得ることができる．年度末には非営利の場合の活動報告書は項目別の年間の収支の総括となり，年間の純損益を示すものとなる．営利組織はこうした報告書のことを，通常，収入一覧表という．図15.4に非営利の活動

200

キャッシュフロー・プランニングチャート

項目		年間予算	1月	2月	3月	4月	5月	6月	7月	8月	9月	10月	11月	12月	合計
収入															
111	参加料金	$250,000	$5,000	$2,000											
112	環境教育料金	100,000	10,000	8,000											
121	乗馬	10,000													
122	バス料金	15,000													
すべてがリストされるまで															
合計		$375,000	$15,000	$10,000											
支出															
210	フルタイム従業員	$75,000	$6,250	$6,250											
220	パートタイム従業員	100,000	2,000	1,750											
230	連邦社会保険	10,500	490	470											
240	失業保険税金	2,000	70	60											
250	健康保険	8,000	600	600											
すべてがリストされるまで															
合計		$375,000	$20,200	$9,130											
差額			0	($5,200)					$870						
(収入と支出の差額はその月の現金の過不足を示す)															

図15.3 キャッシュフロープランニングチャート

非営利	営利
活動報告書	収入一覧
財務状況計算書	貸借対照表
キャッシュフロー計算書	キャッシュフロー計算書

年間非営利事業報告書および純資産の変動報告書				
	無制限	一時的制限付	永久制限付	合計
年間事業報告書				
収入，利益，その他援助				
寄付				
料金				
投資収入				
その他				
制限から解放された純資産				
プログラム制限				
設備取得制限				
制限の終了				
収入，利益，その他援助合計				
支出と損失				
プログラムA―夏季				
プログラムB―環境教育				
プログラムC―レンタル				
マネジメント―般事務				
資金調達				
支出と損失合計				
純資産の増減				
純資産の増減年間報告書				
年度始の純資産				
年度末の純資産				

図15.4　非営利の年間事業報告書

報告書の例を，図15.5に営利の収入一覧表の例を示す．
　第二に活動報告書に加えて，キャンプの財務報告には貸借対照表または非営利の慣用語では財務状況計算書が含まれる．この表はキャンプの純資産と負債を要約し，キャンプの長期にわたる健全な財務のための鍵となる[3]．図15.6に非営利の財務状況計算書の例を示す．図15.7に営利の貸借対照表の例を示す．年間の運営は資産と負債の金額を同一にするために加減を行う．例えば，年間の運営の赤字は前年度からの黒字分を使い，資産に対する責任を発生する．どのキャンプの目標も，たとえ非営利

営利収入一覧表				
	月合計	前年度当月	年間累積	年間予算
収入				
キャンプ料金				
特別料金				
投資収入				
レンタル収入				
売上げ				
その他				
収入合計				
支出				
給料と手当				
食事				
水道光熱費				
設備				
税金と保険				
修理費				
減価償却費と割賦				
交通費				
プログラム費用				
研修費用				
事務費				
支出合計純利益				

図15.5　営利収入一覧

資産
現金小切手など
未受取勘定と利息勘定
在庫総額と前払い支出
受取予定寄付
短期投資
土地，建物，設備投資に制限される資産
土地，建物，設備
長期投資
資産合計
負債と純資産
未支払勘定
未支払補助金
未支払手形
長期借入金
負債合計
純資産
無制限
一時的制限
永久制限
純資産合計
負債と純資産合計

図15.6　非営利財務状況計算書

```
                        非営利貸借対照表
資産の部
 流動資産
        現金預金
         (資金)
        未収入金
        商品・貯蔵金
        前払金
 流動資産合計
 固定資産
        土地
        建物
        車両
 減価償却累計額（マイナス）
 固定資産合計
 資産合計

負債の部
 流動負債
        未払金
        未払金
 流動負債合計
 固定負債
        長期借入金
 固定負債合計

正味財産の部
        基本金
        当期正味財産増加（減少）額
 正味財産合計
 負債と正味財産合計
```

図15.7　営利貸借対照表

であっても，キャンプの資産をいくぶんでも成長させ，将来にわたって活動を続けることを保証することである．営利キャンプの場合，この投資は通常オーナーの資産であり，引退時の収入または有価証券となる．どちらの計算書もキャンプの資産または投資の実際の最終損益を明らかにする．

　三番目の財務報告書はキャッシュフロー計算書である．財務会計標準評議会の新規定では，非営利も今まで営利が行ってきたようなキャッシュフロー計算書を作成することを要請している．この計算書は年間を通じてのキャッシュフローの変動を明らかにする．キャッシュフロー計算書は年度当初と年度末の運転資金口座の差額を示す．財務的な状況を示す計算書の各行に示される増減は，最終的には年度末の現金の状態の正味変動分を示す．非営利は組織の公認会計士の援助を得て正規の書式と記録を作成するべきである．図15.8はキャッシュフロー計算書に含まれる要素をリストアッ

キャッシュフロー計算書に含む要素	
非営利	営利
運営活動からのキャッシュフロー	運営活動からのキャッシュフロー
純資産の変動	純収入
運営活動に使われた現金に純資産の変動を一致させるための調整	運営活動に使った現金に純収入を一致させるための調整
減価償却費	減価償却費
口座の金額の増加分と利息受取予定額	未収金の増減
在庫の減少分と前払い支出	在庫の増減
寄付金の受取予定額の増加分	前払い金の増減
未払い金の増加分	その他の流動資産の増減
補助金の未払い額の減少分	未払い金の増減
長期投資への制限付の寄付金	発生している費用の増減
長期投資への制限付の利息と配当	未払い税金の増減
運営活動に使用された現金の合計	その他の流動負債の増減
投資活動からのキャッシュフロー	運営活動からのキャッシュフロー合計
設備の購入	
投資の販売からの収入	投資活動からのキャッシュフロー合計
投資の購入	投資の販売からの収入
投資活動に使用された正味現金	投資の購入
財務活動からのキャッシュフロー	設備の購入
制限付の寄付金からの収入：	投資活動からのキャッシュフロー合計
公共基金に寄付された基金	
設備投資	財務活動からのキャッシュフロー
その他の財務活動	短期負債
投資への制限付の利息と配当	長期負債
出資金支払い義務支払	株式資本
未払い手形支払	その他の株式
長期借入金支払	財務活動からのキャッシュフロー合計
財務活動に使用された正味現金	
	現金の最終的な変動
現金の正味減少分	
	年度当初の現金
年度当初の現金	年度末の現金
年度末の現金	

図15.8　キャッシュフロー計算書

プしたものである.

購　入

　予算が承認されると購入計画が採用され，ディレクターは各予算項目に対して使われる金額について管理できるように計画する．購入発注システムは最も一般的なものである．図15.9は購入発注書の例である．購入発注計画の基本的な原理は各購入品目別に文書を（通常複写式の書類であるが）作成し，購入の前に承認され，1部は発注先に，1部は経理に（請求書が来た時に確認できるように），1部は発注した人に

```
                        購入発注書
        Camp Everyone, 234 Same Street, Everyplace, NY
                       (123)456-7890

発注番号_____ 日付：19__年__月__日

        御中

配送： □郵便小包    □UPS(宅配便)   □自動車貨物    □Best Way(宅配便)
```

量	項目番号	説明	単価

```
納品予定日_____年____月____日まで

署名_____
```

図15.9　購入発注書

保管される．通常，購入の発注には購入者と販売者が追跡できるための番号をつける．購入の発注書がない場合，または郵送される時は購入発注番号は電話で確認する時につけられることが多い．購入発注の原理は多少の省略があったとしても，どんな小規模な運営ででも行われている．どのようにこのシステムが実践されていようと重要なことは次の通りである．

● できる限り，限られた数人からだけ発注するものとする．
● 購入発注前に購入発注が承認されている．
● 購入発注書の複写は発注先と発注者双方のために作成する．
● 発注をする前に安全な購入価格を入手しておく．

　年度開始早々から購入計画はあるので購入先の価格や品質の比較を十分に行う時間があるべきである．前もって計画的に購入することで最も値引率のよい購入ができる．キャンプのキャッシュフロー計画チャートを使用すると，供給先から得られる値引き可能性を最大限にできるために非常に役に立つ．キャンプの開始に十分間に合うように納品できるように早めに発注することが重要である．

支払いシステム

　支払システムもまた予め整えておくべきである．売主の多くは納品後30日以内に支払があることを期待する．売主によっては実際の納品の前に支払を要求する．支払方法については発注時に了解し，購入発注書に明記するべきだろう．キャンプの清算システムまたは商品の支払いシステムは以下の要件を満たす．

```
            小口現金前払い書
日付_____

_____ドルを_____のために受領しました．

支払い項目番号_____ 受取者氏名_____
```

図15.10　小口現金前払い書

- 発注をする時，または発注者から依頼された人は商品またはサービスを受け取ったことを確認する．商品が梱包されている場合はその中身の各商品の量，種類，状態などを確認する．
- 請求書の計算が，税金，値引きを含めて間違いがないかどうかを確認する．
- すでにファイルされている購入発注書に対して承認された請求書の支払い額を照合し，またはしかるべきスタッフが承認しているかどうかを確認する．
- 小切手による支払い（現金での支払いが必要な場合，それに関連する領収書，または支払い済みと明記すること）．

現金支払いシステム

　不便な場所柄であり，日常的なさまざまな需要があるため，キャンプでは通常の組織よりもより頻繁に現金支払いがある．その手順を慎重に整えておくべきだろう．小口現金資金は現金で取り扱う．年度開始時，シーズン開始時に小切手を作り，必要に応じて切る．現金は金庫に保管し，一人か二人のみが取り扱う．スタッフは承認を受けた買い物をし，署名した領収書を提示して清算を受ける，または買い物に先立って前払いを受け，買い物のあとで記帳を行う．前払いの場合は現金の金額と日付を記録し，前払いを受けたものが署名する．図15.10に小口現金の前払い書の例を示す．料金を支払った領収書とつり銭と引き換えに，現金の前払い書は廃棄され，釣り銭と領収書を金庫に保管する．

　使われ方によって，例えば，現金の出入りが多い時期は毎日，そうでない時は週に一度，定期的に領収書と現金の残金を確認する．領収書が多くなり，現金が少なくなったら，領収書をまとめて項目を書き出し，項目番号を記入し，現金資金をもとの金額に戻すように現金の管理人に合計金額のチェックを受ける．年度末かシーズンの終了時に残金をキャンプの取引口座に戻しておく．

収　入

　すべての受取資金についての慎重な会計は正確な記録，よい対社会的関係，そしてあらゆる問題から身を守るために欠かせないものである．文書記録は支払いを受ける

度に行う．キャンプの受け取り金の記録は二つの目的に使われる．支払った人への信頼を得るためとその金額を適切な予算勘定項目に繰り入れることである．領収の記録は7年間保存する．

支払いは定期的に銀行または組織の事務所に預入れする．その資金は毎日預入れするのが望ましいが，多くの場合，支払いは周期的にある（例えばキャンプ期間の開始時期など）．つまり，セッションの始まりの時期には毎日預入れすることを必要とし，期間が始まってしまってからは週に一回預入れをすればよいだろう．すぐに小切手や現金を預入れすることでディレクターはキャンプに大金を置かないでおくことができる．

多くのキャンプは参加者にキャンプ参加をする前に料金を全額支払うことを要求する．請求方法は通常，前納を確保するか，滞納している支払いの追跡を行うことが必要である．請求は金額，参加者，参加した期間，どんなサービスに対する料金であるかを明記するべきである．

ディレクターは毎日の財務的な仕事をキャンプのスタッフに担当してもらい，そのスタッフの職務説明書に正確に仕事を記述して渡しておくべきである．責任と説明責任についての記述はすべてのスタッフに対して明確でなければならない．この仕事は最新の情報までの記録を正確に維持していくためにはいくらかの教育なり，経験を必要とする．経理の経験のある業務管理者が理想であり，キャンプによってはそれ以外に事務所に経理担当者が必要だろう．

小切手に署名をする権限のある人が少なくとも2人いることを必要とする．前もって決められた金額を超える金額の小切手の場合は2人からの署名を必要とする．小切手帳と銀行の預け入れ証は毎月銀行から送られてくる明細書と照合しなければならない．財務部門に複数のスタッフがいる場合はスタッフ同士でチェックして帳尻が合っているかどうかを確認するシステムを作り，それに従う必要がある．記録は耐火装備の施してあるコンテナに保管し，キャンプまたは組織に少なくとも5年間保管しておかなければならない．コンピュータの記録のバックアップによって財務記録を再構築することもできるが，実際の取引を証明する書類に替わるものであると考えることはできない．

キャンプの売店と銀行

ほとんどのキャンプではキャンプ料金に含まれる供給品以外に最低限の供給品（例えば歯磨き，歯ブラシ，文具，切手）を必要とする．参加者は土産物や，キャンプの経験の記念になるもの（例えばTシャツ，ワッペン，ペナント，絵葉書）を買いたがる．それに関してはディレクターがもつキャンプ哲学に見合った方法を考えるべきである．

参加者はキャンプに到着した時にキャンプで買うもののあるなしに関わらず現金を

持っている．多くのキャンプでは参加者がキャンプから出て商店街に行かせるようなことはさせたくない．参加者の荷物の中に現金を入れておくとなくしたり，争いを引き起こすことになりかねない．この現金を外部から守って，同時に参加者向けに品物を売っていれば，それを使ってもらうことができるならばキャンプの前にあらかじめ知らせておくべきだろう．ほとんどのキャンプは参加者が到着した時に現金を預かり，個人的なものを買う時の支払いや，追加分の活動の参加料金の支払いが発生する時に預け入れた現金から引き出すことを認めている．以下の項目を考慮してそうした計画を考えるべきである．

● 参加者と保護者にあらかじめキャンプ期間中に最低どのくらいで最高どのくらいの現金が必要になるかを提示する．
● 具体的に参加者がどんなものの購入を必要とするかを示す．
● 参加者の興味やスキル（クラフト材料，遠足，乗馬，射撃の弾薬）によって必要となる支出が発生するプログラムをリストにする．可能であれば，始めからキャンプ料金にこれらが含まれているかオプションとして料金プラス何についての支払いとして明確にするのが最善である．
● キャンプで参加者が利用できる購入品が何であるかを明確に示す．
● 参加者から現金を預けられた時には受領証を渡す．
● 単純な経理システムを作り，参加者が購入した金額を参加者に請求する書類を作り，預入れ金からその金額を差し引いてキャンプ終了時に必要であれば残金を返済する．図15.11に2つの例を示す．1番目は参加者がキャンプで使う小切手帳であり，買い物をするたびに参加者が使い（参加者自身も支払いの記録を持つことができ，自分の記録を保管する経験をすることができる）．下に示したものはキャンプでカードを持たせ，現金を預け入れた時，購入して支払いがあった時に記録され，預入れ金の残金が表示される．

キャンプを集団利用しているところでは，個人の現金を取り扱う問題は生じない．しかしながら，さまざまな供給品を販売するシステムは作っておいてグループリーダーが前もって滞在中にキャンプでどんなものを利用することができるかという情報を知らされていなければならない．

キャンプの売店を設置する時には会計の仕方については慎重に検討しておくべきである．店の運営は商品の原価，人件費，その他関連費以上の収入をキャンプにもたらす．商品の原価をカバーするだけを期待するのは現実的ではない．多くのキャンプがこれにより，かなりの収入額を得ることを証明してきた．キャンプの名前とロゴの入った商品を販売することは広告にもなる．その商品を身につけた人はどこへでもキャンプの名前をつけて行ってくれて，名前が知られることが重要である．その名前を見た人がキャンプやその経験について尋ねる事ができる．

安全で，人が出入りしやすい場所を決める必要がある．商品のディスプレイははっきり表示した価格をつけると，販売を促進し，参加者が来店した時に時間を節約でき

〈小切手帳式の支払い，前払い記録〉

残金		年　月　日小切手番号
先払い＿＿＿＿＿＿ドル		＿＿＿＿＿ドル
預入れ＿＿＿＿＿＿ドル	キャンプへの支払い	
合計＿＿＿＿＿＿ドル	＿＿＿＿＿＿＿＿＿＿＿＿＿＿＿ドル	
小切手番号＿＿＿　＿＿＿ドル 　　　　　　　を買った	＿＿＿＿＿＿＿＿＿＿＿＿＿＿＿を買いました．	
残金＿＿＿＿＿＿ドル	署名＿＿＿＿＿＿＿＿＿＿＿＿	
	キャビン＿＿＿＿＿＿＿＿＿＿	

〈記録カード式の支払い，前払い記録〉

氏名＿＿＿＿＿＿＿＿＿＿＿＿＿＿＿＿＿キャビン＿＿＿＿＿＿＿＿＿＿＿＿					
日付	買ったもの	価格	どこで	残高	

図15.11　支出預入れ記録

る．一人で，在庫の点検，追加発注，販売の監督など店の運営に責任を持ち，忙しい時間帯には手伝いをする人が必要となるかもしれない．

保　険

　リスクマネジメントプランに重要なのは保険による保護である．キャンプによっては自ら保証する立場にあるかもしれないが，通常は外部の会社の保険に加入している．保険代理店または保険ブローカーを慎重に選択することが保険を確保するための第一のステップである．できれば，代理店はキャンプについてある程度理解があり，表面的にはリスクがたくさんありそうに見えるそれぞれのプログラム活動に嫌気がさすことのないようなところを探すべきだろう．もし，代理店が公認財産損害保険業者（CPCU）または公認保険カウンセラー（CIC）という指定を受けていれば，その代理店はその証明書を得るために時間を割き，保険についての幅広いバックグラウンドを身につけていることを示す．しかしながらそうした指定を受けていなくても多くの優れた代理店がある．

大切なのはディレクターが考慮に入れておく必要のあるさまざまな種類の保険についてよく知っておくことである.

損失の基本的原因

以前には「指定危険保険」として知られていた，この種類の保険はキャンプの建物とその家財をカバーしている．その他の選択としては「さまざまな損害と特別な損害に対する保険」はより広い補償範囲をカバーしている．ディレクターによっては建物と家財についてその建て替え費用を確保する選択をするが，インフレがおこれば建物の価値も建て替え費用の上昇に合わせて毎年調整していかなければならない．すべての建物の建て替え費用を確保するのは非常に高額になっているため，その建物なしには運営をすることができないという一番重要な建物だけを考慮に入れるとよい．また，洪水や地震といったキャンプ全体が破壊するかもしれないような災害も起こりうる.

二番目のオプションとしては建物を確保するために，その実際の価値，または再調達価格を確保するという方法がある．建物が壊れてしまったら，キャンプはその時点での価値しか補償してもらうことができず，建て替え費用はそれよりはるかに多くかかるだろう．このオプションは価値が減少している割合に合わせて保険料が安くなる．特に内部に高価な物品がある場合はその登録を忘れないようにする.

どの場合もすべての建物についてとその家財の現在の資産価値と，それを新しく建て替える時にかかるコストの比較表を把握することは重要なことである．この方法により現在の価値と建て替える時の費用の差額というリスクを背負っているということがわかる．正確な最新の建物と価値のある家財の一覧表と状況は書類にして保管して火事や損害が起こった時に損害について明らかにできるようにしておくべきであろう．財産は時々再評価を行い，その価値がインフレ率などを反映した現在の価値であることを確認するべきであろう.

損害または障害が生じた場合，被保険者の負担となる金額がどのくらいかによって保険料も変わってくる．保険の補償範囲に対する掛け金が多くなれば多くなるほど，控除免責金額が多いのでキャンプが自ら補償しなければならない分は少なくなる.

職業賠償

責任保険は，責任過失を申し立てられた結果として訴訟が起こされた時にキャンプを保護するために考えられたものである．そのような申し立ては，財産の損害，身体上の傷害や，人身被害（情緒的な侵害，所持金の紛失）の結果として起こされる．保険会社は一般的にリスクを多くする条件や少なくする条件を総合的に検討する．例えば，乗馬用の馬の頭数，水上スキー用のモーターボート数，スタッフの数など，危険因子に影響するものすべてが保険会社によって点検される.

ディレクターが保険代理店にキャンプについて，個々のプログラムや設定によって異なる危険要素について理解してもらうことが重要である．この時点で，あなたのリ

スクマネジメントプラン（9章参照）を示す事で，代理店は，予防措置や，リスクを最小にするためのステップなどを理解することができる．代理店はキャンプのアメリカキャンプ協会のキャンプ認定，キャンプ用地認可または研修センター認定などの基準があることを知り，その内容を理解しているべきだろう．多くの保険会社がACA認定のキャンプに対しては掛け金を少なくする契約を用意している．

ディレクターは加入する保険の補償範囲の限界を設定する時には現実的に考えないといけない．ますます訴訟を起こしやすい世情であることを反映して，キャンプはよく起こる事故について十分補償できるように注意しなければならない．今日では最低限度は，危険の程度にもよるが，一般責任に100万ドル，超過補償（包括保険といわれている）として100～500万ドルと考えられている．

保険は不適切な医療に対する医療過誤保険や，給食サービスに対する生産物責任補償など，キャンプでの工事やプログラムのために出入りする請負業者のために何らかの補償を提供しているかどうか詳細に検討しておくべきであろう．今日では専門職としての仕事を行っている時の過失を申し立てられた時に個人を保護するという専門職の責任保険があり，フルタイム従業員を対象とする保険もある．これは加入する価値がある．

運営審議会があるところではディレクターやオフィサーを補償する配慮があるべきだろう．これはディレクターやオフィサーがキャンプのために行動することを補償するものである．さらに，キャンプ運営の中で活躍するボランティアがいる場合は，彼らについても補償されていることを確認しておくべきだろう．

労働者の補償

法律で要請されるように保険は業務上に起きた傷害，または業務に関連した病気にかかった時に，医療，入院費用と賃金の補償を行う．労働者の補償限界の条件は州によって異なる．キャンプのランク付けの経験の蓄積が一定条件の保険料金を決定するので，スタッフによる事故をできるだけ抑制することがキャンプのリスクマネジメントプランの重要な役割である．

自動車保険

乗客を乗せる自動車は大きな危険にさらされている．キャンプが所有する自動車，またはキャンプが使用する自動車に保険をかけておくことは大切なことである．補償は賠償責任，財産損害，医療支払い，保険に加入していない運転者の補償を含んでいるべきである．車両と賠償（対人・対物）が利用できるものもあるが自動車の価値と追加保険料について考慮してみるべきだろう．キャンプがスタッフの自家用車をキャンプで利用しているならば所有者以外の補償が確保できるようにしないといけない．もし，キャンプがリースまたはレンタルの車両を利用する場合は，通常貸主が保険を負担しているが，ディレクターは自動車を使用する前にその保険の提示を求めておく

べきであろう．

健康保険，傷害保険

　健康保険，事故保険は，参加者やスタッフが，キャンプ期間中にかかった病気や事故による傷害の医療費，入院費を補償するために考えられている．そうした保険ではさまざまな種類の補償が利用できる．多くのキャンプは自動的に参加者を加入させ，スタッフにも，手当として加入させている．キャンプによっては参加者にもスタッフにもオプションとして保険の加入を提示するが，加入するかどうかは各家庭の判断に任せているところもある．もし保険がスタッフを補償している場合，業務に関連した傷害は労働者の補償保険で最初に補償を受け，さらに補償を受けられる．

　保険が参加者を家族の保険と連携して補償するものであることを確保することもできる．保険は家族の保険の分を控除して家族の保険で支払っている最高限度額を超過する分だけを支払う．家族で保険に加入していない場合はその保険は基本的な保険になる．この種類の保険はすべての参加者を直接補償するよりも安くつく．

　ディレクターは保険が有効である日付またはそれ以前にそれぞれの保険証書を受領できない場合は仮保険証を請求して受領しておくべきだろう．仮保険証によりディレクターは当日保険が有効であるかどうか確認することができる．できればその代理店に保険証書を発行している保険会社の最高格付け機関でB＋またはそれ以上の格付けをされているかどうか問い合わせておくとよいだろう．

税　金

　会計士や，弁護士からも財務関連事項にいろいろ助言が必要だが税金に関しては税金の専門家の助言がなくてはならない．特定のキャンプに適用される税金の種類はオフィスの住所とキャンプの住所によって異なるだけではなく，そのキャンプが営利組織であるか非営利組織であるかによっても異なる．調べておかなければならない特定の税金の項目は，給与，固定資産税，個人資産税，売上税である．常にキャンプの公認会計士（CPA）から助言を得るべきであろう．

キャンプ・オフィス

　キャンプ・オフィスはキャンプに到着した時にすぐわかる場所で，にぎやかな活動によって業務が妨げられない場所にあるべきであろう．オフィスは記録や事務管理に関して能率よく正確に行われるべきところであり，リラックスできる気持ちのよい雰囲気を作るべきである．オフィスはキャンプについての第一印象を与えるところであり，来訪者，納入者，参加者の保護者が最初に訪れるところである．

　多くのキャンプはオフィスを2ヵ所持っており，1ヵ所はディレクターの自宅や自宅付近の町の中にあり，1ヵ所はキャンプにある．キャンプのオフィスでは電話が，外部の人に接する機能を果たす．これから利用する可能性のある参加者やその保護者

からの多くの問い合わせや質問が電話で来るので，電話で応対する人は感じのよい性格でどんな質問にもすぐに答えられる人であることが大切である．

スタッフ

オフィス・スタッフの数はキャンプの規模によって異なるだろう．規模が大きければ受付と電話の応対，経理，秘書，業務管理者（ビジネスマネジャー）が必要であろう．規模が小さければディレクターの他にはたった一人しかいないかもしれない．時によっては，キャンプ・オフィスは非常に忙しくなり，ひっきりなしに急き立てられるが，大切なのは来訪者があった時や電話がかかってきた時に一旦仕事を止めてきちんと応対することである．

オフィスの整理

オフィスの建築または模様替えをする時に考慮しておく必要な要素がある．サプライや記録を保管するのに十分な収納を確保しておかなければならない．個々のスタッフや参加者との話しは内密なものであることもあるので，ディレクターやその他の管理者や，プログラム担当者のプライバシーも考慮しなければならない．正面入口の近くには待つことのできる椅子をいくつか用意するべきであろう．カウンターを置くことによって，来訪者と業務場所を仕切ることができるし，立ったまま必要な情報を記入して手渡すこともできる．電源は机の照明や，さまざまなオフィスの設備に必要なので平均より多めに取れるようにしておくとよい．現金や記録の安全のために関係者以外の立入り禁止区域を考慮しておくべきであろう．

コンピュータ化

キャンプ・オフィスのコンピュータ化は多くの仕事の取り扱い方を変えてきた．個人や団体の登録をすると，登録記録だけでなく，未収金項目，請求書発行項目，郵便物の宛名，生活グループでの特記事項，プログラム申し込みなどを一度に登録してしまうようなコンピュータプログラムが利用できる．標準的なプログラムは会計，ワープロ，宛名管理，差込み印刷，財務会計ソフト，編集ソフトなどを一括にしたものが市販されている．同時にいくつかの会社は，キャンプ仕様に，キャンプ登録だけでなく，プログラムグループ，生活グループの割当て手続きをするような特別なソフトを開発している．クリスティーン・Z.ハウイは図15.12[4]に示すようなさまざまなアプリケーションが利用できることを明記している．

オンラインで利用することによって，さらに便利な情報の伝達が遠隔の国内だけでなく世界中に配信が可能になっている．一般的なオンラインサービスを調べてみよう．地域の大学に行けばインターネットを利用することができる．あなたのキャンプはいずれは参加者のメールを受け取り，登録をEメールですることになるだろう．あるいはチャットグループに入ってリスクマネジメントの問題の討論に参加するかも知れな

パソコンのためのアプリケーションの代表的な種類

事務管理

財務
会計
元帳
投資
予測／決断援助（decision support）
標準仕事量記録（work load tracking）
水道高熱費管理
請求書
予算／収入と支出

人事
記録保存／従業員別
記録保存／ボランティア別
記録保存／顧客名簿
給与
保険
評価基準／職務記述書

ワープロ一般
資格／免許
ラベル印刷
大量メール
マニュアル／教材
印刷
グラフィックス／地図
顧客データ参加者統計
月間報告

リサーチ
事故調査
マーケティング
長期計画
需要調査
調査一覧表

保守管理
保管費用記録
施設の破損記録
造園管理
ウォータースポーツスケジュールと管理

配送サービス

記録
活動登録
参加報告
施設利用
活動スケジュール

プログラム計画と評価
宣伝／広告
活動マスタープランニング
活動分析
活動記録

活動
ゲームコンピュータゲーム
シミュレーションゲーム
芸術／グラフィックス
作曲
対話型（interactive）ストーリー／読み物

レジャーカウンセリングと教育

カウンセリング
レクリエーションのニーズの評価
興味一覧表
問題解決
価値の認知と明確化
個々の実態的人口統計
伝達／思考と感情の表現

教育
専門家の委託システム，余暇との組み合わせ
システムを通して自己肯定的概念の発達

図15.12 パソコンのためのアプリケーションの代表的な種類

い．好むと好まざるとに関わらず，参加者や保護者，他のディレクター，他の業者との関係づくりの環境は今急激に変化している．

初めてコンピュータを購入する場合や，新しいソフトを追加する場合は慎重にいろいろなオプションを調べておくとよい．技術はとても急速に進歩しており，違うキャンプの設定への応用性については千差万別なので，いくつかのハードウェアとソフトウェアのオプションを調べて，他のキャンプのディレクターにも，問題点や成功点を聞いてみるといいだろう．新しいソフトはプログラムをひとつずつ導入して，予測しなかった問題が起きて業務に支障をきたさないように，またオフィススタッフを挫折させないようにするべきだろう．たとえば，すべてのプログラムを一度に導入するよりも，新しい会計システムやワープロシステムをまず導入し，オフィススタッフが新しいシステムになれさせるのがいいだろう．ヘンダーソンとビアレスツキーはコンピュータを導入するにあたっていくつかのステップを示している．

- 現在の運営の規模について把握する．参加者，予算，在庫がどのくらいかを把握することで，あなたがどんなコンピュータのシステムを必要とするか，それによってどんな利点があるかより正確に把握することができる．
- コンピュータがあなたにもたらす目標とねらいと基準を設定する．コンピュータを買わない場合を考慮に入れて，どのように使うかを考える．アプリケーションを最初に決める．
- 販売者を見つけ，ソフトウェアの入手先を捜す．販売者には何件かあたってみて値段の比較，サポートサービスの比較を行う．
- どのようにコンピュータとソフトを使い始めるか導入スケジュールを作成する．一度にすべてを使うことは不可能なので，体系的にどのように始めたら良いかを決める．
- アプリケーションを積極的に使って試してみて他のソフトウェア[5]を追加する．

しかし，どんなに小規模な運営であってもコンピュータシステムを正しく導入すればキャンプのなかで起こる多くの問題や時間のかかる事柄を長期的には解消することは疑いない．スタッフの中に故障修理のできるコンピュータに詳しいものがいたり，コンピュータ化するまであなたにつきっきりでサポートしてくれるコンピュータ納入者がいることが重要である．いずれにせよ販売者のサポート体制の問題は重要である．その会社の評判，紹介，保守契約料金，故障解決サービスなど詳しくチェックするべきだろう．

記録保存

記録保存の義務は州によって異なる．しかし，一般的に記録は最低でも以下に示すとおり保存されなければならない．ディレクターは慎重に必要最小限の記録の保存を行い，法的な助言を得るべきである．

ジェラルド・G.ニューボーグは「法的に強制できる権利や義務のために書類を提示

できるいかなる記録にも法的な価値がある」と述べている．これらの価値は州法や連邦法や市町村の条例[5,6]に明示されている．

　組織やキャンプの記録保存に関する方針は法律，論理の法則，伴うリスクに基づいてつくる．そのような方針は文書にして，そのファイルを担当する人に示すべきである．また，記録保存の方針を作成したら会計年度の開始時または年度末に個々の保管期間を明確にする．

記録の種類	最低保管期間
事故報告	成人の場合，7年間
	未成年の場合，成人になってから2年間
事故報告／クレーム	30年間
未払い金記録	7年間
未収金記録	7年間
年間報告書*	無期限
監査報告	無期限
銀行の明細	1年間
参加者登録書*	成人の場合，6年間
	未成年の場合，成人になってから2年間
参加者健康記録	成人の場合，6年間
（治療記録を含む）*	未成年の場合，成人になってから2年間
現金帳	無期限
憲法，条例，法人記録	無期限
収支計算書一覧表	無期限
小切手（キャンセルされたもの）	4年間
小切手（税金支払い，不動産購入，特別契約を除く）	無期限
契約書，リース契約書（リース期間を超えたもの）	7年間
（現在も契約しているもの）	無期限
通信文（日常的なもの）	1年間
（一般）	3年間
（法的，重要事項）	無期限
証書，抵当証書，販売目録	無期限
減価償却スケジュール	無期限
預入証	1年間
従業員人事記録**	退職してから3年間
従業員健康記録（治療記録を含む）	30年間
採用応募書類（不採用者）	3年間

支出分析／支出スケジュール	7年間
財務計算書（年度末）	無期限
消防点検報告*	6年間
使用した書式，日付入りのファイルの複写*	無期限
General and privatae ledgers with end-of-year trial balances	無期限
保険証券（期限の切れたもの）	3年間
保険記録（事故報告，クレーム，保険証書など）	無期限
内部監査報告*	内容による
内部報告書	3年間
商品の在庫，教材，サプライ	7年間
顧客への請求書	7年間
納入者からの請求書	7年間
免許（連邦，州，地域）*	新しい免許を入手した時に処分
仕分け帳	無期限
ディレクター会議，株主会議記録	無期限
未収手形記録	7年間
職業上の傷害，病気の記録	5年間
給与支払い記録	3年間
小口現金領収書	3年間
Physical Inventory Tags	3年間
財産評価	無期限
経費，減価償却引当金，青写真を含む財産記録	無期限
購入発注書	
（複写）*	1年間
（オリジナル）*	7年間
安全点検報告*	8年間
証券売買	3年間
株式債権証書（無効となったもの）	6年間
株式債権記録	無期限
補助帳簿	7年間
税金の還付金	無期限
時間記録	7年間
出張支出報告*	3年間
支払いの領収記録	7年間
源泉課税計算書*	4年間

*American Society of Association Executivesはこれらの項目に関しては上記保管期間は提唱していない．

**未青年が関わっている時はその未青年が成人に達してから2年間は記録を保存していなければならない．

資金調達

　非営利キャンプの場合，全く寄付金に頼らないでキャンプを運営することは滅多にない．多くの民間キャンプは，現在のオーナーが去ってしまった後も継続して運営ができるように非営利財団に移行してしている．その他の民間キャンプでは，アメリカキャンプ協会宛に友人や保護者の寄付を行ってもらい，キャンプ料金を全額負担できない参加者に使ってもらうという連盟の制度を利用してきている．ということはほとんどのディレクターも資金調達というもうひとつの技術をマスターしなければならなくなってきているといえる．

　各州は資金調達に影響する規制を作りつつある．したがって，キャンプの弁護士，会計士に相談して適用される法律や規定を理解することが大切である．

資金の使途決定

　もし，資金がキャンプのために調達されたならば，それらの使い途を慎重に評価されなければならない．これらの資金は以下のいずれの目的で使われるものだろうか．
- すべての参加者のためにキャンプ経験の費用を軽減し，全員の料金を下げるのか．
- 全額を支払うことができない参加者の料金を下げるのか．
- 土地開発，建物設備，大型設備の購入，大規模修繕のために使うのか．
- プログラムの多様化のための新しいプログラムのために使うのか．
- スタッフの賃金と手当を改善し，よりよいスタッフをリクルートできるようにする．

　換言すれば，ディレクターや運営管理会議は資金調達の目的を慎重に考慮しなければならない．というのも目的が明確ではっきり必要と感じられてこそ資金が集まるに違いないからである．料金を平均よりも安く設定したいとか，建物や設備を新しくしたいとかさまざまな必要があるだろう．すべての必要を取り上げてみて，資金調達をするための資金とは何であるのかを考慮しなければならない．この段階で，一定期間に資金調達する基本金と方法を提供する財務拡張プログラムを作り出すために外部のコンサルタントの援助を得ることを考慮する．

基本的原則

　以下の資金を調達する活動にもいくつかの基本的な原則に従わなければならない．
- 専門家のカウンセラーを探す，またはディレクターはキャンペーンを始める前に教育を受ける．
- 資金の目的を明確にする．
- 資金を調達するための能力のあるボランティアをリクルートする．
- ボランティアのための教育プログラムを行う．

- 魅力的で，簡潔で明確な表現のチラシを作成する．
- すべての寄贈品，寄付に対して，きちんと感謝の気持ちを伝える．
- 資金は明示された目的のために使い，すべての寄付者に対して報告する．
- 寄付の約束を含めてすべての寄付に対して慎重に会計手順を行う．新しい会計規則によると寄付の約束を取りつけた年の収入として計上し，実際に払われた年の収入としては計上しないことになっている．

年1回の定期寄付

　年1回の定期寄付は資金調達の一種である．毎年後援団体に対して行い，関係者からの寄付を募る．このような資金調達活動では年によって一定期間が設定され，運営管理委員会や，同窓会から指名されたボランティアのリーダーが行う．図15.13の図に似た組織を作る．キャンプの記録から，参加者の保護者，以前の参加者，スタッフ，財団，運営管理委員会の委員，業者などの有力な寄付者のリストを作る．
　年1回の定期寄付のキャンペーンやイベントは貧困家庭の青年がキャンプ体験に参加するための直接的間接的資金援助をするために行なう．キャンプによってはこの資金で減価償却費引当金としていたこともある．また，個人から寄贈品を受け取った時は，その寄贈品を認知して利用している限り，お知らせするのがよい．
　新たに年1回の定期寄付の実行者をみつけるために，以下の方法がある．
- ダイレクトメール．返信用の封筒と寄付金の送金書類を同封し，どんなことに使う費用をお願いしたいかを記述した手紙を同封する．
- 慈善目的の長時間テレビ番組．教育を受けたボランティアが複数の電話を用い，寄付をしたいと思っている人と直接話し，寄付を取りつけ，確認の手紙と返信用封筒を同封してその人たちに発送する．
- 個人的にお願いする．ボランティアはどんなことに使う費用を集めているかを説明し，寄付をお願いする．これが最も成果があがる．
- 公的な集まりに参加してお願いする．キャンプが主宰する特別イベントがある場合にはその場で寄付金が必要な事情を説明し，返信用封筒と寄付を約束するカードを配布する．
- 資金調達．他の活動で集まった資金や，チケット販売からの利益を得るなどの活動を行う．

資本金キャンペーン

　資本金キャンペーンは資金調達のもうひとつの種類である．アニュアルギビングと違い滅多に行われない．5年とか10年の間隔で行われ，お願いをする後援団体についてはアニュアルギビングをお願いするところ以外にも，より多くの地域の企業や，資本金計画に理解を示してくれそうな財団などに枠を広げる．この場合もアニュアルギビング同様，ボランティア組織を作るが，この場合は，そのボランティアが個人的

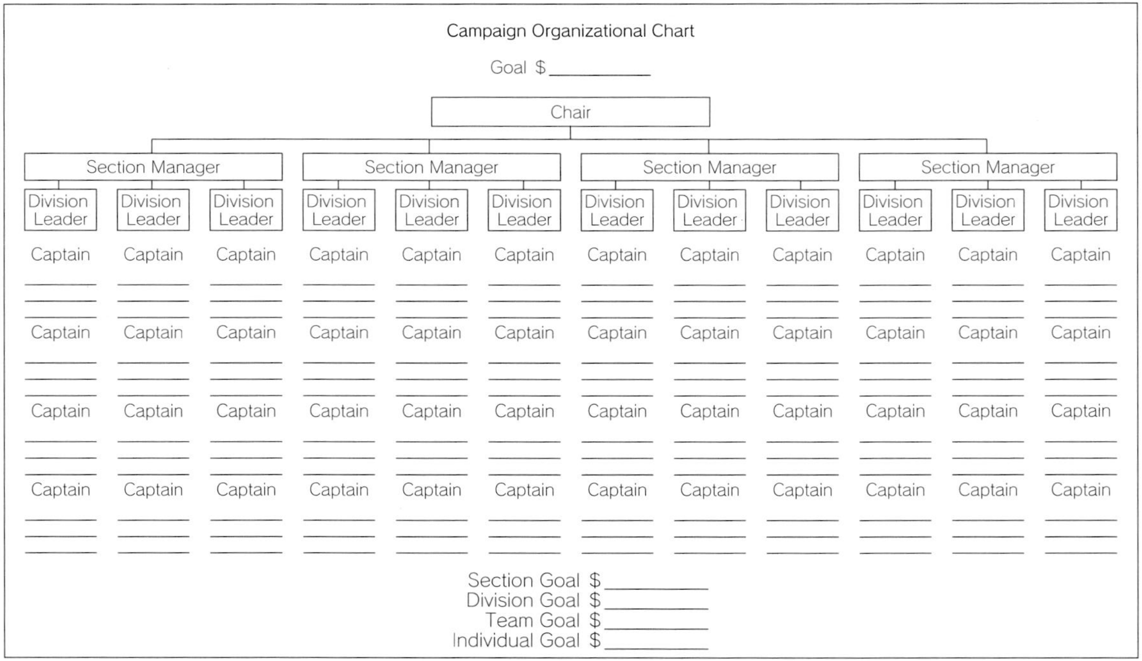

図15.13 キャンペーン組織図

にどのくらい多くの人にお願いしたかによって得られるものである．
　資本金キャンペーンでは，専門家の助言が鍵を握っている．目的が達成できるという確実性がないのにそのような募金運動に着手するのはあまりよくない．専門家であるコンサルタントに大口寄付を得られそうな機関の貢献意欲とか，先導的な役割を果たしてくれそうな人を見つけだすことや，キャンプに募金活動を行う能力があるかなどの事前調査をしてもらうとよい．資本金キャンペーンは1件か2件の大口寄付者から目的金額の20％が確保でき，かつ目的金額の60〜70％が大口寄付者から得られることが見込めるかによって決まる．したがって，大口寄付者の特定，洗い出し，評価は，この種の資金調達の場合もっとも重要になってくる．加えて，専門家は，もっと小規模の募金活動の場合の助言を行ったり，大規模な募金活動の間は寝食をともにすることが大切である．

基金の拡張

　資金の拡張はもう一つの資金調達の種類であり，資本金キャンペーンやアニュアルギビングキャンペーンとは全く違う試みである．大学や病院や他の組織には一般的であるが，キャンプにはあまり一般的ではない．遺言を書く時や，保険の受け取り人として，支持者にキャンプの事を思い出してもらうということである．信頼の対象となるためには，資本金キャンペーンと違い，すぐに結果が出るわけではない教育や，修養のプログラムを必要とする．
　キャンプに寄付をした事のない寄付者にお願いに行くことで，その人が将来の寄付の対象として考えてもらえるかもしれない．アニュアルギビングや資本金キャンペーンに応じてくれるようなところは最も協力的で，基金運動に応じてくれる可能性が高い．この人たちはキャンプでも知られるところとなり，キャンプのお知らせは定期的に発行されて発送されている．そのお知らせのなかで，寄付をもとめるということではなくて，そういう寄付の方法があるということに気付いてもらうのも可能である．将来の寄付の方法として不動産を寄付するとか，その場合の税金の控除がどうであるとかいうことにも触れる事ができる．したがって，どんな決断をするにしても，専門家，法律家，信託取扱者，会計士などとの相談を要する事柄である．
　資金の拡張プログラムは慎重に計画し，キャンプの運営管理に関わる人たちが責任をもって取り組む問題である．資金の拡張運動について知っている専門家の助言をまず聞いてみることである．非営利団体の場合に限ってはこの方法の資金調達が多くの人に税金面でも有利である．

資金調達担当者

　効果的な資金調達運動を作り上げるには，かなりの時間と教育と専門知識を必要とする．ディレクターは自分あるいは他のスタッフがどのくらいの時間をこの問題に当てるかを慎重に検討する必要がある．外部のコンサルタントを資金調達の仕事のため

に雇ったとしても，ディレクターはそのために相当な時間をかけなければならない．いい加減に，専門家の助言を得ないでよい運動ができるはずがない．一方，ほとんどの非営利組織は効果的な資金調達を行わないでやっていけるはずがない．

外部の資金調達専門家を捜して全体の財務計画を立てるのを手伝ってもらい，実際の資金調達運動を手伝ってもらうのがよい．資金調達専門家を探すに当たっては，過去にどんな仕事をしていて，現在どのような仕事をしているか慎重に検討して決めるのがよい．

チェックポイント

1. キャンプの予算手順の要点を書き出しなさい．
2. 3種類の資金調達の方法を説明し，あらゆるよい資金調達に影響する原則を説明しなさい．
3. キャンプで購入をするのは誰ですか．どんな方法でですか．納品があった時に注文を確認して支払する人は誰ですか．
4. キャンプでは誰が現金を取り扱いますか．彼らは現金につきっきりですか．現金を受け取った時には何をしますか．
5. キャンプの保険について見直しを行い，どの分野を最新の情報にする必要があるか明確にしなさい．キャンプは火災保険，災害保険，賠償保険，労働保険，自動車保険に加入していますか．
6. キャンプの売店の収入から経費を差し引いたものがどのくらいになるかを示す収支データがありますか．
7. コンピュータ化するためのステップを説明しなさい．
8. あなたの記録保存方針はいつ見直しましたか．

参考文献

1) Financial Accounting Standards Board, P.O.Box 5116, Norwark, CT 06856-5116
2) Marrian Webster's College Dictionary, tenth edition. 1993. Springfield, MA: Marriam-Webster, Inc.
3) Tyson, Kathy J. Accounting Alert. Camping Magazine 66:5 May / June, 1994.p.44
4) Howe, Christine Z. Change, Computers, and the Camp Administration. Camping Magazine 57:1 September/October, 1984. P17.
5) Henderson, Karla and Bialeschki, M. Deborah, Computer Consciousness. Camping Magazine 55:7 May, 1983. P.16
6) Newborg, Gerald G. 1989. Record Retention and Disposition Schedules. Technical Leaflet 107. Nashville, TN: American Association for State and Local History.
7) American Society of Association Executives. Association Management 44:9 September, 1992, pp 50-51.

16章 ボランティア

　ボランティアたちが，あるプロジェクトのためにその生活を捧げてくれるのは，彼らがその組織の使命を信じ，共感してくれている，そのためである．リーダーシップ訓練の中でわれわれはこれを，組織のビジョンや使命への，「従駕」と呼んでいる．

ジョージ・バーンズ[1)]

　元職員だったり元保護者，元参加者だったりと立場はさまざまながら，スタッフとして，あるいは評議会・委員会のメンバーとして関わってくれるボランティアの助けなしに，成り立つキャンプはほとんどない．ウェブスター辞書によるとボランティアとは「人為的なコントロールなしに，自発的に発生するもの」[2)]となっている．キャンプ管理者は，その発生と育成のこつを身につける必要があるだろう．ボランティアとは，職員とは比べものにならないほどの熱意でもって，キャンプの使命を広げ，高めてくれる存在だからである．

　ボランティアを求める時にまず考えがちなのは，通常なら報酬が必要となる仕事を，スタッフとしてキャンプで働いてくれるボランティアが引き受けてくれれば，費用の節減になるということだろう．その他には，ボランティアが基金調達係，あるいは参加者の募集係として収入源にもなる，ということがある．どちらも事実ではあるが，ボランティアの活躍は，何といってもキャンプの精神，哲学の成果なのである．元参加者や元保護者，あるいは元スタッフが，ボランティアとして他の参加者と体験をともにしようと申し出てくれるというのは，キャンプにとっては最大の賛辞だといえよう．

　しかしながら，その体験をより効果的にし，最高の満足を得られるようにするためには，ボランティアたちにはしっかりした体制とプロのリーダーシップが必要となってくる．ボランティアのための，基本的原則をいくつか挙げておこう．
- ボランティアはニーズに敏感でなければならない．そのニーズは専門家によって刺激されるが，ボランティアにとってもやりがいのあることである．そのニーズは人によって違ったものであるはずだ．クレアリー，スナイダー，リッジは次のように述べている．「人間は個人的かつ社会的なニーズを満たすためボランティアをする．人員募集を成功させる最初のステップは，ボランティア候補のニーズと動機を推し量り，募集を行わなければならない[3)]」．

● ボランティアは，その能力が最も発揮されるような活動に就かせていくべきである．どんな仕事でもうまくいくことが大切であるが，それがエネルギーや時間，お金を注ぎ込んで取りかかっているものであれば尚更である．行き当たりばったりにボランティアを募集したり配置につけたりするのは賢明とはいえない．
● 仕事の内容などを文書にしたものを準備し，ボランティアにも渡すことが望ましい．個人面談の時には，各ボランティアにその仕事の仕組みに不都合がないか，調整するべき点がないか尋ねてみるといいだろう．また，仕事の内容とともに，仕事の遂行，見直しのための時間（期間）も確定させておくべきである．
● ボランティアにも，全体的なルールを知らせておくべきである（人事方針，権限の境界，予算の限定など，制限があるものについて）．
● ボランティアが任務を遂行するにあたっては，資金，器材，人員あるいは管理者との直接の相談など，適切な援助も必要である．
● 監督による観察や，任務遂行のための理解を深めるための定期会議など，場合に応じては監督も必要である．
● 任務が無事達成できた時には，ボランティアの仕事ぶりも，きちんと称賛されるべきである．
● ボランティアへの公的な表彰も必要である．

細分化された法律

　近年，ボランティア活動の法的定義に関わる裁判も開かれている．法律のバイブルともいうべき法大全第2巻では，ボランティアを次のように定義している．「法的にも，道徳的にも義務のない仕事を引き受け，その行動からいかなる利益をも追求しない者（中略）その行為は各自の自由意思であり，何らかの報酬を約束されてはおらず，その仕事に何の利害もなく，活動を援助するために仕事を引き受ける者[4]」．
　純然たるボランティアの定義は狭く，無報酬のボランティアとはいくぶん意義を異にしている．ボランティアは，その人物が，ある組織の管理下に属するか否か，またその仕事に従事することで何らかの報酬を得るか否かによって二つに分けられるといえる．前者は，都合のよい時，都合のよい方法で，何の報酬も受け取らずに労力を提供する人のことである．後者は，ある組織の規定する時期・方法によって労力を提供し，その組織から何らかの報酬を得る．後者は，ある組織が管理し一定の責任を負っているので，何らかの法的保護が得られるのに対し，前者はそういった保護が得られない．キャンプでは，両方のタイプのボランティアの参加がありうるので，この違いを理解しておくことが重要である．
　数々の訴訟例から，篤志ボランティア組織の問題のいくつかが明らかになっている．ボンド対カートライト・リトル・リーグの裁判を例に挙げよう[5]．リトル・リーグが，

地方自治体の野球場から購入した大きな照明灯を撤去するよう，ボランティアに要請した．そこで1人のボランティアが高さ160mほどの照明灯に登り始め，60m強の高さから転落，ケガをした．この件でアリゾナ高等裁判所は，このボランティアは純然たるボランティアではないと判断した．なぜなら，リトル・リーグは照明灯を撤去する作業について，時間や場所，方法を指定しており，そのボランティアを管理下においていたからである．

ノースダコタ高等裁判所が扱ったオルソン対密教の古代アラビア法ケム寺院のケースでは[6]，小さな踏み台から落ちてケガをしたボランティアが，補償金の請求を却下された．理由は，その踏み台が「単純な道具」だから，ということだった．裁判所は「道具や設備の構造が単純で，特殊な技能や知識がなくてもその欠陥を知りうる場合，さらに被雇用者の側も，雇用者と同様にその欠陥を見て取り，生じうる危険について認識できうる場合」には，補償の義務はないと判断したのである．

慈善団体のボランティア運転手が不注意により事故を起こし，数人にケガをさせた事件は，ワシントン上級裁判所のバクスター対モーニングサイド社裁判で争われた[7]．裁判所は，この組織がボランティア運転手に関する責任を負うべきだと判断した．理由は「そのボランティア運転手の体調や行動について，管理していた，あるいは管理すべきであった」[8]からである．

1985年，最高裁判所はトニー・アラモ，スーザン・アラモ財団対労働省長官の裁判において，宿舎と食事をあてがわれていた財団の働き手たちは，真のボランティアではないと判断した[9]．「彼らは何らかの報酬を予期して働いていたから」である．これによって裁判所は，このボランティアたちが，最低賃金をも定めた正当労働基準法令（FLSA）の適用対象となるとしたのである．この判断は「ボランティアとして機能しながらも，何らかの補償が期待できることから，法令の保護を受けられる"準ボランティア"というべき新しい区分を創造した」[10]とされている．またアラモ財団のケースは，非営利団体の経済活動と宿舎や食事の支給という2つの要素について，これらがどちらも，FLSAの免除対象には結び付かないということを示唆している．これを受けてグランジとルソードは，キャンプでは雇用形態の条件として宿舎や食事を支給することを指摘している．参加者と一緒に働き，キャンプの中に滞在することが仕事である以上，宿舎や食事を支給することがキャンプ自体の利益につながるからである．このことに関しては，まだ法廷で議論されてはいない．

以上の裁判の例から，キャンプ管理者が考慮に入れておくべき基本事項があげられる．

- キャンプの便宜に沿わない報酬は与えない．例えば，キャンプ・カウンセラーに宿舎を用意するのは，その仕事がキャンプで生活するのでなければ遂行不可能であるからキャンプの便宜のためであるといえる．
- 責任を負える範囲を超えた報酬は与えない．例えば，キャンプのそばに住居がある人，あるいは1日1〜2時間だけの活動に従事する人に対して宿舎や食事

を支給するのは，責任の範囲以外である．
- キャンプがある特定の場所や時期に，特殊技能を必要とした場合，キャンプは保護措置を講じ，その活動に対する監督をしなければならない．
- 車の運転のような，責任の生じる可能性のある活動には，ボランティアに対しても被雇用者と同様の注意や訓練を施すべきである．
- ボランティアは，使用する前に器具などを注意深く点検するように指導する必要がある．とはいえ，それがキャンプ自体の器具・設備への通常の点検，維持の責任を軽減するものではない．

スタッフとしてのボランティア

　非営利組織の多くでは，キャンプのスタッフの多く，あるいは全員をボランティアでまかなうこともあるだろう．まず1～2週先がけて，ボランティア監督を募集・決定し，それから活動に携わるスタッフを募集・決定する．その他のキャンプでは，プログラムの中心となるスタッフは雇用され，カウンセラーやその他の職務のアシスタントとしてボランティアを募集することになる．この本の中では一貫して，ボランティアと雇われたスタッフとを区別して書き記してはいない．概して，雇用されたスタッフについての採用，維持，オリエンテーション，トレーニング，監督などの原則すべてが，ボランティア・スタッフについても適用される．そこでキャンプ管理者や組織は，以下の点に配慮せねばならない．
- ボランティア・スタッフも慎重に選ばねばならない．出願書や推薦状なども含め，既に詳述した選考方法に準じるとよい．証明書が必要とされる場合には，ボランティア・スタッフについても同様に必要となってくる．
- スタッフのメンバーから，以下の事項を明言してある同意書をとりつける．
  - その人物がボランティアであり，報酬を得る被雇用者ではないこと．
  - 宿舎と食事は，雇用側の便宜のために支給していること．
  - キャンプでは，寝るための場所と作業義務とをボランティアに割り当てること．
  - 通常の被雇用者に提供される二次的利益は，ボランティアには提供されないこと．
  - ボランティアの労働は，キャンプ側あるいはボランティア側のどちらからでも，いつでも終了させることができること．
  - 参加者が到着する前に，トレーニング期間をおくこと．
  - キャンプ期間中，適正な監督下におくこと．
  - 期間終了後，査定や表彰が行われること．

　ボランティア・スタッフが働くキャンプと，雇われたスタッフだけが働くキャンプとでは，明らかに違いがあり，キャンプ管理者はどんな違いが生じるのかを慎重に予測して行動しなければならない．例えば，スタッフのトレーニングは，春から初夏に

かけての週末何回かに分けて行う必要が出てくるかもしれない．ボランティア達は，キャンプ期間に先がけて，さらに余分な訓練期間を割くことはできないかもしれないからだ．トレーニングやオリエンテーションの時間が限られているため，プログラムによっては監督も，さらに強化する必要があるかもしれない．

さらに，ボランティアとみなされている人物に対し，報酬ではなく謝礼や奨学金などを渡し，FICA 規定による最低賃金ラインに達しないようにするという行為は，裁判所の定める「純然たるボランティア」や「篤志被雇用者」の定義からは外れるかもしれないということも認識が必要である．

ボランティア委員会と評議会

非営利のキャンプでは，管理評議会または委員会や組織の評議会も，被雇用者あるいはボランティアのキャンプ管理者と共に働くことになる．委員会と評議会，そして管理者との関係は，創造性にあふれ楽しい経験になることもあれば，互いに優位を競いあう最悪のものになるかもしれない．ピーター・ドラッカー氏は，評議会と管理職員との間の軋轢について，「非営利団体は，評議会と管理者，どちらも"ボス"ではないことを認識せねばならない．両者は，同じ目的のために，違った任務をもって働く同僚なのである」と記している[11]．

キャンプ管理者は就任から早いうちに，自分の働いている組織の構造を理解するよう努めるべきである．確認すべきなのは次のような点である．
- 組織で選任されたトップ役員は誰か．
- 選任された執行部と，その方針・機能について．
- キャンプ委員会または評議会は，あるとすれば，どこに報告書を提出をすることになっているか．
- キャンプ委員会または評議会が，持っている方針はどういったものか．
- それらの委員会または評議会との関係において，組織のスタッフの役割はどうなっているのか．
- その組織の掲げる目的は何か．とくに，免税の対象となるような目的があるのかどうか．
- 委員会のメンバーおよび役員の役割分担はどうなっているのか．

当然ながら，運営方法はそれぞれの組織によって異なってくる．よって，この章で語られる一般論は，各キャンプの状況に付加するものとして理解していただきたい．図16.1のチャートでは，キャンプの委員会／評議会，そして管理者によって多くの場合認識されている役割についてのあらましを示している．

キャンプ組織には，評議会や，その分科委員会などの活動を取りまとめるための内規が必要である．これは組織が役員や委員を選出したり，評議会や組織が開かねばならない会議のやり方などの概要を示す法的な文書である．この文書を理解しておくこ

とは重要であり，雇われた管理者には，選任役員が組織の内規から逸れないよう手助けしていく法的責任がある．この内規は変更が必要になってくることもあるだろうが，その変更手順についても通常は内規に明記してあるものである．

ボランティア・サポート・システムは管理上，不必要な手段として見過ごされることがあってはならない．このシステムは非営利組織にとっては何よりの強みとなりうるのだ．ボランティアの委員会メンバーは付加的なスタッフ・メンバーと同様に，共同体や組織からの反応にとって重大なチェックポイントとなりうる．しかし，ボランティアは基本的に，委員として名を連ねることや，どこかの委員会での地位に興味や熱意を持っているわけではない．意義のある活動で役に立つことを希望しているのだ．ただ従順に動くだけではやる気もなくなってしまうし，突き詰めていけばキャンプ自体や支援組織にとって有害な存在になりかねないのである．

国際キリスト教キャンプ連盟ＵＳＡの元理事長ジョン・ピアソンは，次のように示唆している．「ディレクターにとって，自身が委員会メンバーの選考過程に携わっていれば，そのメンバーの世話をし，その要望に答えていくことも苦にならないだろう．委員会のメンバー選定はさまざまな選考過程を経るものである．しかし気配りのできるディレクターは，委員候補が募集される前にまず，自分に相談を持ちかけてくれるよう働きかけておくべきである[12]」．

募集過程が完了したら，新しい委員会メンバーには，個人的に，あるいはグループでオリエンテーションを受けてもらい，内規のコピーやマニュアル，仕事の内容を記したものを渡す．委員会／評議会の会議が開かれる場合，ディレクターは以下の点に気を配る必要がある．

- 話し合われる議題は，司会者があらかじめ決定しておくこと．
- 話し合われるべき問題に関する簡潔明瞭な報告書を用意し，できれば会議の前に出席者に回覧しておくこと．
- 検討されるべき決定事項や活動内容などは，明確に説明すること．
- 報告をすることになっているメンバーが，必要なデータや情報を揃えていること．
- 会議のための部屋や環境が，快適で形式ばらないものであること．

委員会や評議会の会議に出席することに加えて管理者が次に行うべきことは，仕事に取り組むボランティアと交流を図ることである．議長などが下位グループに仕事を割り振って活動を促すのが普通であるが，この時点でディレクターは，スタッフが仕事の手順を理解するのを助けるよう努力する必要がある．委員会のメンバーがキャンプを訪問するのはいつでも意義のあることであるが，とくに講習会などの間に見学してもらうと，プログラムやキャンプの目標を実感してもらえるだろう．作業日や特別プログラムの日などでも，ボランティアのリーダーシップや貢献の様子を印象づけられるだろう．

委員会の議事録は念入りかつ正確にとり，オフィスかキャンプの本部に保管してお

16章 ボランティア 229

経営者の責任	ボランティア組織内での責任 多くの場合、共同で負担する責任	キャンプ管理者の責任
● キャンプが組織全体の使命感と目的意識で潤滑に運営されているかを見る。	● 決定事項や会議の記録を保管する。	● 方針・方策を推奨、実行する。
● キャンプの方針を決める。	● 敷地の開発やメンテナンスを支援する。	● キャンプのスタッフ（フルタイム／パートタイム／ボランティア）を募集し訓練する。
● キャンプのための有能な管理者（administrator）を募集し、十分な支援をする。	● 資本金を調達する。	● キャンプの敷地がよい状態に維持されているかどうか確認し、必要であれば評議会／委員会に注意をする。
● 以下のような資源を供給する。 ・敷地 ・資本金 ・共同体の助成	● 補助的な（寄付による）資金を調達する。	
	● 適用される地方自治体、州、連邦の法律に添うように責任を負う。	● 予算を計上し、収入／支出の会計を精密かつ偽りのないものにする。
● 総括的な経営的方策と指導のもとに年間運営予算を承認する。	● キャンプを宣伝し、参加者を募集する。	● 適用される地方自治体、州、連邦の法律に添うように責任を負う。
● 適用される地方自治体、州、連邦の法律に添うように責任を負う。	● 健康、安全性、あるいは人事での活動に関するよい規範となるよう監視する。	● 参加者を募集する。
● 入会条件（年齢・会員資格・性別）を設定する。	● 評価	● キャンプのプログラムを開発、実行、査定する。
● 総括的にプログラムの目標と方向性を展開させる。		● 健康、安全性、あるいは人事での活動に関するよい規範を実行する。
● 地域に対する責任を負う。		
● 管理者を監督する。		

図16.1 ボランティア組織における責任

く必要がある．秘書が選ばれ，任命されることもあるかもしれないが，すべての会議の議事録を必要とされる人々に回覧し，オフィスにきちんとファイルするなどして保管するよう気を配るのは，あくまでディレクターの責任である．委員会／評議会で採用・決定された方針は，議事録から抜き出し，適当な形にまとめて，委員会／評議会の各メンバーに配布するとよいだろう．

委員会／評議会の新しいメンバーに対するオリエンテーションも，委員会／評議会の役割の一つである．各グループの仕事の進め方などを口頭で伝えていくのと同時に，方針に関するマニュアルや過去の議事録などを含む資料もひと揃いにして渡すとよい．

ボランティアに対する表彰についても，企画の早い段階から考え，制定しておくべきである．表彰に関しては，感謝の気持ちが真実のものでそれを公的に表現することが何より大切で，賞品などはさほど重要ではない．

表彰の際に賞品や記念品を渡すのであれば，それはその人物が果たした仕事にふさわしいものであり，また記念として残るものであることが望ましい．ふつうボランティアは，その働きを讃えることによって，公的なリーダーシップを発揮していけるものなのだ．

また，非営利組織の委員会または評議会の一員として働くことを承諾したボランティアに関しては，法的な区分もある．基本的には，委員会／評議会は，筋の通った決定をするように，またその決定をきちんと関係者に通知するようにしておかねばならない．

ジョージ・ウェブスター氏は，デラウェア高等裁判所におけるスミス対ヴァン・ゴードクンの裁判結果を受けて6つのガイドラインを示唆している[13]．

1. 決定を下す際には，強制力から免れ，むやみに急ぐことなく慎重にすること．
2. 決定を下す前に，できる限り完全に準備をしておくこと．重大な決定を下す時には，前もって関連資料を手に入れ，再検討するよう徹底すること．
3. 会議では積極的に討論に参加すること．資料を踏まえた発言をするよう心がけること．
4. 会議の準備から討論まで，書類記録として残すこと．手続きなどの必要に応じて，書類上で経過を追っていくことも必要になるからである．
5. 重大な取引などを行う場合は，基本的な法的書類をすべて再検討し，専門家に検討させること．
6. 重要な決定に際しては，最低でも組織内の専門家に，できれば会計士と弁護士とに各々査定してもらうこと．

その他の役割

キャンプの委員会／評議会のその他の機能のひとつは，今日の風潮としてまず，資

金調達の役割が期待される．資金調達の仕事は，プロフェッショナルのリーダーシップと援助が欠かせないものとはいえ，ボランティアの職分である．非営利組織の評議会／委員会は，そのことを正しく認識しておくべきである．

ありがたいことに多くのキャンプには，進んでプログラムや作業イベントに関わってくれるボランティアが存在する．こういったボランティアたちはしばしば，グループを組織して，キャンプで働いてくれたり，週末の活動，参加者の募集活動の促進，特定の作業などに従事してくれたりするだろう．

ボランティアとスタッフ・メンバーとの関係は，両者が同じように目的意識，貢献の気持ち，共通の価値観を持てたなら，互いにとって満足のいくものになるはずである．スタッフ・メンバーを管理担当の上層部の延長だと考えると，ボランティアはスタッフ・メンバーの延長であり手足なのだ．

チェックポイント

1. あなたのキャンプはボランティアとの間に同意書を交わしているか．
2. あなたのキャンプでは，それがスタッフとしての働きであれ委員会や評議会のメンバーとしてであれ，ボランティアに対するオリエンテーション・プログラムや訓練を適正に設定しているか．
3. ボランティア組織を図表や概要にまとめてあるか．ないのなら，自分自身がよりよく理解して使えるように作ってみるとよい．
4. 組織全般の方向性を決める影響力のある人物は誰か．
5. 委員会／評議会と，その下位グループは，具体的に何に対して責任を負うのか．
6. あなたのキャンプで，ボランティアに従事してもらえる分野が，現状の他にもあるのではないか．

参考文献

1) Burns, George."How to Keep Volunteers Coming Back." Jounal of Christian Camping 21:5 September, 1989. p6.
2) Webster's New Collegiate Dictionary. 1976. s.v. "Volnteer."
3) Clary, E. Gil, Snyder, Mark and Ridge, Robert. "Volunteers' Motivations: A Fnctional Stratey for the Recruitement, Placement, and Retenton of Volunteers." Nonprofit Management & Leadership 2:4 Summer, 1992. p.341
4) Christenson, Rober A. "What You Shold Knew About the Legal Definition of a Volunteer" Voluntary Action Leadership. Fall, 1982. p. 17
5) (536 P.2d 697, 1975) Citations such as this one may be used to look up the complete text of he legal cases mentioned in this chapter. Take the citation to a law library and ask for assistance; law firms and local bar associations often have law libraries.
6) (43 N.W.2d 385, 1950)

7) (521 p.2d 948, 1974)
8) Chridtenson, Robert A. "What You Should Knew About the Legal Definition of a Volunteer." Volunteer Action Leadership, Fall, 1982. p.17.
9) (105 S.Ct. 1953,1985)
10) Grange II, George (Chip) R. and LeSourd, Nancy Oliver. "Volunteers: Court Decisions vs. Cost Effective Help. " Journal of Christian Camping 21:5 September/October, 1989. p.8
11) DrucKer, Peter F. "What Business Can Learn from NonproFits. " Harvard Business Review July/August, 1989. p.91.
12) Pearson, John. The Director and The Camp Board: A Creative Partnership. Wheaton, Ill.: Christian Camping Internatonal, United States Division, n.d., p,39.
13) Webster, George D. and Webter, Hugh K. "Avoiding Personal Liability: How to Minimize the Risks of Board Servce." Assocition Management, Leadership, 1994. p.L-57.

17章 プロフェッショナルになる

> 教育的体験を起動させていくこと，それは当然，ディレクターの力量によるものである。これはキャンプ全体が実り多いものであることを保証するというだけでなく，ディレクターのプロ意識を如実に反映するものである．
>
> ヘドリー・S. ディモック[1]

この本の中に，すべての「答え」が用意されているわけではない。多くの「答え」はディレクター自身が，その経験，人間関係，研究や学習，ワークショップや会議を通じて自ら発見していくものでなければならない。冒頭に引用したヘドリー・ディモック氏の文章は，47年前に書かれたものであるが，現在でも同じように真実を言い当てている．

職業としてのキャンプ

プロフェッショナルとしてのディレクターの目標は，今世紀の初頭からすでに論議されてきたが，この30年で，その論争はさらに激しくなってきた．われわれの社会では，「プロフェッショナル」という言葉が濫用されすぎ，その使われ方の唯一の共通点といえば報酬をもらっている人ともらっていない人を区別する，という一点のみになってしまっているほどだ．元来，この言葉は法律や医学，宗教的職業のことを話すときに用いられていたのだが，現代では，その意味がずっと広がったのである．

キャンプや研修センターの分野に身を投じる人々の多くは，数年間だけを過ごして他のサービス組織に転身していく．また，教育関係の職業に就いている人で，夏の間だけキャンプ活動に従事する人も多い．しかし，かなりの人数の人々が生涯をかけてキャンプ産業（ディレクター，あるいは理事，コンサルタント，教師として）に従事している．こういった人々には，キャンプや研修センターの管理者はひとつの職業として高い価値があるという強い意識がある．

ジョージ・ウィリアムズ大学の第9期キャンピング・セミナーにおける性格教育の研究班が，職業における7つの特徴を挙げた．以下はそのレポートの簡単な抜粋である[2]．

1. 職業には「他の職務とは異なり，基本的かつ重要でまた永遠であるともいえる，

社会的職務」がある．もっとも顕著な例が医学関係，聖職，工学，そして司法関係の職業である．それらと比較するとキャンプ産業は発生から130年余ほどでまだ新しく，社会的機能を果たしているというにはまだ早すぎる．

2. 職業には「明確な，または専門的な知識体系」，つまり，他業界とは異なるユニークな性質を形成していくさまざまな修業法を一つにまとめる理論がある．この本でも述べてきたように，キャンプ産業でもマスターされるべき修業法が多くあるが，その知識体系を，もっとも近い分野である教育産業と区別するのは，はたしてどんな点であろうか．

3. 職業には，「開業する者には，一般的な教育とは別に特殊な，または職業的な準備が必要とされる」，つまり，職分に関する知識体系が複雑で膨大であり，単なる技能としてマスターすることはできないということである．これは大工と建築家との違いの一つであると理解できる．特殊分野のための教育基準が確定しており，それを満たした者だけがその職業に就くことが許される．この点においてもアメリカキャンプ協会プロフェッショナル証明プログラムなどを通じて努力はされているが，その適格基準がキャンプ産業全体で適用されるには，まだ道のりは遠いと言わざるを得ない．

4. その業界全体として，「公共にサービスを供給していくため，お互いが成長・発達するために協力しあう」機能がある．かつては組合や団体と呼ばれていたが，今日では協会として知られている．協会の機能には，以下のようなものが含まれる．

- 1番目の項目で挙げた「職業」としての条件を満たすよう組織だてていく．
- 「開業者同士の関係，また開業者と公共との関係の中から」その業界での活動の倫理的な基準を定める規約を設けている．アメリカキャンプ協会は，この業界におけるディレクターのために，倫理的行動を定めた規約を確立している．この規約は巻末の添付資料に記載してある．ディレクターは，基本的倫理を明記したこの規約を十分に研究・理解しておくべきである．
- 「新しい知識や職業にふさわしい活動を開発すること」を奨励していく．さまざまな局面での活動を研究することは，業界の知識体系を向上させるのにもよい方法だと認識されている．ベティ・ヴァン・デル・スミッセン博士とジュディ・ブルックハイザー氏が1982年，この分野における研究書の文献目録を作成したが，その後も多くの研究書が刊行されている[3]．
- 業界の職分全体を通じて，知識を「交換したり普及したりするのを促進する」．その知識体系を常に時代にマッチさせ，新しい情報を加えていくこの機能は，業界としての義務ともいえる．現在のところ，これらの役割は，キャンピング・マガジンやジャーナル・オブ・クリスチャン・キャンピング，経験学習ジャーナルといった機関誌に寄稿しているディレクターたち，あるいは関連書籍の著作者たちが担っている．このような知識の交換や普

及は，国際キリスト教キャンプ連盟やアメリカキャンプ協会，国際研修センター管理者協会などでも執り行っている．ディレクターがこういった組織に参加することこそ，プロフェッショナルへの第一歩なのだ．
5．「共同体の中で，その職業の活動を律する基準をまとめ，適用する」．この点においては，アメリカキャンプ協会が60年前から基準を設定し，アメリカ国内産業の基準としても認識されており，既に目標を達している．しかしながら，すべてのキャンプや研修センターが，その基準に達しているとも，その基準を許可のために必要な条件であるとすべての州が認めているとも言い難いのが現状である．
6．その職業が「社会的精神と目標に動機づけられたものである．その職業においてはその社会的価値が，個人的，または経済的価値を超えることもある」．言い換えれば，キャンプや研修センターの存在意義は，公共へのサービスのためであり，そのことこそ，ディレクターを取りまとめる職業的組織や協会の本質であるべきなのである．よって，個々のディレクターや協会にとっては，各自の成長と公共へのサービスに意識を集中していくことが，団体の相互保護より大切なことになってくる．団体の相互保護に対峙するのは，公共へ向かうのに比べて圧力も大きいものになるだろう．プロフェッショナルは，協会自体が進むべき方向を誤らないように声をあげていかねばならない．
7．「従事する者に，誠意と知性とを兼ね備えたかたちで表される技量の個人的基準が備わっている．プロフェッショナルな人間は，自分の能力を高いレベルで維持しようと努め，周りの状況を改善し，新しい知識や技術を得て，その成果を自分の活動を通して体現していくものである」．つまり，プロフェッショナルには，常に自分の仕事に関する知識を更新していく義務があるということだ．プロフェッショナルは，公共に対して，最新にして現行，最高の仕事を提供する．そのために管理者には，自分のキャンプや会議／研修センターの枠を超え，同じプロフェッショナル同士で重要な問題や今後の発展について情報を交換し合う必要があるのである．

以上7項目の「プロェッショナルの必要条件」を詳しく見てみると，キャンプ産業においてすでに果たされているものと，そうでないものがあることがはっきりわかってくる．そこに，将来に向けて努力が成されるべきである．ヘドリー・S・ディモックは，上記のレポートに言及して，次のように述べている．「プロフェッショナルとは，客観的な考え方をするように，また新しい知識や技術を常に求め，それを活動に生かしていくように自らを厳しく律していくものである．そして自分の仕事に対してより高い基準を目指していくという意識から，キャンプ協会や他の組織などを通じて他のキャンプのディレクターや職員たちと交流していく．また，キャンプ産業全体のレベルを引き上げるために著述や研究といった手段で知識を開発・普及し，さらには現在のキャンプ活動の目標や基準を広く世に知らしめるという，業界全体が負うべき

の責任の一端を担うのである．彼は，共同体の中で綿密に企画をし，必要としている大勢の人々にキャンプ体験をしてもらえるよう努力するべきだ[4]」．

教育の広がり

ディレクターが，さらなる知識を得，業界の発達の最新状況を知るためには，少なくとも以下の6つのエリアでの活動がある．

- ディレクターのために，アメリカキャンプ協会は，基本的ディレクターコースを開いている．これはキャンプ運営に関する包括的な入門コースとして最良のものである．
- 国際キリスト教キャンプ連盟やアメリカキャンプ協会，国際研修センター管理者協会の各機関で，さまざまなワークショップやコース，会議などを開いている．これらによって，ディレクターたちが各々不足していると感じている知識や，新しい活動などについての情報を得ることができる．各組織の年例の会議でも，情報を豊富に得ることができる．そのほかの組織でも，それぞれの分野においてディレクターの益となる体験コースやワークショップ，会議を催している．
- アメリカキャンプ協会の認可過程に参加するのは，最も効果的な手段の1つであるといえる．The Basic Standard Courseや，基準に関する著作[5]の何冊かを研究するのも，手始めとしては理想的である．もちろん，許されるキャンプに実際に参加するのは，刺激的で，また厳しい訓練体験になるはずであり，時間や努力，費用をかける価値がある．さらに，一般コースを修了したり，他のキャンプを，許しをえて見学に訪れたりするのも，視野やキャンプに対する理解を広げるのに効果があるだろう．
- 個人的に関係書物を読んだり研究したりするのも，上記のような活動に劣らず有用な手段である．業界のプロフェッショナル機関誌は定期的に読むべきであり，折に触れて関連分野の機関誌なども精読するとよいだろう．アメリカキャンプ協会は関連分野の刊行物のカタログを，毎年更新して提供してくれる．会議やワークショップには参加しにくく，数年に1度しか出席できないという人にも，書物ならいつも傍らに置いておける．
- アメリカキャンプ協会や国際キリスト教キャンプ連盟の地方分科会に参加するのも，同業のディレクターと交流を図り，問題をともに解決していくためのよい機会となり得る．

以上のような活動や，それに類した研究費用はすべて，可能であればキャンプがもつべきである．キャンプにそれだけの財力がない場合でも，各々の税金対策のため，きちんと明細に記録しておくべきである．

すべてのキャンプまたは研修センターの管理者に，キャンプ活動における知識を増

やしていける機会がある．キャンプや研修センターでは，人々にアウトドア生活を楽しませるためのより有効な方法を実験・開発していけるということと同時に，キャンプ運営自体の有効なやり方も，実験・開発していける．これはキャンプ活動の最高の面の一つであるといえる．ディレクターは，自分自身が研究し，実験し，記録をとり，知識を増やしていくのである．ともあれ，キャンプにおけるディレクターの仕事とは，プログラムへの参加者やスタッフを助けるだけでなく，未来の世代もまた，このユニークな人間体験を楽しみ続けていけるよう，布石をすることである．

参考文献
1) Dimock,Hedley S. 1948. "Camping and Future."Öß in series, Character Education in the Summer Camp. New York:Association Press. p.59.
2) Ibid.pp.24-26.
3) van der Smissen,Betty and Brookhiser, Judy, Editors. Bibliography of Research in Organized Canping, Environmental Education, Adventure Education, and Interpretative Services. Martinsville, IN:American Camping Association, 1982.
4) Dimock, Hedley s. Administration of the Modern Camp. New York:Association Press, 1948 p.269
5) American Camping Associatin. 1993. Standards for Day and Resident Camps: the Accreditation Programs of The American Camping Association and Standards for Conference and Retreat Centers. Martinsville, IN.

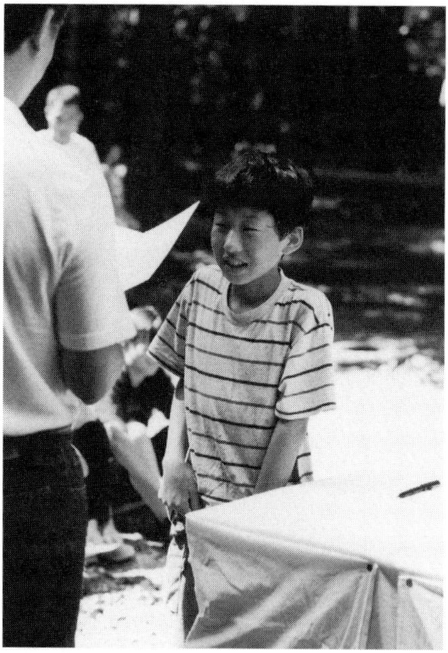

添付資料A　　職務記述書見本

カウンセラー

責任者：ユニットディレクター，ヘッドカウンセラー

資格：
- 18歳以上．
- 高校卒業，または同等の資格以上，大学1年生以上が望まれる．
- キャンプ経験または子どもを対象に，リーダーまたはアシスタントリーダーとしての経験を有する．
- 子どもだけでなく同僚とうまくやっていく能力．
- 人柄がよい．
- 監理を受け入れることのできる能力をもつ柔軟性．

広義の責任：キャンプ期間中ずっと8人のグループと共に過ごし，指導する．

具体的な責任：
- キャビンで7人の参加者と暮らす．
- 個々の健康と安全，参加者のキャンプ全体活動への参加，参加者のキャビン活動計画への参加，食事時間のふるまいや習慣などに注意を払って，期間中参加者を教え導く責任．
- 担当プログラムで活動の専門家のアシスタントとして働く責任．
- キャンプの規則や決まりごと，伝統を参加者に理解してもらう責任．
- 言葉使い，身だしなみ，健康習慣などのよい手本となるように心がける．
- 自分の担当する参加者の健康と福祉に対する責任．

主要な機能：
- どのキャンプ活動にも参加者を伴っていく．
- 参加者と口頭で意志を伝達し合う事ができ，指示を与えることができる．
- キャンプの様子で，危険の要因となることを察知し，それらの危険に対して適切に反応する能力．
- キャンプ生活での参加者のふるまいを観察し，健康と安全を考慮し，不適切なふるまいに対処できる能力．

プログラムディレクター

責任者：ディレクター

資格：
- 最低21歳以上，理想的には25歳以上．
- 少なくとも大学2年生以上，理想的には大学卒業生．
- グループカウンセラーとして，またはキャンプでのスタッフとしての幅広い体験．
- 情緒的に大人であり，責任を受容することができる．
- 人柄がよい．
- 参加者の一人一人の価値を信頼する．
- 最小限の監督で仕事をすることができる．

広義の責任：キャンププログラムに対して責任を持ち，スタッフ教育を助ける．

具体的な責任：
- ディレクターのプラニング，プレキャンプの実行，実践の中でのスタッフトレーニングを助ける．
- 参加者に提供されるすべてのキャンププログラムに対する責任．
- ユニットカウンセラー，自然専門家，アートクラフトの専門家，ウォータースポーツの専門家，馬についての専門家，外出プログラムの専門家を尊重し，直接監督する．
- 参加者にとって，そしてキャンプにとって，常に最善の解決策をみつけ，アシスタントディレクターや保守管理者と責任が重なり合うところでは調整し合う．
- プログラム予算を見なおし，予算の制約の中でどうしたらより良いサービスをすることができるかを考え，提案されたプログラム予算変更に従う準備をする．
- 参加者の健康と福祉に責任を持つ．

主要な機能：
- スタッフを教育することができる．
- 担当スタッフが義務を果たし，参加者の行動に行き届いているかどうかを視覚で観察し，必要があれば指導をすることができる．
- キャンプ運営に危険の要因があればそれを視覚で特定し，適切に対処する．
- さまざまな年齢グループを対象に仕事をすることができ，意志を伝達し合うすることができる．

施設マネジャー

責任者：ディレクター

資格：
- 高校卒業後専門学校または大学での経験が望まれる．
- 木工，配管，電気，一般保守修繕経験．
- 他の仕事の監督の経験．
- 他の人とうまくやっていける能力．

広義の責任：
キャンプ施設全体に気を配り，保守を行う．

具体的な責任：
- 年間作業計画にしたがってキャンプ全体に気を配り，保守を行う．
- キャンプに宿泊し，キャンプ施設マネジャーとして行動する．
- プロジェクトや進行中の保守のために臨時雇用の補助作業者や下請契約者を採用する．
- キャンプの保守を行っている場所を担当する従業員を監督する．
- 予算準備を行う時に，経費の詳細の説明を行い，修繕や保守予算についての提案を行う．
- 予算額以上の保守や改善が必要な場合に詳細を示す数字を提示する．
- 週末作業日やプロジェクトのためにキャンプに来るボランティアグループを指揮する．
- すべての大型設備や自動車が適切に保守が行われ，収納されていることを確認する．
- 保守に必要なサプライを発注し，それを受領したことを確認し，請求書を確認したらディレクターに提出する．
- ディレクターの指示により，団体利用者の利用を受け入れ，団体が利用を終えて出発する時には破損や異常がないかどうか確認する．
- すべての修繕の要求が完了したか，または48時間以内に対処したかどうかを確認する．
- 参加者の健康と福祉に責任を持つ．

主要な機能：
- キャンプで所有するすべての車両を運転することができる．
- 保守や修繕を行うのに必要な体力があり，重いものを持ち上げたり，掘り起こ

したり，トラックの荷物を積んだりおろしたり，担当の修繕を行うことができる．
- キャンプ全体の危険を視覚的に見つけることができ，適切に対処できる．
- キャンプ全体の行わなければならない修繕や清掃を視覚的に特定することができる．
- 適切な修繕を行うことができる．

給食サービススーパーバイザー

責任者：ディレクター

資格：
- 少なくとも2年間の経験があることを証明することができ，食事サービスマネジメントの教育を受けている．キャンプで食事サービスの経験があることがのぞましい．
- 情緒的に大人である．
- 道徳的で人柄がよい．
- ほとんど監督をされる必要なく，部下を監理することができる．
- 子どもや大人とよい関係をもつことができる．

広義の責任：食事サービスとキャンプの食事室の全体をみる．

具体的な責任：
- 厨房での仕事の監督をする
- 保健局の設定しているすべての保健基準やディレクターが必要とする基準を遵守する．
- すべて食事の給仕を監督する
- 献立は健康な栄養基準にしたがってディレクターのチェックを受けるために2週間前に作成する
- あらかじめ定められた予算内に経費を押さえてすべての食材や厨房のサプライを発注する
- 野外炊飯，おやつ，特別イベント，個人の独自の必要がある場合にはそれに合わせたサービスを提供する．
- 主要義務に支障がない範囲で，適切であれば，全体のキャンププログラムに参加する．
- 参加者の健康と福祉に責任をもつ．

主要な機能：
- 食事サービスにおけるガス，電気，器械設備を操作することができる．
- 正確な記録を維持することができる（献立，食材の発注，在庫）．
- 厨房全体と食事室の衛生を見分けることができ，必要に応じて修正して行動することを監督することができる．
- 重い容器や鍋，食材やサプライを持ち上げることのできる肉体的な強さ．
- 調理時や倉庫で食材の状態を判断することができる．
- 厨房スタッフを適切に監督することができる．

添付資料B　行政の資料

以下の表はキャンプ運営に関わりのある項目である．それぞれ適応される連邦事務所，州事務所，地域事務所を示している．

これらの表は一般的なものであり，それぞれ，適切な代理店なり，キャンプ協会を通じて正確な法律の適用を確認する必要がある．

項目	連邦	州	地域	規則	サービス
収容人数 　施設 　休憩室 　プログラム 　食事施設	司法省，市民権課，アメリカ障害者法事務所：運輸省，…	市民権		新しい建築物はすべて障害者利用を考慮に入れなければならない	
ボート 　操縦免許 　検査 　免許	海岸警備，…	自然資源局			ボート安全についての教育プログラム．
建物 　配管 　規準 　電気系統 　検査		…			
未成年労働 　法律 　就労許可	労働省	労働		労働時間，賃金，労働条件，機械操作	
キャンパー援助基金	保健社会福祉省	公共福祉	公共福祉		
雇用慣行	司法省，市民権課，平等雇用機会審議会，アメリカ障害者法	市民権	人権審議会	障害，人種，肌の色，宗教，国籍，性別によるいかなる差別もしてはいけない	
国際スタッフ	司法省，情報代理店				
雇用サービス	労働省	労働			
社会保障					
火災			消防局		点検，助言
釣り		自然資源			
森林		自然資源(森林)			
狩猟					
保健			保健と衛生		水質検査，…
土地					
借入金					
最低賃金					
残業	労働省	労働			
土壌の保護と腐食					

添付資料C

　キャンプ専門家用に作られた，広く使われている健康履歴（図13.4.1参照）と診断書式見本．

　この書式は必要に応じて毎年，法律の修正に応じてとか，キャンプのニーズに合わせて改訂される．ただし，この書式は著作権がACAに所有しているのでこのままコピーして使用してはならない．

予防接種の記録

必要とされる予防接種は地域によって異なります．基本的な予防接種を受けた日付と量を記入してください

ワクチン	予防接種の日付	最近の予防接種
ジフテリア ⎫ 百日せき ⎬ 三種混合 破傷風 ⎭	1 2 3	1 2
破傷風 ⎫ ジフテリア ⎬ 二種混合		
破傷風		
ポリオ	1 2 3	
はしか，麻疹		
おたふくかぜ		
風疹		
その他		
ツベルクリン反応☐陽性☐陰性		
インフルエンザ		
肝炎		

キャンプ用記録

キャンプでの健康の記録
　（キャンプ医に承認を受けている健康管理手順に従った処置を受けること）

1．病気，傷害，障害，感染症の視診による症状 _____
_____
_____

2．キャンプで受けることを必要とする医療 _____
_____
_____

3．キャンプで受けた医療処置 _____ 帰宅した日 _____
_____

4．視診を行った者の判断でその後も注意するべき事柄 _____
_____
_____

5．視診の日付 _____ 診断者氏名 _____

[監訳者]	佐藤　初雄	特定非営利活動法人国際自然大学校代表
	田中　祥子	ICFアジア代表
		津田塾大学学芸学部教授

[訳　者]　岡田　美幸
　　　　　清水　聖子
　　　　　田中みゆき
　　　　　徳野千鶴子
　　　　　半田　典子

[協力者]　桜井義維英　特定非営利活動法人国際自然大学校

キャンプマネジメントの基礎
キャンプ・自然学校経営の入門書
[原著第4版]　　　　　　　　　　　　定価（本体2,500円＋税）

2000年10月1日　第1版第1刷発行　　　　　　　検印省略

　　　　　著　者　Armand and Beverly Ball
　　　　　監訳者　佐藤　初雄
　　　　　　　　　田中　祥子
　　　　　発行者　太田　　博
　　　　　発行所　㈱杏林書院
　　　　　　　　　〒113-0034　東京都文京区湯島4-2-1
　　　　　　　　　Tel 03(3811)4887　Fax 03(3811)9148

Printed in Japan　　　　　　　　　　　　　　杏林舎／坂本製本所
ISBN 4-7644-1561-5　C3075

　　Ⓡ＜日本複写権センター委託出版物＞
　本書(誌)の無断複写は、著作権法上での例外を除き、禁じられています。
本書(誌)からの複写は、日本複写権センター（電話03-3401-2382）の許諾を
得て下さい。